INTRODUCTION

Dans sa préface publiée en juin 1895, M. Carroll D. Wright déclare qu'en composant son ouvrage il s'est proposé, comme but unique, de dresser l'inventaire des principaux faits relatifs à la création et au développement de l'industrie aux Etats-Unis. Ce n'est pas un ouvrage de théorie ou de politique ; c'est la constatation de l'état des choses. L'auteur s'efface avec modestie derrière son sujet pour laisser toute la place aux faits. Mais, comme ces faits sont non seulement ceux d'ordre matériel qui concernent les produits, mais aussi ceux d'ordre moral qui intéressent les producteurs, on voit percer sa pensée et on sent le souffle qui l'inspire : le sentiment de la grandeur croissante de son pays, la confiance dans l'empire que la science donne à l'homme sur la nature et une sollicitude sympathique pour les classes laborieuses.

Le développement industriel des Etats-Unis au cours du XIXe siècle est un vaste et beau sujet qui n'intéresse pas seulement les Américains ; c'est une partie considérable de l'histoire économique du monde moderne et, comme en aucune contrée ce développement ne s'est produit dans d'aussi larges proportions et avec une égale intensité, les Etats-Unis peuvent être considérés comme le plus grand et le plus actif laboratoire d'expériences industrielles et sociales du XIXe siècle et, à ce titre, ils fournissent de nombreux enseignements à la doctrine économique et des exemples à la politique. M. Carroll D. Wright était bien préparé pour traiter un tel sujet.

M. Carroll D. Wright est, en effet, un des fondateurs de la statistique officielle du travail. Il a été le créateur, en 1869, et le premier directeur du Bureau de statistique du travail du Massachusetts, le plus ancien service régulier de ce genre qui ait existé dans les deux mondes, et il a su donner aux enquêtes qu'il a entreprises et aux publications annuelles sur les salaires, les syndicats, l'état du matériel et du personnel des manufactures, une importance qui a rendu l'institution populaire en Amérique. Une trentaine d'Etats de la fédération américaine possèdent aujourd'hui des bureaux constitués à l'instar de celui du Massachussett.

En 1885, le gouvernement fédéral a suivi l'exemple ; il a créé un Bureau et c'est M. Carroll D. Wright qu'il a appelé à le diriger ; en 1888, il l'a érigé en Département du travail, « Labor department », c'est-à-dire en service indépendant et, depuis ce temps, M. Carroll D. Wright est le « Commissioner of Labor » des Etats-Unis. Aujourd'hui, tous les économistes et statisticiens d'Europe

BIBLIOTHÈQUE INTERNATIONALE D'ÉCONOMIE POLITIQUE
publiée sous la direction de Alfred Bonnet

L'ÉVOLUTION INDUSTRIELLE
DES
ÉTATS-UNIS

PAR

Carroll D. WRIGHT
COMMISSAIRE DU TRAVAIL DES ÉTATS-UNIS

TRADUIT PAR F. LEPELLETIER
Professeur à la Faculté libre de droit de Paris

AVEC UNE PRÉFACE DE

E. LEVASSEUR
Membre de l'Institut

PARIS
V. GIARD & E. BRIÈRE
LIBRAIRES-ÉDITEURS
16, RUE SOUFFLOT, 16

1901

L'ÉVOLUTION INDUSTRIELLE

DES

ETATS-UNIS

connaissent le Bulletin mensuel du « Départment of Labor » dont la 31e livraison a terminé l'année 1900 et qui contient chaque fois d'utiles renseignements, américains ou internationaux, et les Rapports annuels ou spéciaux du commissaire qui forment aujourd'hui une collection de vingt-trois volumes, et dont chacun contient une enquête méthodique et détaillée sur une question d'économie sociale.

Les Etats européens qui ont créé un « Office du travail » n'ont fait que suivre l'exemple de l'Amérique. M. Carroll D. Wright, à l'ouverture d'un des Congrès des chefs de bureau du travail qu'il a présidés, s'en félicitait : « This gives the United States an advance in the way of industrial statistics ». C'est comme commissaire du travail que M. Carroll D. Wright a été chargé d'achever la publication du Census de 1890 et qu'il a préparé celui de 1900. Dans un pays où la statistique et l'économie sociale ont pris, depuis une trentaine d'années, un ample et remarquable développement,et où le gouvernement fédéral, les Etats et les cités dépensent libéralement l'argent pour éclairer le peuple par des enquêtes et des publications d'ordre économique, M. Carroll D. Wright est un des statisticiens les plus autorisés ; il est membre de l'Institut international de statistique et il a été élu, en 1898, correspondant de l'Institut de France (Académie des sciences morales et politiques).

Les Etats-Unis sont aujourd'hui, au point de vue agricole, la contrée qui produit la plus grande somme de denrées alimentaires et de matières premières ; au point de vue minier, la plus riche en combustible et en métaux précieux et usuels ; au point de vue industriel, la manufacture la plus vaste et la mieux outillée ; au point de vue commercial, le foyer de l'activité incessante et mobile d'une des nations les plus entreprenantes : c'est sans exagération qu'on peut les qualifier d'immense et intense laboratoire de phénomènes économiques.

La nation américaine a l'espace et le nombre. Depuis la fondation de la république, l'espace a plus que quadruplé et le nombre a presque vingtuplé : 2 millions de kilomètres carrés et 4 millions d'âmes en 1790 ; en 1900 plus de 9 millions de kilomètres carrés et de 76 millions d'âmes ; elle avait même, escomptant l'avenir, espéré naguère en trouver 80 millions au recensement de 1900. Si l'Empire britannique et l'Empire russe l'emportent sur la république américaine par l'étendue et la population, il ne faut pas perdre de vue que dans le total britannique figure l'Inde, dont les 300 millions d'habitants sont un marché plutôt qu'une force, et que les 130 millions de sujets du czar n'ont pas la même énergie productrice que les 76 millions de citoyens des Etats-Unis. Formée tout d'abord de colons anglais que la foi religieuse ou la proscription politique avait poussés hors de leur patrie, cette nation s'est enrichie, dans le cours du XIXe siècle, d'une vingtaine de millions d'émigrants qui, malgré leur diversité d'origine, se sont rapidement fondus dans le moule américain et dont les familles constituent aujourd'hui une race originale et forte, animée d'un esprit national, fière de ses succès et confiante dans son avenir.

Son passé peut lui inspirer cette confiance qui est une force morale pour un Etat : en politique, il est aussi dommageable de se laisser énerver par le découragement qu'il est dangereux de se surexciter par les illusions de la vanité.

L'agriculture, dont l'étude n'entrait pas dans le plan de M. Carroll D. Wright, est le fonds premier de la richesse des Etats-Unis et reste encore le fonds principal. Quand on calcule que, depuis le milieu du XIXe siècle (le census de 1850 étant le premier qui ait donné sur cette matière des renseignements comparables), la superficie du sol agricole (land in farms) a passé de 118 millions d'hectares, en 1850, à 252 en 1890 et approchera probablement de 300 millions au census de 1900, superficie sextuple de celle du sol agricole de la France, que la valeur foncière des exploitations agricoles a quadruplé (16.8 milliards de francs en 1850, et 68.4 en 1890), que les exploitations qui produisaient en 1850 314 millions d'hectolitres de céréales (215 en maïs, 58 en avoine, 36 en froment, etc.) en ont produit 1.281 en 1899 (754 en maïs, 289 en avoine, 198 en froment, etc.), que tous les animaux qui forment un total composé d'éléments dissemblables, de 74 millions d'unités pour l'année 1850 et de 1.374 millions 1/2 pour 1899, on comprend qu'il s'est créé sur cette terre une gigantesque puissance agricole et on ne s'étonne pas que, malgré l'augmentation de la population et de la consommation moyenne par tête, l'exportation des produits de l'agriculture se soit élevée de 1 milliard de francs en 1860, avant la guerre de Sécession, à plus de 4 milliards.

Les progrès des industries extractives et de la métallurgie sont plus étonnants encore. Les mines de houille et d'anthracite ne rendaient que 1.300.000 tonnes en 1830 et 5.700.000 tonnes en 1850 ; en 1899 elles ont rendu 230.800.000 tonnes (long tons), et ont pris rang au-dessus de l'Angleterre. Avant 1848, la production des métaux était (le fer excepté) insignifiante ; en 1898, les statistiques accusent 1.700 millions de francs, dont un tiers pour le fer et un tiers environ pour l'or et l'argent (compté d'après sa valeur nominale) ; les Etats-Unis commandent le marché du cuivre et celui du pétrole dont la production ajoute au total précédent 220 millions de francs. Pour la fonte et surtout pour l'acier, ils ont dépassé l'Angleterre, comme pour le combustible minéral, en effet en 1899 ils ont produit 13.839.000 tonnes métriques, c'est-à-dire un peu plus du tiers de la production du monde ; pendant qu'en 1899, la France produisait 1 million et demi de tonnes d'acier, l'Angleterre près de 5, l'Empire allemand un peu plus de 6, les Etats-Unis en ont produit 10 1/2. Grâce au bon marché de leur fabrication, ils ont pu en importer en Angleterre.

Ils se sont outillés merveilleusement pour le

transport de cette abondante production agricole et minière ; aménagement des rivières, construction de canaux que déjà Michel Chevalier vantait en 1835, construction des chemins de fer dont ils ont été les premiers, avec l'Angleterre, à comprendre l'importance économique et, plus que l'Angleterre, à considérer comme un lien politique. En 1899, leurs chemins de fer avaient une longueur totale de 306.000 kilomètres, soit 32.000 de plus que n'en possédait l'Europe entière ; ce qui fait 40 kilomètres par 10.000 habitants, tandis que l'Europe en a seulement 7.3 et la France 10.9 ; une grande association vient de se former récemment qui unit plus de 20.000 kilomètres de chemins de fer. Il n'y a guère que la marine qui, figurant à peine pour un sixième dans le mouvement maritime des Etats-Unis, projette une ombre sur ce brillant tableau ; toutefois, si le tonnage de la voile a diminué comme dans tous les pays, celui des bâtiments à vapeur a plus que doublé depuis la guerre de Sécession.

Dans ce grand mouvement économique c'est le progrès de l'industrie proprement dite, « The evolution of industry », que M. Carroll D. Wright a voulu spécialement décrire et il l'a fait de main de maître, s'attachant aux fabrications les plus caractéristiques, constructions navales, industries textiles, imprimerie, travail du bois et du fer, il a divisé son sujet en trois grandes périodes : sous le régime colonial, avant la guerre de Sécession, depuis l'abolition de l'esclavage, lesquelles correspondent à l'enfance, à l'adolescence et à la virilité de l'industrie américaine. Notre rôle étant celui d'introducteur, nous n'insistons pas et nous nous bornons à renvoyer les lecteurs au texte de l'ouvrage.

La statistique ne possédant pas les données nécessaires pour calculer la fortune d'une nation est réduite à des approximations conjecturales. Celle des Etats-Unis, qui aborde le problème dans ses recensements décennaux, ne le résout qu'imparfaitement à cause des omissions et des doubles emplois qui sont inévitables ; les statisticiens le savent et M. Carroll D. Wright le dit. Toutefois, en prenant les chiffres pour ce qu'ils valent, on voit que, du Census de 1870, le premier qui ait tenu compte de la production agricole, au Census de 1890, l'estimation de la valeur produite en une année par l'agriculture, la pêche, les mines et l'industrie, a passé de 34 milliards de francs à 60 milliards et demi, doublant presque en vingt ans.

Quoique les chiffres du commerce extérieur ne fournissent pas la mesure précise de la production et de l'ensemble des échanges d'une nation, ils sont cependant un indice. Or, le commerce extérieur des Etats-Unis était de 545 millions de francs en 1821 (première année où la statistique ait enregistré les importations), de 3.435 millions en 1860 lorsqu'allait éclater la guerre de Sécession et de 9.620 millions (1.924 millions de dollars) en 1899 avec un excédent d'exportation de

2.650 millions sur l'importation. Depuis 1876, les importations n'ayant dépassé que trois fois les exportations, l'excédent total pour les vingt-quatre dernières années se trouve être, d'après les comptes de la douane, de 18 milliards 1/2 de francs.

Sans attacher à cette balance du commerce médiocrement précise plus d'importance qu'elle ne mérite, il est certain que les Etats-Unis sont devenus de ce fait créanciers de l'étranger pour des sommes considérables, qu'ils ont pu ainsi rembourser une partie des capitaux qu'ils lui avaient antérieurement empruntés ; ils ont même prouvé qu'ils étaient aujourd'hui en état de prendre part aux emprunts européens et de devenir créanciers à leur tour. Ce peuple auquel l'Angleterre, voulant se réserver le monopole du marché colonial, interdisait en 1750 la fabrication même d'un clou, a offert à Liverpool ses fontes à des prix inférieurs à ceux de l'Ecosse et a fait, en 1899, une exportation de fer et objets en fonte, fer, acier (non compris le minerai) d'une valeur totale de 470 millions de francs.

Il y a trois ans et demi j'écrivais dans *L'ouvrier américain* : « Quoiqu'elle ait sur son propre territoire le plus important marché peut-être qui existe dans le monde (et c'est grâce surtout à l'ampleur de ce marché intérieur que l'essor industriel n'a pas été entravé par le régime douanier très protectionniste des Etats-Unis) l'industrie américaine engagera plus largement qu'elle ne l'a fait jusqu'ici et avec de grandes chances de succès, la lutte sur les marchés étrangers, afin d'étendre avec ses débouchés le champ de sa production et elle aspirera à devenir une *grande exportatrice* ». Depuis cette époque la politique des Etats-Unis est entrée dans une ère nouvelle ; ne trouvant pas leur territoire assez vaste, ils ont débordé hors de leurs frontières, ils sont devenus conquérants — plus même peut-être aux Philippines que leur intérêt présent ne le leur conseillait — et ils ont pris place avec autorité parmi les puissances qui prétendent régir par la diplomatie et au besoin par les armes les grandes affaires internationales du monde. Ce qui était une aspiration en 1897 est déjà en partie réalisé à l'ouverture du xxe siècle.

M. Carroll D. Wright insiste sur deux causes du développement industriel de sa patrie : la qualité de l'outillage et la qualité du travailleur. C'est la pensée dominante de son livre.

Nulle part l'outillage mécanique n'est plus perfectionné et n'est d'un usage plus général qu'aux Etats-Unis. M. Carroll D. Wright montre avec complaisance, par des descriptions et des illustrations, les débuts et les progrès de la machine : en premier lieu, le canot d'écorce dans lequel Marquette descendit le Mississipi ; les navires de la colonie du Massachusetts dont le tonnage dépassait rarement 100 tonneaux, le premier bateau à vapeur, le « Clermont », remontant l'Hudson en 1807 et les transatlantiques actuels ; il ajouterait aujourd'hui qu'on a mis en chantier à San-Francisco deux cargo boats de 33.000 mètres cubes de déplacement, les plus gros du monde, destinés au commerce futur de l'Amérique avec l'Asie ; en second lieu, le rouet de nos arrière-grand'mères, les premières machines à filer d'Arkwright, d'Hargreaves et de Crompton, et un des ateliers de filature et de tissages tels qu'ils sont montés avec les derniers perfectionnements : il y ajouterait aujourd'hui le métier Northtrop dont une douzaine peut être conduite par un seul ouvrier.

Le tisseur produisait 45 yards par semaine avec le métier à bras ; il en produit 1.000 en conduisant six métiers mécaniques ; la fileuse au rouet fournissait dans sa semaine 5 poignées de 9 écheveaux chaque, le fileur, surveillant deux métiers renvideurs, en fournit 55.000. Dans toutes les fabrications que la mécanique a armées, on constate une augmentation de productivité qui varie suivant les cas, mais qui est toujours très considérable. Comparez, par exemple, le marteau du forgeron battant un lingot sur l'enclume avec le marteau-pilon et mieux encore avec la presse hydraulique ou le laminoir auquel il suffit de quelques minutes pour transformer une énorme pièce d'acier en tôle ou en rail. La science, mécanique ou chimique, a mis aux mains de l'homme une puissance dont nos aïeux ne pouvaient pas même avoir l'idée, et l'Américain est le producteur qui s'est le plus rapidement approprié cette puissance sous toutes ses formes.

La machine étant d'ordinaire d'autant plus

avantageuse qu'elle accumule plus de force, a eu comme conséquence la concentration de l'industrie manufacturière. Ce mouvement se prononce dans tous les pays industriels parce qu'il procède d'une cause générale ; mais il est bien peu de pays où il soit aussi fortement accentué qu'aux Etats-Unis. Les Trusts fructifient sur ce terrain.

« L'Américain a l'esprit d'invention (*L'ouvrier Américain*, t. II, p. 409), le nombre des brevets qu'après examen l'administration délivre chaque année l'atteste. Il est toujours en quête de perfectionnements. Aucun peuple — le peuple anglais peut-être excepté — ne fait autant usage de *machines*, dans la petite aussi bien que dans la grande industrie, et n'est plus ingénieux à chercher et plus prompt à adopter toutes les nouveautés, mécaniques, physiques ou chimiques, qui ont pour objet d'accélérer le travail ou d'épargner la main-d'œuvre. Son génie naturel l'y pousse et il est stimulé à les multiplier par la concurrence et par le taux élevé des salaires. »

Le taux du salaire est, en effet, plus haut que dans aucune contrée de l'Europe ; j'estime que la moyenne américaine est à peu près le double de la moyenne française. Par conséquent, pour que l'exportation américaine puisse entrer en concurrence avec la production européenne, il faut que le producteur trouve une compensation dans une production supérieure de la main-d'œuvre. C'est la machine qui communique cette productivité et c'est l'habitude qui donne à l'ouvrier l'adresse de s'en bien servir et le désir de la perfectionner, bien que parfois encore le changement l'inquiète.

Cependant il comprend, comme le montre avec raison M. Carroll D. Wright, que la machine a accru son salaire, réduit la durée de la journée, rendu moins pénible le travail manuel, favorisé le progrès de l'instruction populaire, procuré bien d'autres avantages et, en somme, amélioré le sort de l'humanité. « The centers devoted to industrial pursuits are the centers of thought, of mental friction, of intelligence and of progress » : c'est le dernier mot du livre.

Le type de l'ouvrier américain est un type supérieur qui, composé d'éléments énergiques, s'est constitué dans les conditions que je viens d'indiquer. Citoyen d'un Etat libre et démocratique et fermement campé dans son individualité, cet ouvrier est à la fois très indépendant vis-à-vis de l'entrepreneur et très porté à se grouper en associations. Les unions de métiers y sont anciennes et sont, après les Trade-Unions anglaises, les plus solidement organisées. Les grèves y sont fréquentes et plusieurs ont été terribles.

Mais quoique la prédication socialiste en vue d'une révolution, brutale ou légale, qui supprimerait le salariat, détruirait ou amputerait la propriété privée au profit d'un communisme quelconque, ait fait des progrès en Amérique comme dans tous les pays manufacturiers, l'ouvrier américain est doué d'un certain sens pratique propre à la race anglo-saxonne qui le garantit plus que d'autres de l'utopie, et il s'est élevé à un degré de bien-être qui le met en défiance contre les théories niveleuses. Le socialisme gagnera du terrain en Amérique, comme ailleurs, et le parti ouvrier, — qu'il ne faut pas confondre avec le socialisme théorique, — prendra plus d'importance dans le gouvernement des cités et de l'Etat. Mais, grâce au caractère individualiste du peuple américain, à l'autonomie locale et à la diversité des influences politiques qu'elle implique, à l'énergie que les classes riches déploient pour leur défense comme pour le progrès général, l'oppression d'une fraction de la nation par la fraction la plus nombreuse est bien moins à redouter que dans des Etats où la centralisation des pouvoirs permet davantage d'imposer la loi des majorités.

Les Etats-Unis rencontreront sur leur route des obstacles qu'ils auront à surmonter ou à tourner. Aucun siècle, aucun peuple n'a trouvé devant lui une voie toute droite et toute aplanie. Mais les Etats-Unis sont sur une grande route ; ils ont étonné le monde par le chemin qu'ils y ont parcouru en cent vingt-six ans et ils possèdent en capital matériel, moral et intellectuel la force nécessaire pour continuer au xxe siècle comme ils ont commencé au xixe : c'est ce dont le lecteur se convaincra en lisant l'ouvrage de M. Carroll D. Wright.

E. Levasseur.

AVANT-PROPOS

Cet ouvrage n'a d'autre but que de tracer un tableau fidèle et simple des principaux faits relatifs à la naissance et au développement des industries mécaniques de notre pays. Nous n'avons nullement tenté d'étudier quelques-unes des influences qui ont agi sur ce développement, telles que les effets variés de la législation douanière, des expériences faites dans l'ordre financier de la politique extérieure ou même des conditions et des principes économiques. Mettre le pied sur un domaine aussi vaste, embrassant des éléments aussi importants dans l'évolution de l'industrie, nous eût conduit à faire une œuvre beaucoup plus étendue que celle que nous nous sommes proposée. Nous avons, du moins, présenté les faits sous une forme assez concise pour pouvoir retracer toute l'histoire de notre développement industriel et toutes les conséquences logiques de ce développement, telles qu'elles se manifestent dans les différentes phases du mouvement ouvrier. C'est le régime moderne de l'industrie qui a déterminé ce mouvement tel qu'il est actuellement compris, et son influence sur notre développement futur sera sans doute considérable.

Comme les inventions ont été le principe vital de la grande industrie, il a paru sage d'insérer ici quelques chapitres sur l'influence du machinisme. Ces chapitres, les trois derniers, sont en grande partie empruntés à des communications diverses que j'ai faites, et la pensée maîtresse qui les inspire est le résultat d'une longue observation et d'une étude consciencieuse des faits, étude qui m'a conduit à modifier les conclusions auxquelles j'étais tout d'abord arrivé par une série trop limitée, je le vois maintenant, d'expériences.

Les débuts de nos grandes industries, pendant le dernier quart du siècle dernier, et l'établissement de nos grandes manufactures sont des faits qui, si désirable qu'il puisse être de les étudier dans un ouvrage complet, ne pouvaient être examinés en détail ici. Du moins avons-nous recueilli avec soin les chiffres de nature à bien montrer les résultats de ces entreprises, et ces chiffres retracent d'eux-mêmes l'histoire de la marche générale et de la répartition des intérêts de l'industrie.

L'histoire détaillée du développement des voies et des moyens de transport constitue aussi l'un des aspects de l'évolution de l'industrie, mais nous l'avons omise de manière à pouvoir retracer, sans l'interrompre par une digression, une histoire générale de nature à intéresser et à instruire la catégorie de lecteurs à laquelle cet ouvrage s'adresse. Aussi bien nous n'en avons pas moins reconnu l'importance considérable au même titre que celle des mines, de l'agriculture et des autres sources d'où proviennent nos énormes richesses en matières premières.

Dans la préparation de cet ouvrage, j'ai été aidé par l'habile collaboration de MM. Samuel C. Dunham et Charles W. Morris, qui ont corrigé les épreuves, vérifié les dates, les noms, etc. Je suis redevable aussi à M. William M. Steuart, ci-devant chef de la Division des manufactures lors du Onzième Census, pour la vérification des chiffres empruntés à ce Census et aux précédents. Toutes les cartes et les diagrammes ont été dressés par M. Charles G. Léonard spécialement pour ce volume; beaucoup d'exemples aussi sont tirés de sources originales.

CARROLL D. WRIGHT.

Washington, D. C. 1er juin 1895.

L'ÉVOLUTION INDUSTRIELLE

DES

ÉTATS-UNIS

INTRODUCTION

LE SOL. — LES RICHESSES NATURELLES. — LA POPULATION.

Par le traité définitif de Paris, du 3 septembre 1783, conclu avec l'Angleterre, les Etats-Unis obtinrent tout le bénéfice matériel qu'ils avaient cherché à réaliser par la Révolution, et ils furent mis en possession d'un vaste empire de 827.844 milles carrés de superficie (1). Ce fut ce territoire qui forma notre domaine national, le

(1) Je donne ici les superficies du territoire originaire des Etats-Unis et de tous les territoires annexés telles qu'elles nous sont indiquées par les *Federal Census Reports*. Le calcul en a été fait aussi avec beaucoup de soin par le Prof. Henry Gannett, chargé de la carte géologique et géographe du Census. Mais les chiffres donnés par ces deux autorités ne concordent pas complètement, en raison de certaines divergences dans la détermination des frontières. Toutefois, les variations sont de peu d'importance. Il semble donc plus sage d'adopter les chiffres du gouvernement fédéral.

4 mars 1789, lorsque la Constitution nouvelle fut mise en vigueur, et que le gouvernement fédéral fut organisé. La fédération comprenait alors les treize Etats originaires et les territoires revendiqués par quelques-uns d'entre eux.

Cette superficie primitive des Etats-Unis s'est grandement accrue dans la suite par des acquisitions, des conquêtes et des cessions de territoires. La première annexion un peu importante fut réalisée par l'acquisition des régions de la Louisiane et de l'Orégon, en 1803-1805, sur une étendue de 1.171.931 milles carrés. L'acquisition de la Floride, en 1819, ajouta à ce domaine 59.268 milles carrés, celle du Texas, en 1845, 376.163 milles carrés, tandis que la première cession du Mexique nous donnait 545.153 milles carrés et l'acquisition du territoire de Gadsden, en 1853, 44.064 milles carrés. En 1867, enfin, la Russie vendait aux Etats-Unis l'Alaska, dont la superficie est évaluée à environ 532.409 milles carrés (1). Toutes ces annexions, jointes au territoire primitif, forment aujourd'hui une superficie totale de 3.457.432 milles carrés pour l'ensemble de notre domaine national (2).

Quant à notre domaine public, en tant qu'il se distingue du domaine national, il comprend les territoires situés dans les limites de la Fédération, appartenant à l'Etat, et dont le gouvernement peut disposer de différentes manières, dans un but d'intérêt public. Ce nom de *domaine public* est celui que le *General Land Office* a donné à ces territoires. A l'origine et avant toute cession, ce domaine ne comprenait pas moins de 2.889.179 milles carrés (3). Peu à peu, on a divisé cette

(1) Evaluation d'Ivan Petroff, agent spécial du 10e Census.

(2) V. la carte des annexions.

(3) Thomas Donaldson, *The Public Domaine.*

énorme étendue de terrain, soit par des ventes à des colons, soit par des concessions à différents Etats qui ont utilisé, dans des emplois divers, les terres ainsi acquises, soit enfin par des concessions aux compagnies de chemins de fer, pour les aider à construire leurs lignes, si bien qu'à l'heure actuelle le gouvernement fédéral n'a plus à sa disposition que 946.938 milles carrés seulement (1). Mais, si l'Etat avait conservé toutes les terres du domaine public, il serait actuellement détenteur d'une superficie presque égale à celle des Etats-Unis tout entiers, à l'exclusion de l'Alaska. On verra, d'ailleurs, dans la suite, que, dans le développement industriel de notre pays, la terre a joué un rôle prépondérant, qui a amplement justifié les prévisions des hommes d'Etat qui furent les auteurs de la Constitution.

Quant aux richesses naturelles des Etats-Unis, elles comprennent presque toutes les espèces de matières premières qui peuvent être extraites de la terre ou produites par elle, et qui sont indispensables à une nation pour grandir et se développer dans les trois branches de la production — agriculture, industrie et commerce. Aussi, les habitants, dans la période de colonisation, purent-ils se contenter d'utiliser les ressources naturelles du sol et des forêts. Quand on colonisa la Virginie, on s'attendait à découvrir d'importantes mines d'or et on commença tout de suite à en chercher. Mais les résultats ne furent point satisfaisants et l'attention fut attirée alors vers l'exportation des bois de construction, puis plus tard vers la culture du tabac, et enfin vers la production du coton. Les colonies du Nord exportèrent des bois débités sous la forme d'échandoles, des bois de construction

(1) Rapport du commissaire du *General Land Office*, 1894.

pour les navires et d'autres produits des forêts. La pêche vint aussi augmenter les ressources des colons, et à mesure que les colonies s'étendirent en arrière des côtes, tant au Nord qu'au Sud, différents essais furent tentés, les uns avec succès, les autres inutilement, pour obtenir de la nature tout ce qn'elle pouvait donner sans creuser au delà de la surface. Les immenses régions de forêts vierges fournirent des matériaux de construction, en même temps que des produits pour l'exportation. Ces quelques produits naturels attirèrent les colons et leur procurèrent d'abord une occupation suffisante ; mais à mesure que la population s'accrut, la découverte de gisements de fer, de plomb et de charbon, parfois d'or et d'argent, augmenta la richesse du pays et contribua à son merveilleux développement (1). Il n'existe aucune évaluation de l'étendue totale des gisements de fer, d'or et d'argent de notre pays qui soit digne de foi ; mais les seuls terrains houillers situés à l'est des Montagnes Rocheuses et dans les Etats du Pacifique couvriraient une superficie de près de 100.000 milles carrés, c'est-à-dire une étendue douze fois aussi vaste que celle du Massachusetts. D'un autre côté, la découverte d'immenses quantités d'or en Californie, en 1849, a donné une nouvelle impulsion au développement de nos mines, en même temps que les Etats de Névada, d'Arizona et du Colorado livraient en abondance leurs précieuses richesses.

On peut fixer en chiffres la valeur des produits naturels du sol pour l'année 1889. Cette année-là, l'exploitation du sol a donné 2.460.107.454 dollars de produits, tant pour la consommation nationale que pour l'exportation. En même temps, la valeur des produits des industries

(1) Pour la répartition des différentes richesses minières, voir a carte des gisements d'or, d'argent, de houille et de fer.

minières atteignait 587.230.662 dollars, celle des produits de la pêche 44.277.514 dollars et celle des produits des forêts 446.034.761 dollars. Dans ce dernier chiffre sont compris 8.077.370 dollars de goudron et de térébenthine, 403.667.575 dollars de bois de charpente et d'autres produits tout débités, et 34.289.807 de bois bruts non encore travaillés. La valeur totale de ces produits naturels, pour l'année 1889, s'élevait ainsi à 3.537.650.391 dollars, somme considérable assurément, qui donne une idée du travail, de l'emploi intelligent du capital, et de l'énergie des habitants. La richesse du pays, en prenant tous les signes matériels de la fortune, tels que la terre, les maisons, les marchandises et toutes les formes de propriété réelle ou personnelle, atteignait 65.037.091.197 dollars en 1890, dont 39.544.544.333 dollars représentent la valeur des immeubles avec leurs accessoires, et 25.492.546.864 dollars celle de la propriété mobilière, y compris le capital engagé dans les chemins de fer, les mines et les carrières. Naturellement, ces sommes énormes sont seulement approximatives, beaucoup d'obstacles s'opposant à ce qu'elles soient d'une parfaite exactitude, mais elles n'en ont pas moins été calculées avec grand soin et remplissent bien le but qu'on se propose, de montrer, avec elles, le développement de notre pays, tel qu'il ressort de l'état actuel de la propriété. Aucune statistique comparative ne peut être dressée pour la période coloniale. La richesse par tête d'habitant est, à l'heure actuelle, d'environ mille dollars. Ces chiffres prouvent bien que les moyens de développement de notre pays sont illimités, et témoignent de l'activité du peuple américain.

Depuis l'époque du premier établissement définitif des colons dans la Virginie, en 1607, et dans le Massachusetts, en 1620, la population des colonies s'est accrue de près de 4 millions jusqu'à l'époque de l'adoption de la Constitution fédérale, le 4 mars 1789. Cette Constitution ordonnait qu'un recensement des habitants fût fait tous les dix ans à partir de 1790. Or, le premier census accuse 3.929.214 habitants. M. Bancroft, l'historien, établit que, en 1775, les colonies étaient occupées par des habitants dont « un cinquième avaient pour langue d'origine une langue autre que l'anglais ». Ce cinquième de la population qui ne parlait pas l'anglais était venu de France, de Suède, de Hollande et d'Allemagne, l'importance du contingent fourni par chacun de ces pays allant en décroissant dans l'ordre où ils sont placés. Les descendants des habitants qui vivaient à l'époque susdite, c'est-à-dire au commencement du gouvernement constitutionnel, constituent aujourd'hui ce qu'on peut appeler vulgairement le véritable tronc américain. En outre, à l'époque du premier recensement (1790), environ 750.000 habitants des Etats-Unis appartenaient à la race noire. La population à chaque recensement décennal a été la suivante :

Années du recensement	Population	Augmentation pour cent
1790.	3.929.114	
1800.	5.308.483	35.10
1810.	7.239.881	36 38
1820.	9.633.822	33,07
1830.	12.866 020	33.55
1840.	17.069.453	32,67
1850.	23.191.876	35.87
1860.	31.443.321	35.58
1870.	38.558 371	22,63
1880.	50.155.783	30,08
1890.	62.622.250	24,86

Au 1er juin 1890, la population, non compris les Indiens et les habitants du territoire Indien, des réserves indiennes et de l'Alaska, s'élevait à 62.622.250, ainsi qu'il résulte du tableau précédent; mais si l'on fait le total de la population des Etats et des territoires, on arrive au chiffre de 62.979.766 (1). Il est probable qu'actuellement, en 1895, elle atteint environ 68 millions (2). Le nombre moyen d'habitants par mille carré, en prenant la superficie totale, terres et eaux comprises, était, en 1790, de 4.75, et en 1890 de 20.70. Cette augmentation de la population est due à la fois à l'accroissement naturel et à l'immigration. Avant 1819, aucun calcul ne fut fait relativement au nombre des immigrants venant s'établir aux Etats-Unis; mais on est d'accord pour évaluer à 250.000 le nombre total d'étrangers arrivés entre le premier recensement et l'année 1819. Depuis cette date, le gouvernement fédéral a établi le compte de l'immigration; toutefois, ce compte n'a pas été toujours absolument exact dans toutes ses parties, en raison des erreurs commises dans le calcul des entrées des passagers étrangers, etc.; mais, depuis 1856, les immigrants ont été inscrits à part, de sorte que les mouvements survenus chaque année à cet égard sont maintenant établis avec une exactitude absolue. Jusqu'au 30 juin 1894, le nombre total des immigrants, depuis 1790, s'élevait à 17.363.977. Sur le nombre des immigrants arrivés depuis 1820, près de la moitié est venue de l'Irlande et des Etats germaniques, y compris la Prusse, et, sur cette moitié du total de l'immigration étrangère, plus de la moitié encore a été fournie par les Etats de

(1) Voir la carte de la répartition de la population au 11e census (1890).

(2) Le census de 1900 accuse une population totale de 76 295.220, territoires compris, soit une augmentation de 21 0/0 sur les chiffres de 1890.

(N. d. tr.)

l'Allemagne. Le surplus provenait de toutes les contrées de l'Europe et de quelques parties de l'Asie, tandis que les possessions anglaises et l'Amérique du Sud ne contribuaient à ce mouvement que pour une faible part. D'après le census de 1890, on comptait alors 53.372.703 indigènes et 9.249.547 étrangers ; mais le nombre des habitants ayant un ou deux parents nés à l'étranger s'élevait à 20.676.046, soit 32.02 % de la population totale. Si l'on prend ce chiffre et celui des habitants dont les grands-parents naquirent à l'étranger, il devient tout à fait évident que, tandis qu'en 1775 un cinquième de la population des colonies n'aurait pu parler l'anglais comme langue d'origine, aujourd'hui c'est la moitié de la population totale qui ne peut avoir cette prétention.

Les étrangers, attirés dans notre pays par les facilités qui leur sont offertes d'acquérir de la terre et par le vif désir de s'élever à une condition meilleure, se sont acclimatés très facilement, et une vérité frappe quiconque étudie, avec quelque étendue, l'immigration dans notre pays, c'est que les descendants des individus recrutés dans toutes les nationalités deviennent, au bout d'une ou de deux générations, complètement américains. Les exceptions sont rares et ne suffisent point à détruire la règle générale. Cette population si considérable s'est répandue par tout le territoire, elle a porté à 45 le nombre des 13 Etats primitifs, elle a exploré toutes les régions, elle sait maintenant où se rencontrent les gisements les plus riches. Jefferson disait qu'il faudrait un millier d'années pour que les immenses territoires du Nord-Ouest pûssent être colonisés ; mais il ne prévoyait pas toutes les grandes inventions qui ont permis aux habitants de s'établir jusque dans les coins les plus reculés du pays. Le tempérament de pionnier, qui est propre à la race anglo-saxonne, ne pouvait, en effet, se tenir pour satisfait tant qu'il n'avait pas atteint les frontières occidentales les plus éloignées du territoire américain. Il a semé des villes et fondé des Etats, comme jadis ses ancêtres Aryens, dans leur marche des plateaux de l'Asie centrale à travers toute l'Europe.

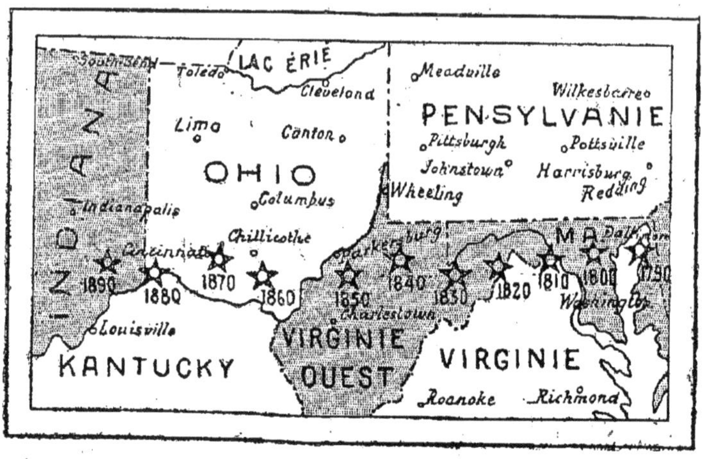

Centres de la population des Etats-Unis à chaque census de 1700 à 1890

Dans les 45 Etats, on compte actuellement 448 villes de plus de 8.000 habitants, tandis qu'en 1790, au commencement de notre existence fédérale, il n'y en avait que six dans ces conditions. La population urbaine forme aujourd'hui 29.20 °/₀ de la population totale, tandis qu'en 1790 elle n'en formait que 3.35 °/₀. Le centre de la population s'est d'ailleurs déplacé vers l'ouest. A l'époque du premier recensement, il se trouvait à 23 milles à l'est de Baltimore ; aujourd'hui, il est situé à 20 milles à l'est de Columbus, dans l'Etat d'Indiana. Il s'est ainsi déplacé de 505 milles à l'ouest dans cent ans, et toujours en suivant le 39° degré de latitude, dont il ne s'est écarté que de quelques minutes. Quant au centre du territoire, non compris l'Alaska, il est situé dans le nord du Kansas, à environ 39° 55' de latitude.

Tous ces éléments, sol, richesses naturelles, population sont les éléments fondamentaux de notre évolution industrielle. Cependant, s'ils eûssent été seuls, notre développement industriel ne se serait pas accompli. Il faut y ajouter l'élément vivifiant de l'intelligence, du génie inventif et de l'énergie de la population. Les habitants des Etats-Unis ont eu toutes ces qualités : aussi les fondements de leur histoire ont-ils été construits sur une base solide et bien proportionnée.

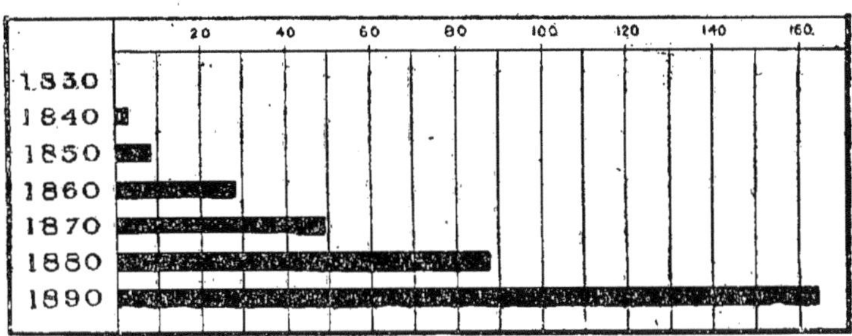

Longueur des chemins de fer des Etats-Unis en millier de milles.

L'influence, considérable aussi, des voies et des moyens de transports nous est très nettement indiquée par le développement des chemins de fer. En 1830, il n'y avait que 23 milles de chemins de fer en exploitation aux Etats-Unis ; en 1890, on en comptait 163.597 milles, et en 1893, 173.433.

Encore ceci ne nous représente-t-il que les moyens de transports offerts au commerce intérieur ; mais, aux chemins de fer, il faut ajouter les modes de transports par eau qui augmentent sensiblement les facilités offertes aux marchandises et aux passagers. Sur tous les fleuves navigables, en effet, et sur tous les grands lacs, il se fait un commerce considérable de transports ; toutefois le développement du commerce intérieur global nous est surtout démontré par les milles de chemins de fer ouverts aux différentes époques de notre histoire.

Les richesses naturelles du pays, se traduisant par des produits que nous avons énumérés plus haut, ont été, pour les Etats-Unis, la source de relations commerciales considérables. Les exportations pour l'année finissant au 30 juin 1894 se sont élevées à 892.142.572 dollars, tandis que les importations, soit en franchise, soit soumises à des droits, ont été évaluées à 654.994.622 dollars. Cet énorme trafic est d'ailleurs représenté sur la carte qui accompagne cet ouvrage, sur laquelle sont également indiqués tous les pays du monde entier avec lesquels les Etats-Unis entretiennent des rapports commerciaux..

PREMIÈRE PARTIE

L'évolution de l'industrie : La période de colonisation.

CHAPITRE PREMIER

LES CONSTRUCTIONS NAVALES

La première période de l'histoire des grandes nations est généralement entourée de mystère et d'incertitude. La tradition constitue l'histoire ou ce qui est admis comme tel. Mais les débuts de l'industrie sont encore plus incertains que les origines des nations elles-mêmes. Il est, en effet, impossible de savoir à quelle époque les métiers ordinaires, indispensables aux progrès de l'humanité, ont atteint un développement suffisant pour pouvoir être appelés des métiers proprement dits. Et l'on ne peut retracer, à leur point de départ, les origines du tissage, du filage, de la poterie, de la maçonnerie, voire même de la fabrication du fer et de beaucoup d'autres industries qui constituent aujourd'hui les éléments les plus considérables et les plus importants de nos manufactures et de notre commerce.

Le peuple américain a pourtant un avantage sur les plus grandes nations, c'est que son origine est clairement définie, sa naissance facile à retracer, son développement intéressant à rappeler. Il peut, sans doute, exister quelque incertitude relativement à certains traits caractéristiques de l'histoire de l'Amérique ; mais on peut suivre très nettement la direction générale de son évolution. Son développement industriel forme comme une partie de son histoire et en constitue l'un des aspects les plus intéressants. L'étude des luttes soutenues par un peuple pour se constituer sur la base d'une industrie indépendante, les efforts faits par une nation dans l'enfance pour se débarrasser du contrôle des autres nations ont, pour tous les esprits, le plus grand intérêt, surtout lorsque tous ces efforts et toutes ces luttes mettent en jeu des intérêts de famille comme ceux qui s'agitèrent autour de la naissance de notre société.

Les premiers colons américains s'efforcèrent d'arracher à la nature les choses indispensables pour jouir d'une vie tout à fait confortable. Ils réussirent à pouvoir poursuivre leur route conformément à leurs goûts. Quelles que fûssent les raisons pour lesquelles ils avaient traversé l'Océan occidental, si fertile en tempêtes, ils savaient bien qu'il leur faudrait tracer eux-mêmes leur voie et se rendre indépendants au point de vue industriel. Ils n'avaient point de capitaux et force leur fut d'abord de se livrer aux travaux les plus simples, uniquement à titre individuel. D'ailleurs, l'industrie proprement dite, le travail en fabrique n'avait encore, à cette époque, aucune place dans le monde. Naturellement, ils durent subir les conditions et se contenter des ressources du pays qu'ils habitaient, et leurs besoins se traduisirent par l'introduction immédiate d'industries qui ont ensuite prospéré et contribué à la grandeur du pays. Au premier abord, ils conçurent l'ambition de former une nation riche par l'agriculture, comme l'exemple des pays du vieux monde les y poussait ; mais ils furent obligés de faire marcher de pair les métiers les plus divers et les travaux agricoles, pour pouvoir se loger et se vêtir.

A l'origine, l'industrie, dans le monde, ne connut que le système du travail à domicile, de l'atelier de famille ; autrement dit, ce fut le bras de l'homme, aidé d'outils et de machines grossiers qu'on employa d'abord partout à la production des richesses. Les premiers colons avaient bien à leur disposition toutes les méthodes de production dont la métropole se servait elle-même ; tout au moins, apportèrent-ils avec eux la connaissance de certains métiers qui les mettaient à même d'utiliser les procédés déjà connus. Mais ils trouvèrent ici des forêts comme il n'en existait nulle part dans les pays qu'ils quittaient ; ils comprirent tout de suite quel parti ils pouvaient en tirer pour se construire à eux-mêmes de petits vaisseaux, et entrevirent pour l'avenir la possibilité de transporter par mer, dans leur pays d'origine, quelques-uns des produits de ces forêts ; et tandis qu'ils avaient été amenés à croire qu'ils trouveraient sur les côtes de l'Amérique de vastes gisements de richesses minérales qui les rémunéreraient de leurs travaux, ils furent bientôt obligés de porter leur attention dans d'autres directions. La *London Company*, qui, en 1607, créa la première colonie à Jamestown, avait fait espérer que des mines d'or pourraient être découvertes. Il est probable, toutefois, que, dès l'origine, les colons durent avoir dans l'esprit l'intention de développer ou du moins d'établir des manufactures. L'« *Histoire de la Virginie* » de Stith (1) nous apprend, en effet, que le capitaine Newport, dans son second voyage, qui eut lieu vers la fin de 1608, amena avec lui des ouvriers dans le but de faire fabriquer de la poix, du verre, du goudron, de la potasse, etc. ; ces ouvriers, suivant la remarque de l'auteur, auraient pu réussir si le pays avait été plus peuplé, mais ils ne furent qu'une charge et un ennui pour une contrée insuffisamment habitée. L'historien nous dit, en effet,

(1) Londres, 1753.

« qu'ils ne furent pas plutôt débarqués que le capitaine « les dispersa le plus possible, les employant, les uns à « faire du verre, les autres à fabriquer de la poix, du « goudron, de la potasse. Les laissant ensuite sous la « surveillance et la garde d'un conseil, il se transporta « lui-même à environ trente-cinq milles en aval de la « rivière pour apprendre à abattre les arbres, à fabriquer « des lattes et à coucher dans les bois. » Mais le conseil d'administration de la compagnie, à Londres, se plaignit vivement de ce que l'or et l'argent ne paraissaient point, et menaça de se dissoudre si les frais de l'expédition n'étaient point couverts par la cargaison que rapporterait le navire. Le capitaine John Smith envoya pour toute réponse un vaisseau chargé des produits résultant des essais de fabrication de poix, de goudron et de potasse, et de tout ce qu'on put fabriquer de lambris et de douves.

Cette petite cargaison, fut, historiquement, la première exportation entreprise par les colonies, à l'exception de quelques sassafras du cap Cod expédiés en 1608 ; elle provenait de la Virginie et était presque entièrement composée d'articles manufacturés. Beaucoup d'essais restèrent infructueux ; mais, malgré cela, dans les moments de loisir, les colons de la Virginie, au dire du même auteur, fabriquaient des douves et des lambris. En outre, le chanvre, le lin et le *silk-grass* croissaient naturellement dans la contrée, et quelques minerais de fer furent exportés en Angleterre, qui donnèrent un métal aussi bon que dans n'importe quelle autre partie du monde.

En 1617, tous les ouvrages et toutes les constructions qui avaient été établis à Jamestown étaient tombés en ruines, et l'avenir de cette contrée semblait compromis. Les habitants détournèrent alors leur attention des industries primitivement créées pour se consacrer à la culture du tabac. Le 17 mai 1620, la *London Company* tint à Londres une assemblée dans laquelle fut présenté un rapport sur cette nouvelle tendance des colons ; sir Edwin Sandys, qui avait été trésorier de l'association, exposa qu'il avait essayé de les détourner de cette culture pour porter leur activité vers la production des denrées de première nécessité. Il annonça aux membres de l'assemblée que, dans ce but, cent cinquante personnes avaient été envoyées pour construire trois hauts fourneaux, et que des indications avaient été données aux habitants pour la fabrication des cordages de chanvre, de lin et plus spécialement de *silk-grass*, plante qui poussait abondamment dans la colonie, et dont l'expérience avait démontré les qualités exceptionnelles pour faire les meilleurs cordages et les meilleures ficelles qu'on pût fabriquer. Chaque famille de colons reçut même l'ordre de cultiver cent pieds de cette plante, et le gouverneur lui-même en planta cinq mille. On avait aussi donné le conseil aux colons de fabriquer de la poix, du goudron, de la potasse et de préparer des bois de construction pour la marine, mâts, planches, madriers, etc. ; on avait même envoyé dans ce but des hommes et des matériaux nécessaires à l'établissement de scieries mécaniques ; toutefois, aucune scierie ne fut installée encore pendant un certain nombre d'années. Par contre, les salines, qu'on avait commencé à établir dès l'origine, furent remises en état, et la colonie put de nouveau concevoir l'espoir d'être suffisamment approvisionnée de sel pour pouvoir en fournir non seulement aux habitants mais encore aux pêcheries établies sur toutes les côtes de l'Amérique.

Naturellement, toutes les mesures nécessaires avaient été prises pour implanter dans la Virginie les principaux métiers ; car, sur la liste des artisans qui s'y étaient établis, on voit figurer des laboureurs, des jardiniers, des brasseurs, des boulangers, des scieurs de long, des charpentiers, des menuisiers, des charpentiers de navires, des constructeurs de barques, de charrues, de moulins, des maçons, des tourneurs, des forgerons et toutes sortes d'ouvriers travaillant le fer, des tonneliers, des tisserands, des tanneurs, des potiers, des oiseleurs, des fabricants d'hameçons, de filets, de souliers, de cordes, de briques, de tuiles, des fileurs de chanvre et de lin, des taillandiers, des mégissiers, des hommes connaissant bien la culture de la vigne, la métallurgie et l'exploitation des mines.

Comme le dit une vieille chronique(1), « les hommes « envoyés étaient pour la plupart des hommes de choix, « nés et élevés pour le travail et pour l'industrie ; du « Devonshire partirent ainsi une centaine de cultiva- « teurs ; cent dix environ vinrent du Warwickshire et « du Staffordshire ; enfin le comté de Sussex fournit « une quarantaine d'ouvriers métallurgistes, etc. » La même chronique rapporte aussi que « le coton brut et la canne à sucre, qui déjà se rencontraient en abondance dans le pays, ainsi qu'une infinité d'autres produits, » étaient au nombre des richesses naturelles de la Virginie.

Beaucoup de tentatives furent faites pour détourner les colons de la culture du tabac et pour y substituer le travail des artisans. Nous en donnerons quelques exemples, car leur histoire est remplie d'un extraordinaire intérêt, en ce sens qu'elle nous fait connaître les besoins de nos ancêtres et les efforts héroïques qu'ils firent pour leur donner satisfaction.

(1) « A Declaration of the State of Virginia », 1620.

Les colons de la Virginie étaient, par nature et par éducation, plutôt des planteurs que des industriels ; ils s'élancèrent à travers le pays avec l'idée qu'il était beaucoup plus honorable de se faire planteur et agriculteur que de se mettre à la tête d'entreprises commerciales ou industrielles. A mesure qu'ils se développèrent, ils abandonnèrent l'industrie des transports aux marins des colonies du Nord, et tant qu'ils eurent assez de matières premières pour alimenter de nombreuses manufactures, ils se contentèrent de fournir les matériaux, laissant à d'autres le soin de les transformer en produits achevés. C'est ainsi qu'ils restèrent tributaires de l'Angleterre pour les vêtements, échangeant leur principal produit, le tabac, contre des habits et contre tel autre objet de première nécessité, à mesure qu'ils en éprouvaient le besoin.

En décembre 1620, d'autres colons s'établirent à Plymouth, où ils trouvèrent un sol stérile et un climat très rude ; mais, en raison de leur manière de vivre, ils eurent bientôt intérêt à développer les manufactures et le commerce. Comme leurs voisins de la Virginie, ils furent obligés de tourner d'abord leur attention vers la culture du sol, pour se procurer des moyens d'existence, mais ils trouvèrent aussi du bois en abondance, dont ils se servirent pour fabriquer des objets faciles à vendre ; ils se procurèrent ainsi des ressources suffisantes pour faire le commerce avec la métropole, surtout lorsque l'Angleterre eut en grande partie épuisé sa provision de bois pour alimenter ses usines métallurgiques. Il y avait même eu de tels abus à cet égard que, dès 1581, on avait été contraint de prendre des mesures pour restreindre la consommation excessive du bois. Et ce fut ainsi que les colons de Plymouth et les autres colons établis dans la même contrée devinrent exportateurs de toutes sortes de produits de l'industrie forestière.

Le 10 septembre 1623, le navire *Anne* prit, à Plymouth, une cargaison de douves, et fit voile pour l'Angleterre. C'était un petit vaisseau de cent quarante tonneaux, qui emportait, en outre, des peaux de castor et d'autres fourrures. Ainsi, les deux colonies, sitôt après leur établissement, furent en mesure d'exporter en Angleterre des produits de leur propre industrie.

Les colonies du Nord se consacrèrent naturellement à la construction des vaisseaux, d'abord à raison de la nécessité où elles étaient de fabriquer de petites barques et des bateaux de peu d'importance pour le cabotage, et, en second lieu, parce qu'elles trouvèrent facilement sous la main tout ce qui était nécessaire à cette industrie. Le premier vaisseau construit par des Européens dans cette contrée, si l'on excepte quelques petits bateaux plats fabriqués par des compagnons de De Soto, fut un vaisseau hollandais, nommé le *Onrest*, jaugeant seize tonneaux. Il fut construit par le capitaine Adrien Block, à Manhattan River, en 1614, pour remplacer l'un des quatre vaisseaux venus cette année-là d'Amsterdam, qui avait été détruit par le feu. Ce fut sur ce petit navire, le *Onrest* ou *Restless* (Sans Repos), que le capitaine Hendrickson découvrit le Schuykill River, en août 1616, et explora aussi presque toutes les côtes, depuis la Nouvelle-Ecosse jusqu'aux caps de la Virginie. M. Bishop, dans son excellente « *Histoire des manufactures américaines*, » raconte que l'année même où le *Restless* fut construit (1614), le capitaine John Smith, de son côté, fit voile pour la Virginie du Nord avec deux vaisseaux et quarante-cinq hommes et jeunes gens, dans le but de rechercher une mine d'or et de cuivre. Longeant la côte du Maine en avril, ces navigateurs tentèrent à plusieurs reprises de pêcher la baleine, mais n'ayant pas réussi, ils construisirent sept barques sur lesquelles trente-sept hommes firent une très fructueuse campagne de pêche. Ce fut là la première tentative, bien modeste sans doute, qui fut faite sur des bateaux américains pour implanter l'industrie de la pêche dans notre pays.

Quatre ans après son débarquement, la colonie de Plymouth s'adjoignait un charpentier et un saunier, envoyés de Londres par la Compagnie. C'était en 1624. Le charpentier construisit deux chaloupes et un bayart; quant au saunier, il choisit un lieu d'installation, construisit une maison et essaya d'obtenir du sel pour la pêche, d'abord au cap Ann, puis l'année suivante au cap Cod; mais ses essais restèrent infructueux. En 1627, les habitants de Plymouth construisirent une pinasse (1) à Monamet, actuellement Sandwich, dans le Massachusets. Cette barque servit à la pêche, mais ce ne fut qu'en 1641 que le premier vaisseau de quelque dimension fut lancé : c'était une barque de cinquante tonneaux.

Le premier navire construit par les colons du Massachusetts fut le *Blessing of the Bay*, lancé à Mystic, actuellement Medford (Massachusetts), le 4 juillet 1631. Ce vaisseau appartenait au gouverneur Winthrop. Il fit plusieurs voyages sur les côtes, et l'on raconte qu'un jour qu'il passait devant Long-Island les marins furent grandement surpris d'apercevoir des canots indiens d'une dimension considérable, dont quelques-uns pouvaient porter jusqu'à quatre-vingts personnes.

Un autre navire fut construit à Medford en 1633, nommé le *Rebecca*, jaugeant soixante tonneaux; un autre de cent-vingt tonneaux fut lancé à Marblehead, par des habitants de Salem, en 1636. A cette époque, par suite de l'état particulier des affaires, les colons

(1) Grande barque à rames.

furent amenés à se procurer par eux-mêmes une grande partie des choses nécessaires à la vie. Jusque-là, les navires venus de la mère-patrie, qui avaient sans cesse amené de nouveaux colons, avaient fourni à la colonie la plupart des denrées qui lui étaient indispensables, à l'exception du maïs et du poisson. Mais la guerre civile en Angleterre interrompit et même suspendit en fait cet approvisionnement, en sorte que les colons furent obligés de recourir à leurs propres ressources, vu que la navigation était devenue dangereuse. Comme le gouverneur Winthrop le dit dans son Journal, « tous les habitants, craignant de manquer des produits « étrangers, étant donnée la tournure des choses en Angle- « terre, fùrent amenés à se mettre au travail pour cons- « truire des vaisseaux qui fùssent à eux ; dans ce but, « M. Peter, homme animé d'un grand amour du bien « public et d'une activité extraordinaire en toute cir- « constance, décida quelques colons à se réunir pour « construire à Salem un navire de trois cents tonneaux, « et les habitants de Boston, stimulés par son exemple, « entreprirent d'en construire un autre de cent cinquante « tonneaux. On eut du mal à réussir, faute d'argent ; mais « les ouvriers se contentèrent du salaire que le pays « pouvait leur payer ». Le maïs devint alors une monnaie légale qui était reçue sans difficultés en paiement.

D'autres vaisseaux furent construits au cours des années qui suivirent, notamment en 1642, où cinq navires d'une dimension considérable furent lancés à Boston, à Plymouth, à Dorchester et à Salem, et en 1644, où plusieurs navires de deux cent cinquante tonneaux au moins furent lancés à Cambridge. L'un d'eux embarqua une cargaison de douves, de poissons, etc., à destination des îles Canaries. Enfin, un très grand navire de trois cents tonneaux fut construit en 1646 à Boston.

D'ailleurs, vers cette époque, par ordre du Parlement, et en raison du développement très rapide des constructions navales, que l'on considérait comme une affaire d'une grande importance pour le bien commun, et pour imiter, disait-on, la coutume très recommandable usitée en Angleterre et dans d'autres pays, on institua des inspecteurs chargés d'inspecter les vaisseaux et d'examiner si le travail avait été exécuté et achevé conformément à toutes les règles de l'art. Cette création fut réalisée en octobre 1641.

Bientôt, les constructeurs de navires se firent incorporer et leur industrie prospéra, car il paraît que, dès 1665, le Massachusetts possédait environ quatre-vingts vaisseaux de vingt à quarante tonneaux, quarante de quarante à cent tonneaux et une douzaine de plus de cent tonneaux, soit au total plus de cent trente navires.

L'industrie nouvelle fut même réglementée par la loi, et en même temps elle reçut des pouvoirs publics des encouragements. On la vit se développer tout le long des côtes, à Salem, à Newburyport, à New-Bedford, à Salisbury, partout où les ports, les circonstances et les ressources le permettaient. Les conditions les plus favorables se trouvèrent réalisées surtout dans le district du Maine, qui faisait alors et qui resta longtemps partie intégrante du Massachusetts, et dont les golfes, les baies et les cours d'eau voisins de la mer, s'ajoutant à d'immenses ressources en bois de construction, rendaient l'industrie des constructions navales facile et intéressante.

Un siècle avant la déclaration de l'Indépendance on comptait, dans le nombre des vaisseaux construits sur les côtes du Massachusetts et appartenant aux habitants établis dans le pays, trente navires de cent à deux cent cinquante tonneaux, quatre cents de trente à cent tonneaux et trois cents de six à dix tonneaux.

CHAPITRE II

LES CONSTRUCTIONS NAVALES (*fin*)

Le Connecticut commença à s'intéresser aux constructions navales dès 1640, année où la Législature de cette colonie déclara qu'il était nécessaire pour le bien et l'utilité des plantations que la vente et le commerce du coton brut fûssent développés et encouragés. Le gouverneur préposé aux plantations, Edward Hopkins, entreprit même de construire un vaisseau et de le conduire dans les contrées où le coton brut pouvait être obtenu. D'autre part, le premier croiseur dont se servirent les Américains fut lancé en 1646, ou peu de temps après, par les habitants de New-Haven et de Hartford. Il avait mission de croiser dans le détroit de Long-Island, pour s'opposer aux empiètements des Hollandais. Il portait dix canons et quarante hommes.

Les constructions navales se développèrent rapidement dans cette contrée, principalement à New-London, sur la Tamise. Le premier navire marchand y fut construit par des commerçants de New-London et de Newport ; il coûta 200 livres, non compris les parties en fer. Beaucoup de vaisseaux de différents tonnages, mais tous de petite dimension, furent également construits pour les voyages aux

Indes Occidentales, à Terre-Neuve et même en Europe.

Les navires de cette époque étaient petits, et le nom général de barque était donné à tout ce qui dépassait les dimensions d'un bateau ordinaire. Les pinasses et les chaloupes étaient des bateaux pontés, d'une vingtaine de tonneaux. Le plus grand vaisseau construit à New-London fut appelé *New London*. C'était un navire de soixante-dix tonneaux, le plus important qui eût été lancé jusqu'alors (1666). D'autre part, les colons se livraient à la pêche de la baleine le long des côtes et naturellement les bateaux nécessaires à cette industrie étaient très demandés. En plus de New-London, Essex, sur le territoire de Saybrook, vit aussi s'établir alors l'industrie des constructions navales et de petits vaisseaux furent également lancés à Sea-Brook, à Killingsworth et à New-Haven.

On raconte un fait très curieux au sujet d'une découverte remontant à la période de la colonisation et qui, si elle n'intéresse pas directement l'histoire du développement de l'industrie en général, n'en a pas moins quelque rapport avec les premières applications de l'esprit d'invention dans notre pays. Ce fait est rapporté dans les « *Mémoires* » de la Société philosophique américaine et dans le « *Journal de Silliman* » pour 1820. Il s'agit d'un bateau sous-marin inventé par un certain David Bushnell, de Saybrook, et destiné à faire sauter les navires ennemis. D'ingénieux mécaniciens avaient, antérieurement, construit des bateaux sous-marins, mais l'invention de Bushnell différait complètement de tous les essais précédents. L'auteur en conçut le projet pendant qu'il était élève de Yale College, mais il l'exécuta seulement en 1785, lorsqu'il eut passé ses examens et conquis ses grades. Le « *Journal de Silliman* » dit que son invention « consistait en une machine destinée à la navigation « sous-marine, tout à fait différente de tout ce qui avait

« pu être inventé jusque-là par le génie de l'homme. « Cette machine était construite de telle sorte qu'elle « pouvait être dirigée horizontalement à n'importe « quel e profondeur sous l'eau, et qu'elle pouvait émer- « ger ou s'enfoncer à volonté. A cette machine, appelée « l'*American Turtle* (à cause de sa ressemblance avec « deux carapaces de tortues juxtaposées) on avait atta- « ché un magasin à poudre, destiné à être fixé sous la « coque d'un navire ennemi, avec une vis de pression « disposée de telle sorte que le même choc qui sépare- « rait cette boîte du bateau pût mettre en action le mou- « vement d'horlogerie placé à l'intérieur. Cela fait, l'ac- « tion d'une platine ordinaire devait, dans l'espace d'une « demi-heure ou dans un laps de temps déterminé, pro- « voquer l'explosion de la poudre et en abandonner les « effets aux lois communes de la nature ». Ce fut ce même Bushnell qui lança une flottille de caques sur la Delaware pour détruire les vaisseaux anglais, ce qui donna naissance à la chanson humoristique bien connue sous le titre de *The Battle of the Kegs* (Le combat des caques).

L'industrie de la construction navale au Connecticut se continua avec une activité particulière jusqu'à la guerre de la Révolution, époque à laquelle elle déclina, allant toujours en se développant jusqu'à cette date comme elle le fit dans d'autres Etats.

Dans le Rhode-Island, la même industrie débuta en 1646 ; la Baie de Narragansett offrait beaucoup d'endroits propices pour la construction de vaisseaux, comme Newport, Bristol, Warren, Providence : de nombreuses villes se développèrent sur les bords des fleuves Providence et Taunton.

Le New-Hampshire eut aussi sa part dans le développement des constructions navales, qui fut l'une des branches principales de son industrie dès les premiers temps de la colonisation de la province.

Nous avons déjà parlé du *Restless*, construit par Adrien Block, en 1614, et qui fut probablement le premier navire ponté qui ait jamais été lancé en Amérique par des Européens. Par suite, quiconque étudie le développement de l'industrie aux Etats-Unis est tout naturellement porté à penser que New-York fut de bonne heure le port de construction le plus important, alors surtout que la colonie qui s'y établit s'installa sous les auspices d'Amsterdam, la métropole commerciale de l'Europe, et que, s'il n'en fut rien, ce résultat est probablement dû aux administrateurs de la « London Company » qui ne surent point tirer partie des nombreuses facilités offertes dans ces parages à la construction navale. Les *Knickerbockers*, qui succédèrent aux aventuriers Hollandais, construisirent, sans doute, beaucoup de petits vaisseaux, de sloops, etc., pour faciliter leur commerce avec les Indes, et dont on se servait dans les détroits et les fleuves de la colonie ou dans les baies situées le long des côtes. Mais les restrictions imposées aux constructeurs mirent obstacle au développement de l'industrie, et en 1652 la Nouvelle-Hollande ne possédait encore qu'un seul petit wharf ; aussi les résultats obtenus dans les premiers temps furent-ils bien minimes, et si plus tard la marine marchande, après que les restrictions eurent été levées ou du moins atténuées, s'accrut dans une proportion considérable, il est bien difficile d'établir au juste quelle fut, dans cet accroissement, la part de l'industrie locale ; ce qui est certain, c'est qu'en 1683 il y avait dans l'Etat de New-York trois barques, trois brigantines, vingt-six sloops et quarante-six bateaux plats régulièrement inscrits, et qu'en 1686, d'après un rapport officiel du gouverneur, on comptait comme appartenant à la province neuf ou dix trois-mâts de quatre-vingts à cent tonneaux, deux ou trois « *ketches* », barques d'environ quarante tonneaux, et environ vingt vaisseaux plus petits, de vingt ou vingt-cinq tonneaux chacun. Tous ces navires, à l'exception des sloops, faisaient le commerce avec l'Angleterre, la Hollande et les Indes occidentales, et une grande partie des matières échangées avec ces pays était ainsi transportée sur des vaisseaux construits dans la colonie.

Vers la fin du XVIIe siècle, la marine marchande de l'Etat de New-York s'était accrue dans des proportions considérables, puisqu'elle comptait alors quarante vaisseaux gréés en carré, soixante-deux sloops et soixante bateaux. Ces navires, montés par six mille marins au moins, montrent que les constructeurs étaient pleins d'ardeur ; à l'époque de la Révolution, Poughkeepsie et Albany étaient en effet au premier rang des ports de construction, et lorsqu'en décembre 1775 le Congrès ordonna la mise en chantier de treize frégates, ce fut Poughkeepsie qui reçut l'ordre de construire le *Congress*, armé de vingt-huit canons, et le *Montgomery*, qui en portait vingt-quatre. D'ailleurs, beaucoup de navires construits dans le port de New-York étaient des vaisseaux de fort tonnage.

L'espace nous fait défaut pour parler longuement de l'industrie des constructions navales sur les lacs de l'ouest, mais il faut savoir pourtant que le développement des transactions y nécessita de bonne heure la construction de vaisseaux de différents tonnages pour la navigation intérieure. La première mention d'une opération de cette nature, bien que d'ailleurs il puisse se faire qu'il y en ait eu d'antérieure à celle-là, a trait à un petit navire de soixante tonneaux, dont la quille fut posée le 26 janvier 1679, à l'extrémité de Cayuga Creek, sur la rive américaine du Niagara, et à six milles en amont des chutes.

Ce fut à cet endroit aussi que les pionniers qui accompagnaient les Pères Tonti et Hennepin achevèrent de construire et d'équiper, avec sept petits canons et l'armement ordinaire d'un vaisseau de guerre, le premier navire qui ait jamais navigué sur le lac Erié. Le nom donné à ce vaisseau fut celui de *Griffin*. De même, une goëlette de 40 pieds de quille fut lancée le 28 juin 1755, sur le lac Ontario, et fut le premier navire anglais qui navigua sur ce lac, tandis que le premier vaisseau américain qui y parut fut construit à Handford's Landing, en 1798. Enfin, le *Washington* fut construit à Four Mile Creek, près d'Erié, (Pensylvanie), sur le lac de ce nom, en 1797, et fut le premier vaisseau national lancé sur ce lac.

Pendant la Révolution, beaucoup de vaisseaux de différents tonnages furent aussi lancés sur les lacs, mais même avant que différentes expéditions eussent rendu cette mesure nécessaire, on en avait déjà construit pour la navigation.

Le New-Jersey se mit à construire des vaisseaux dès 1683, cette industrie s'étant établie et largement développée à Salem et à Burlington dès cette époque, bien qu'il soit incontestable que des navires aient été lancés sur la Delaware avant cette date. C'était même là l'industrie principale à Little Egg Harbor, dans le comté de Burlington. Le *Governor Livingston*, une belle goëlette, y fut équipé et commissionné comme navire de course en 1779 et 1780.

La Pensylvanie établit l'industrie des constructions navales de très bonne heure également, et quelques vaisseaux furent construits à Philadelphie en 1683, un an après l'arrivée de William Penn. Peu de temps après, un chantier de construction fut ouvert au pied de Vine

Street. Six ans après la fondation de Philadelphie, on y fréta dix vaisseaux, qui reçurent une cargaison de produits de la province pour les Indes Occidentales ; toutefois, dans la suite, l'industrie n'y prospéra point comme elle le fit dans quelques-uns des Etats plus septentrionaux, et pendant la guerre qui précéda immédiatement la Révolution, un petit nombre de vaisseaux seulement y furent construits. Cependant, à l'époque de la Révolution, Philadelphie tenait le premier rang à cet égard, et on y lança même pour la première fois d'immenses radeaux, destinés à transporter de grandes quantités de bois et à être détruits ensuite, après la traversée. En outre, parmi les treize frégates dont le Congrès avait ordonné la construction, en 1775, le *Washington* et le *Randolph*, de trente-deux canons chacun, l'*Effingham* de vingt-huit, et le *Delaware* de vingt-quatre, furent construits dans cette ville. Les quilles d'autres navires de guerre y furent également posées, et beaucoup de petits vaisseaux y furent construits et équipés. Il est même certain que les progrès que les inventions firent faire à cette industrie sont dûs, pour une part considérable, au génie inventif des habitants de Philadelphie. Mais c'est là un point à étudier dans une période postérieure à celle de la colonisation.

L'Etat de Delaware vit de bonne heure aussi s'établir l'industrie de la construction navale, spécialement sur l'emplacement de la ville actuelle de Wilmington. Il est certain que dès 1642 la construction des vaisseaux, des bateaux et des tonneaux existait à Cooper's Island ; mais le premier navire de commerce, un brick nommé *Wilmington*, fut construit en 1740. La même industrie s'établit aussi à New-Castle, dès l'époque de l'établissement de Penn. Le *General Washington*, un beau vaisseau de 250 tonneaux, fut lancé du chantier de William Woodcock, à Wilmington, en 1790. Wilmington acquit même une grande renommée pour les constructions navales, des vaisseaux de toutes catégories ayant été lancés dans ses chantiers.

On ne construisit, au contraire, que très peu de vaisseaux dans les colonies du Centre et du Sud, à raison, sans doute, de la tendance des habitants à s'occuper d'agriculture plutôt que de commerce et d'industrie. Toutefois, au bout de quelques années, le Maryland essaya ses forces à cet égard, et il réussit si bien qu'aucun autre Etat ne parvint à le surpasser dans la suite. L'industrie nouvelle, en effet, s'y développa rapidement et on y construisit, dès 1769, vingt vaisseaux, jaugeant ensemble 1.344 tonneaux : jusque-là, on n'avait construit que de petits bâtiments. En 1772, huit vaisseaux furent lancés, c'est-à-dire exactement le même nombre qu'en Pensylvanie, dans la même année. Pendant la guerre de la Révolution, le Maryland se montra particulièrement actif pour armer des croiseurs, et l'une des premières frégates commandées par le Congrès, la *Virginia*, de vingt-huit tonnaux, fut lancée par des constructeurs de cette province. D'autres y furent aussi mises en chantier dans les années qui suivirent, puisque la vieille frégate *Constellation* fut lancée à Baltimore pour le compte du gouvernement fédéral.

Nous avons déjà dit quelques mots de l'industrie des constructions navales dans la Virginie, quelques barques et quelques pinasses ayant été construites dans cet Etat avant 1621. Dans la suite, elle ne s'y développa guère, sans doute parce que les ordonnances sur la prohibition des exportations portées par le Parlement eurent une influence prépondérante sur la lenteur des progrès accomplis. Néanmoins, les habitants de cet Etat tournèrent en partie leur attention de la culture du sol vers le commerce, car on rapporte qu'en 1769 on y construisit vingt-sept vaisseaux à voile nouveaux, tandis que le Congrès ordonnait la construction, dans les chantiers de la colonie, de deux frégates de trente-six canons chacune, et que la vieille frégate *Chesapeake* était elle-même mise en chantier à Portsmouth.

Vers la fin du siècle dernier, les constructions navales s'étaient considérablement accrues dans les colonies du Sud, à ce point que le Maryland, la Virginie, la Caroline du Nord surpassaient le New-Hampshire, et que la Virginie et le Maryland possédaient plus de manufactures de cordages et de câbles, articles si nécessaires et si employés dans les constructions navales, que les deux Etats de New-York et de New-Hamsphire ou de New-Jersey et du Connecticut réunis. La Géorgie et les Carolines fournissaient,en outre,une grande quantité de matériaux excellents pour les vaisseaux, qui étaient employés par les constructeurs des Etats du Centre et du Nord. Les colonies du Sud possédaient même de grands avantages et des ressources considérables à ce point de vue. Les cèdres, les pins, les chênes y croissaient en abondance et donnaient les meilleurs matériaux pour les vaisseaux de service. Aussi, en 1740, les Carolines commencèrent sérieusement à se livrer aux constructions navales ; cinq navires y furent lancés cette année-là ; en outre, vingt-six vaisseaux gréés en carré, sans compter les sloops, les goëlettes, furent construits entre les années 1740 et 1779. Quelques vaisseaux avaient été lancés en Géorgie dès 1741, et une nouvelle ère de prospérité pour l'industrie de la construction, résultant de la découverte de grandes quantités de chênes, commença en 1750. D'autre part, lorsque la guerre de la Révolution survint, la Caroline du Sud mit à profit ses immenses ressources, comme le prouve son activité à construire des croiseurs pour la défense des côtes de l'Amérique.Il est regrettable, sans doute, que l'industrie des constructions navales dans les colonies du Sud n'ait pas pris autant d'extension que dans les colonies du Nord. Mais il faut reconnaîre, cependant, que si elles construisirent moins de vaisseaux, elles comblèrent certainement cette lacune en fournissant à tous les autres Etats les meilleurs matériaux de construction.

Dans tout le pays, avant la Révolution, époque où naturellement les constructions navales furent presque partout suspendues, sauf en ce qui concerne les vaisseaux de guerre, cette industrie donna de bons résultats et fit valoir l'esprit d'entreprise des colons. L'histoire en est flatteuse pour notre amour-propre, et nous ne pouvons mieux faire que d'en indiquer les résultats en terminant cette courte esquisse de son développement dans les colonies. Pour toutes les colonies réunies, on comptait, en 1769, seule année pour laquelle nous possédions des renseignements, c'est-à-dire à la veille même de la Révolution, 389 vaisseaux, jaugeant ensemble 20,000 tonneaux. Sur ce nombre, 45 avaient été construits dans le New-Hampshire, 137 dans le Massachusetts, 39 dans le Rhode-Island, 50 dans le Connecticut, 19 dans l'Etat de New-York, 4 dans l'Etat de New-Jersey, 22 en Pensylvanie, 20 dans Maryland, 27 dans la Virginie, 12 dans la Caroline du Nord, 12 dans la Caroline du Sud, et 2 dans la Géorgie. Le nombre total des vaisseaux construits dans toutes les colonies, pendant l'année 1772, fut de 182. Tous ces chiffres montrent bien à quel point l'industrie s'était développée lorsque la Révolution survint.

L'histoire de l'industrie des constructions navales pourrait fournir la matière de plusieurs chapitres ; cependant, cette esquisse, si courte soit-elle, est encore beaucoup plus longue que ne pourront l'être celles que nous consacrerons à toutes les autres, parce qu'il s'agissait là de la première forme d'activité qui ait attiré les colons, à côté de la culture du sol. Ce fut en effet la première des industries mécaniques à laquelle ils consacrèrent leur attention avec avantage.

CHAPITRE III

LES INDUSTRIES TEXTILES (1)

Il est impossible de déterminer à quelle époque la fabrication des tissus fut entreprise pour la première fois par les colons. L'histoire de la construction navale et des autres industries nous fournit des dates précises dans la plupart des cas ; mais les recherches les plus sérieuses de documents et de renseignements ne parviennent pas à découvrir la trace des premiers efforts tentés par les colons pour produire eux-mêmes les étoffes nécessaires à la fabrication de leurs vêtements. Il est certain, toutefois, que les premiers vaisseaux qui abordèrent dans les colonies du Nord et du Sud apportèrent des rouets et des métiers à la main, bien qu'aucune mention ne soit faite de leur apparition. Il est certain, aussi, que les colons furent, pendant quelque temps, tributaires de la métropole pour les tissus. Mais ils apprirent bientôt les méthodes des sauvages et leur habileté à utiliser les four-

(1) Pour l'histoire détaillée de l'industrie de la laine, voir : S. N. D. North, *Manufacture of the Wool*, dans *The Popular Science Monthly*, juin 1891 ; pour l'histoire des filatures et des tissages de laine et de coton, consulter : Bishop, *History of American Manufactures*, t. I, et en outre *A National History of American Manufactures*, du même auteur.

rures des animaux, sans pouvoir encore d'ailleurs donner une grande extension à la fabrication du fil et des tissus.

Ce fut en Hollande que l'industrie de la laine s'établit tout d'abord et c'était de ce pays que l'Angleterre avait reçu ses meilleurs ouvriers dans ce genre de production; aussi les colonies possédaient-elles des hommes tout à fait familiarisés avec le tissage. En 1607, s'établirent dans la Virginie des individus qui étaient accoutumés à l'élevage des moutons et qui connaissaient bien tous les détails de la fabrication des tissus de laine. Les colons de Virginie furent les premiers à importer des moutons en Amérique, puisque la Compagnie hollandaise des Indes occidentales (*Dutch West India Company*) les introduisit dès 1625. Aucun animal de cette espèce ne fut importé alors dans la colonie de Plymouth, autant qu'il est possible de s'en rendre compte à une date aussi reculée, mais l'élevage du mouton s'introduisit dans le Massachusetts vers 1633, et même, pour protéger les animaux contre les loups et les Indiens, les colons les conservèrent dans une île de la rade de Boston. Le gouverneur Winthrop a montré que les habitants de Plymouth possédaient environ quarante moutons importés de Boston chez eux en 1634. Chose assez surprenante, ils avaient même été obligés, l'année précédente, d'interdire l'exportation des moutons, ce qui permet de conclure qu'ils n'en avaient encore qu'un très petit nombre. Le Massachusetts avait réussi à s'en procurer environ un millier en 1642. Jusque-là il était resté, pour une large part, tributaire d'importations venues de Malaga. Bientôt les troupeaux de moutons s'accrurent de tous côtés, envahissant peu à peu toutes les colonies, et les documents que nous possédons nous montrent qu'en 1661 on en comptait près de cent mille. Il est donc bien certain qu'à cette date les colons étaient en mesure de fabriquer eux-mêmes une très grande partie de leurs vêtements. L'élevage des moutons prit d'ailleurs une extension de plus en plus grande, et, par suite, la fabrication des tissus se développa. On ignore combien on comptait de têtes de moutons dans le pays à l'époque de l'adoption de la Constitution, mais, vingt ans plus tard, il y en avait déjà dix millions.

La première mention qui soit faite de la présence aux Etats-Unis de rouets et de métiers se rencontre dans l'histoire du Massachusetts, où un inventaire de 1639 comprend quatre yards de drap fabriqué dans la maison, à six schillings le yard; deux rouets sont également mentionnés dans un autre inventaire de 1638, chacun d'eux étant évalué trois schillings.

Quant aux colons de Nouvelle-Hollande, ils ne pouvaient fabriquer aucune étoffe de laine, de lin ou de coton, ni aucun autre tissu, et cette prohibition était sanctionnée par des peines sévères, quiconque se livrait à cette fabrication s'exposant à être banni et puni arbitrairement comme parjure. Cette restriction avait été portée par le gouvernement de la métropole.

Le gouverneur Dudley, du Massachusetts, écrivant à sa famille en 1631, expose que des vêtements et des couvertures devront être expédiés à la colonie jusqu'à ce que l'industrie y soit suffisamment développée pour que ces objets puissent y être fabriqués; mais il est probable qu'un ou deux années après les habitants commencèrent, avec les produits bien minimes encore de la tonte des moutons, à se livrer au filage et au tissage de la laine, et, dans les dix ans qui suivirent, on vit des progrès étonnants réalisés par les colons qui s'efforçaient de s'approvisionner d'étoffes fabriquées chez eux. Le chanvre et le lin tout au moins furent dès lors produits en quantités suffisantes pour mettre les habitants en mesure de faire eux-mêmes les vêtements dont ils avaient absolument besoin. Cependant les *farmers* donnaient encore la préférence aux étoffes fabriquées à l'étranger, qu'ils achetaient en échange de leurs propres produits. Sans doute, la fabrication des tissus à domicile n'était pas encore répandue partout : mais il n'en est pas moins exact de dire que l'industrie de la laine commença à s'implanter en fait dans notre pays dans la période comprise entre 1632 et 1642.

Un événement survint, en 1638, qui donna au Massachusetts une avance considérable à cet égard : ce fut l'expulsion du Yorkshire, en Angleterre, du pasteur Ezekiel Rogers et des membres de son association. Ces hommes possédaient quelques capitaux, et en fondant la ville de Rowley, ils établirent un moulin à fouler la laine. Cette petite ville fut incorporée en 1639, et c'est là que les industries indigènes de l'Amérique ont commencé. Un grand nombre des compagnons de Rogers, en effet, étaient déjà familiarisés avec la fabrication des étoffes de laine, et le moulin à foulon (1) qu'ils installèrent fut le premier qu'on établit dans les colonies du nord. John Pearson en fut le constructeur, en 1643. Ce petit moulin resta en activité jusqu'en 1809.

Au reste, bien que ces individus vînssent de contrées de l'Angleterre où l'on ne connaissait guère que la laine, ils se servaient pour eux-mêmes de lin et de coton, aussi bien

(1) Un moulin à foulon est une puissante machine servant à fouler les feutres et les tissus, pour les rendre plus beaux; plus épais, plus serrés et plus lourds. Ces moulins opèrent au moyen de rouleaux, de pilons et de presses de différentes formes et habituellement en bois, qui frappent et pressent les étoffes dans de l'eau de savon chaude et de la terre à foulon jusqu'à ce qu'elles aient atteint les qualités voulues. La conséquence inévitable de ce procédé de fabrication est une réduction des étoffes en longueur et en largeur, et, s'il s'agit de chapeaux, en volume.

que de laine. Le gouverneur Winthrop, dans une de ses lettres, dit même que Rowley surpassait à cet égard toutes les autres villes, bien que la fabrication des étoffes de laine fût alors répandue partout. D'après une tradition presque certaine, un moulin à foulon aurait été également établi à Salem en 1640, et ceci prouve que le tissage des étoffes donnait déjà des produits suffisants non seulement pour procurer des vêtements aux habitants de la contrée, mais encore pour fournir un excédent pour l'exportation.

Les colons du Massachusetts bénéficièrent aussi des troubles survenus en Angleterre à cette époque, qui amenèrent une diminution dans la production des tissus. Le gouvernement de la colonie fit alors une enquête pour connaître le nombre des personnes qui consentiraient à acheter des moutons et prit des mesures pour encourager l'élevage des troupeaux. Plusieurs *moulins à marée* (1) furent construits, un notamment à Guilford, dans le Connecticut. Un autre incident vint d'ailleurs stimuler l'ardeur des colons, ce fut l'imposition, par le gouvernement anglais, d'un droit d'exportation de 3 schillings 4 pence par pièce de drap, et l'interdiction complète de l'exportation des moutons, de la laine et des fils de laine hors de l'Angleterre. Cette législation restrictive amena le Parlement du Massachusetts, en 1656, à ordonner aux habitants des villes de donner leurs soins et d'appliquer leur activité au filage et au tissage. Il devint d'une absolue nécessité de créer des manufactures dans le pays, et bientôt les autres colonies suivirent l'exemple du Massachusetts ; des moulins à foulon furent

(1) On appelle ainsi un moulin consistant en une roue hydraulique actionnée par la marée, soit directement par la marée montante, soit indirectement par l'eau s'écoulant d'un bassin à marée.

successivement établis un peu partout. Beaucoup d'efforts furent ainsi faits pour encourager l'industrie lainière; des pâtres furent institués par la loi ou par les règlements municipaux, et des primes furent accordées pour la destruction des loups. Plus tard, des usines pour la fabrication des tissus de laine furent établies dans différents endroits, si bien qu'à l'époque de l'adoption de la Constitution, les colonies du Nord produisaient déjà des quantités considérables de ces tissus : une seule manufacture d'Hartford, dans le Connecticut, put, dans l'année qui prit fin au mois de septembre 1789, fabriquer cinq mille yards de drap, dont une grande partie fut vendue sur le taux de cinq dollars le yard. Le général Washington visita cette usine remarquable pendant son voyage dans les Etats de l'Est en 1789, et il écrit dans son journal que le travail paraissait s'y continuer avec ardeur et que si les étoffes fabriquées n'étaient pas encore de première qualité, elles n'en étaient pas moins déjà très bonnes. Il rendit hommage notamment à la qualité des casimirs, des serges et des lastings qu'on y fabriquait et se fit expédier à New-York une collection de tissus fins. La tradition rapporte même qu'en faisant son discours au Congrès en janvier 1790, il portait un vêtement complet fait avec du draps fabriqué dans l'usine d'Hartford. D'autre part, un autre fabricant d'Hartford, Robert Pierpont, mit en presse, en 1789, plus de 8 000 *yards* de drap.

La Virginie tenta de bonne heure elle aussi d'encourager l'industrie lainière et, dès 1662, des lois y furent promulguées dans ce but. Les premiers moulins à foulon, toutefois, n'y furent construits que vers 1692. Le gouverneur Andros, pendant son administration, fit de grands efforts pour développer les industries textiles, mais son successeur, le gouverneur Nicholson, s'en montra l'adversaire et demanda même au Parlement d'interdire complètement la fabrication des tissus dans les colonies. De cette prohibition il est permis de conclure que des quantités considérables de draps étaient déjà fabriquées dans le pays, — assez considérables du moins pour nuire à l'importation des produits anglais. A cette époque (fin du XVIIe siècle), les importations et les exportations de la Virginie et du Maryland dépassaient celles de toutes les autres colonies réunies. Avant la fin de la période de colonisation, la Virginie possédait des moulins à foulon dans de nombreuses localités.

La Pensylvanie fit les mêmes efforts que les autres colonies, ses sœurs, pour encourager la fabrication des lainages. Elle prit même certainement sa part dès premières tentatives faites par les colonies pour produire tout ce dont elles pouvaient avoir besoin pour leur propre consommation. En tous cas, il existait déjà de nombreux moulins à foulon dans cet Etat au milieu du XVIIIe siècle, et des draps fins furent fabriqués à Philadelphie dans la seconde moitié de ce même siècle. Ce fut à Philadelphie également qu'on commença à fabriquer des rouets en fer : à la fin de la période de colonisation, on en avait produit 1 500, dont la plupart d'ailleurs étaient en usage dans les familles et non dans les manufactures. A Lancaster notamment, on construisit de très bonne heure des moulins à foulon : c'était la ville la plus importante de l'intérieur du pays à l'époque de l'adoption de la Constitution. On y comptait alors 700 familles, dont 234 familles d'industriels, parmi lesquels beaucoup se livraient au tissage de la laine, du lin et du coton.

Le New-Jersey également vint prendre sa part dans le développement de l'industrie textile, mais naturellement ce ne fut pas à une date aussi prématurée que les autres Etats. Les Quakers, qui vinrent à Jersey du Yorkshire et de Londres, et qui s'établirent à Salem, à Burlington, et dans d'autres parties de l'ouest de l'Etat, vers 1677, ne perdirent pas leur temps à installer des manufactures de tissus. Une colonie fut fondée sur la Delaware, avec une charte du Parlement de Suède, octroyée en 1640. Aux termes de cette charte, les colons avaient la permission d'engager leur travail dans toutes sortes de manufactures et d'industries, soit à l'intérieur de pays, soit à l'étranger, et le gouverneur Printz qui, peu de temps après, arriva dans la colonie, reçut pour instructions de son gouvernement de faire tout ce qui serait en son pouvoir pour propager l'élevage des moutons dans le but de faciliter l'exportation de la laine vers la métropole. Lorsque cette colonie suédoise fut passée sous la dépendance du gouvernement de Pensylvanie, nous lisons dans une lettre à un fonctionnaire suédois, écrite en 1693, que les femmes et les filles des colons s'occupaient à filer de la laine et du chanvre, et que même beaucoup d'entre elles tissaient. Les colons possédaient un petit nombre de moutons, 80 en tout, probablement dès 1663, et ils étaient bien approvisionnés de laine à l'époque où fut écrite la lettre dont nous venons de parler.

Le Rhode-Island, l'Etat dans lequel de nos jours se fabriquent quelques-uns des meilleurs tissus de laine de tout le pays, prit une part active au développement de cette industrie, et dans la Caroline du Sud le premier Congrès provincial fut vivement sollicité d'encourager les manufactures. Des primes furent accordées pour la fabrication des machines à carder (1) et des tissus de

(1) Un *wool-card* est une brosse, munie de dents de fer, employée à débrouiller les fibres de la laine et à les mettre en état de subir une autre opération préparatoire au filage. Dans les métiers à la main, les dents sont courtes et passent obliquement au travers d'un morceau de cuir qui est lui-même cloué sur une planche. On se sert de deux de ces brosses à la fois, une dans chaque main, et on les frotte l'une contre l'autre, la laine étant

laine. Un moulin à foulon fut construit dans cet Etat, avant 1790, pour l'apprêt des laines de belle qualité et des laines brutes. On l'installa sur les bords de Fishing Creek, près de Catawba River, et les fileurs et les tisseurs de la colonie voisine y furent employés à teindre, à fouler, à presser les étoffes, tous ces travaux étant exécutés d'une manière remarquable par les colons venus de la Grande-Bretagne, qui étaient tout à fait au courant de ces divers procédés.

Ce que nous avons dit jusqu'ici se rapporte presque uniquement aux débuts de l'industrie lainière. Mais le filage et le tissage du coton prirent tout naturellement le pas sur les manufactures de tissus de laine. Le coton, en effet, était une plante indigène, qui se rencontrait dans la partie méridionale des colonies, et la nature offrait ainsi les plus grandes facilités pour l'utilisation d'une plante textile qui constitue l'aliment d'une industrie des plus importantes pour les peuples civilisés. Il est très probable que, dès l'origine, l'usage des tissus de coton précéda celui des autres étoffes, particulièrement des étoffes faites avec le lin et quelques autres végétaux qui exigent un traitement beaucoup plus long et plus compliqué que le coton pour pouvoir donner des tissus bien finis. Dans tous les cas, l'usage du coton fut admis de très bonne heure par les colons, car à l'époque où les *Pilgrims* essayèrent, pour la première fois, de récolter du maïs, les colons de la Virginie récoltaient déjà du coton. L'historien Purchas rapporte que ce fut en 1621 qu'on planta pour la première fois des cotonniers dans cette contrée.

placée au milieu. Dans la machine à carder qui a remplacé le métier à la main, les dents sont formées de bouts de fer bien filés, formant deux dents chacun, fixés dans du cuir et inclinés suivant un certain angle.

Les colons du Massachusetts s'approvisionnèrent d'abord aux Barbades, en 1633, et quelques tissus de coton furent fabriqués pour servir à la consommation locale dans les colonies de la Nouvelle-Angleterre dès 1643. Quant à la Caroline du Sud elle cultiva le cotonnier dès 1664, ou peut-être deux ans plus tard. Et si l'on se reporte à un ouvrage intitulé *Cotton in the Middle States* (Le coton dans les Etats du Centre), publié en 1862, par le Dr G. Emerson, de Philadelphie, on trouve que, longtemps avant que les Etats du Sud n'eûssent entrepris cette culture, elle était pratiquée sur la côte orientale du Maryland, dans la partie méridionale du Delaware et sur différents points des colonies du Centre : toutefois, on regardait encore le cotonnier comme une plante d'ornement en 1736, et même plusieurs années après, et on le cultivait exclusivement dans les jardins. Pourtant, suivant l'auteur que nous venons de citer, beaucoup de familles du Maryland, venues du Comté de Sussex dans le Delaware, portaient des tissus fabriqués eux-mêmes avec du coton récolté, filé et tissé par elles. Mais la culture de cette plante, dans cette partie spéciale des colonies, diminua peu à peu, et les Etats du Centre ne purent lutter sur ce point avec les Etats situés plus au Sud. M. Madison, qui représenta la Virginie au Congrès tenu à Annapolis en 1786, dans le but de rechercher les moyens qui pourraient être adoptés pour remettre en état les finances du pays, déclarait déjà que, suivant lui, d'après les résultats « obtenus par la culture du coton « dans le Talbot County (Maryland), et d'après d'autres « essais nombreux tentés dans la Virginie, il n'y avait « aucune raison de douter que les Etats-Unis ne pussent « devenir un jour un centre important pour la production du coton ».

De ce fait et de beaucoup d'autres non moins incontestables, il résulte clairement que la culture du coton qui, pour la première fois, attira l'attention des colons, apparut dans la presqu'île comprise entre la baie de Delaware et la baie de Chesapeake, qu'elle s'étendit ensuite dans le Maryland occidental, puis dans la Virginie, et finit par élire domicile dans l'extrême Sud. Aucune exportation quelque peu importante de coton ne fut faite, toutefois, jusqu'à l'époque de la convocation de l'Assemblée constitutionnelle (1787), date à laquelle Charleston en expédia 300 livres en Angleterre. Il n'y avait d'ailleurs aucune raison pour que l'industrie cotonnière ne pût être établie dans les colonies sur une plus grande échelle et plus tôt qu'elle ne le fût, si ce n'est peut-être la difficulté qu'on éprouvait à séparer le duvet de la graine. Cette opération était faite à la fois à la main et avec des machines grossières, et la difficulté ne fut surmontée que dans les années qui ouvrirent la période constitutionnelle, grâce à l'invention de la machine à égrener de Whitney.

CHAPITRE IV

LES INDUSTRIES TEXTILES (*fin*)

En 1774-75, Alexandre Hamilton publia plusieurs pamphlets dont l'un contenait les lignes suivantes :

« En ce qui concerne le coton, vous ne prétendez pas nier qu'une quantité suffisante n'en puisse être produite dans notre pays. Plusieurs des colonies du Sud sont, en effet, si favorables à cette production que, moyennant une culture appropriée, on pourrait, dans une couple d'années, en obtenir assez pour habiller le continent tout entier. Quant à la dépense que nécessitera le développement de cette production dans le pays, le meilleur moyen de l'alléger sera d'établir d'abord des manufactures partout où la plante pousse, puis ensuite de la transporter dans les autres colonies. De cette manière, je prétends que la dépense ne sera pas plus considérable que s'il fallait construire et armer un grand nombre de vaisseaux pour importer les produits de la Grande-Bretagne chez nous. Si nous donnions nos soins au commerce intérieur plutôt qu'au commerce extérieur, nous pourrions procurer à notre pays de plus grandes ressources et une prospérité plus durable qu'il ne saurait en acquérir de toute autre manière... Si, par la force des choses, des manufactures parviennent jamais à s'établir et à prendre racine parmi nous, elles prépareront encore mieux la route qui conduira l'Amérique dans l'avenir à la prospérité et à la gloire. »

Une autre difficulté qui empêcha l'industrie cotonnière de se développer parallèlement à l'industrie lainière vint de l'attitude particulière de la métropole. Avant la période qui commence en 1760, les tissus de coton étaient fabriqués, en Angleterre, de la même manière que les tissus de laine, c'est-à-dire avec des machines à la main. Les colons usèrent des mêmes méthodes, et, par suite, ne produisirent d'abord que des tissus grossiers.

Pendant les dix années qui s'écoulèrent de 1760 à 1770, le génie inventif de l'Angleterre fit éclore la merveilleuse collection de machines à filer et à tisser qui révolutionna les industries textiles ; mais la métropole eut grand soin qu'aucune de ces machines ne pût parvenir à ses colons. Aussi, bien qu'ils n'aient compris l'importance de l'industrie cotonnière qu'à une époque très tardive de leur histoire, les colons ne réussirent point alors dans leurs efforts pour l'établir au milieu d'eux, et la période coloniale prit fin sans qu'aucun progrès eût été réalisé : ce fut seulement dans les premières années de la période suivante, qui commença avec l'adoption de la Constitution, que le peuple américain put surmonter les obstacles qu'il rencontrait dans cette voie.

Des efforts considérables furent faits, cependant, pour se procurer des machines anglaises ; mais la législation de l'Angleterre interdisait l'exportation des machines, des outils ou des plans, et même l'émigration des hommes connaissant la construction des machines : c'étaient là des difficultés insurmontables. Mais ces difficultés mêmes contribuèrent à créer un état d'esprit qui amena les colons à penser qu'ils devaient nécessairement s'efforcer, par tous les moyens, de s'assurer l'indépendance industrielle, et, dès 1775, ils essayèrent d'introduire dans le pays des machines à filer. M. Aitkin, directeur du *Pensylvania Magazine*, publia cette année-là un plan de ce qu'il appelait « une nouvelle machine à filer la laine et le coton », et il dit, dans une note qui en accompagnait le dessin, qu'il avait vu la machine exécutée et qu'il était convaincu de son utilité. M. Christophe Tully fut le constructeur de la machine de Philadelphie ; mais il est impossible de savoir si cette machine eut quelque influence sur l'établissement dans cette ville d'une manufacture pour la fabrication des tissus de laine, de coton et de lin, dans laquelle elle était en usage. Ce qui est certain, c'est que l'usine fut commencée en 1775, et que les efforts de l'association qui la construisit constituent le premier essai sérieux de production des tissus de coton à l'aide de procédés nouveaux qui aient été tentés aux Etats-Unis.

De leur côté, les provinces encouragèrent la fabrication des machines à tisser, à carder, etc., et en 1775 on commença à Norwich, dans le Connecticut, à fabriquer du fil de fer pour la construction des métiers à carder le coton et la laine. Des peignes à carder furent même construits à la main, en 1777, par un certain Olivier Evans, de Philadelphie, et Jérémie Wilkinson, de Cumberland (Rhode-Island), travailla dans un de ces ateliers de construction. Evans inventa aussi une machine qui lui permit de fabriquer 1.500 dents de peignes à la minute. Ainsi, dès avant la Révolution, l'industrie du coton était déjà en très bonne voie. Pendant la guerre, le Congrès demanda à plusieurs reprises qu'on augmentât la production de laine et d'autres matières premières, et que la fabrication des tissus se développât. Les armées, en effet, avaient besoin de vêtements, et le Congrès ne pouvait alors se reposer que sur les habitants pour leur en fournir.

Si le premier essai de fabrication des articles de coton sur une certaine échelle fut tenté à Philadelphie, le second fut fait à Worcester (Massachusetts) en 1780, où l'on s'était procuré un métier à filer, *Spinning-jenny*, construit sur le modèle des métiers anglais (1). Cette machine et celle qui était en usage à Philadelphie furent très probablement importées antérieurement à la loi anglaise qui interdisait leur exportation en dehors de la Grande-Bretagne, car les livres de compte des manufactures ne mentionnent nulle part qu'aucune autre machine de fabrication anglaise ait été employée aux Etats-Unis avant cette époque.

Ce ne fut en effet que dans la période qui suivit la Révolution qu'on commença à employer les machines dans l'industrie textile.

Les colons se servaient beaucoup de toiles de chanvre et de lin. Ils fabriquaient, en effet, une espèce grossière de tissu mélangé, fait en grande partie de lin et de chanvre filés. Le lin servait même alors à presque tous les usages pour lesquels le coton est employé aujourd'hui,

(1) *Spinning-jenny*. — Ce métier comprend une série de broches verticales dont chacune est munie d'une bobine distincte et d'un crochet à l'aide duquel l'ouvrier peut saisir et tirer le coton ou la laine et l'enrouler tout en le filant ; l'ensemble de l'opération est presque exactement semblable au filage à la main, sauf qu'un grand nombre de bobines sont en mouvement au lieu d'une seule.

Spinning-mule.—C'est une machine inventée par Samuel Crompton, dans laquelle la matière première passe de plusieurs rangées de cylindres sur des broches placées sur un petit chariot, lequel s'éloigne des cylindres pendant que le fil s'étire et revient vers eux tandis qu'il s'enroule. Cette machine tire, file et tord tout à la fois. Elle est ainsi appelée parce qu'elle est une combinaison des rouleaux à étirer d'Arkwright et de la *jenny* d'Hargreaves.

Spinning-jack.—Machine à tordre et à dévider le fil à mesure qu'il sort des rouleaux à étirer. Elle est placée dans une canette dans laquelle elle roule, le fil étant enroulé sur une bobine.

et, l'on apportait beaucoup de soin à la culture de ces deux plantes (1). La toile était de fabrication très grossière. Les créseaux, les tiretaines, les serges et les droguets étaient des étoffes de laine combinée avec du lin ou de l'étoupe, et servaient à la confection des vêtements de dessus d'une grande partie de la population pendant la saison froide. La toile de chanvre et de lin de différents degrés de finesse, depuis la plus grossière toile de chanvre jusqu'à la plus belle toile de Hollande, constituaient l'étoffe la plus usitée pour les vêtements de dessus et de dessous. Quant au linge de corps, de table et de lit de presque toutes les classes de la population il était en grande partie confèctionné avec les produits très avantageux de l'industrie domestique. La matière première était, la plupart du temps, produite sur les fermes mêmes des planteurs ; les hommes étaient chargés de broyer et de sérancer le lin, tandis que les femmes et les filles des planteurs s'employaient à carder, à filer, à tisser, à blanchir et à teindre, et se montraient très fières des produits de leur industrie. Les ouvriers s'habillaient avec des toiles de chanvre ou de lin fabriquées ainsi, et portaient également des vestes, des gilets et des culottes de cuir ou de peau de daim. Des chapeaux de feutre, de grossiers souliers de cuir avec des boucles de cuivre, et quelquefois avec des talons de bois faisaient aussi partie de l'habillement des travailleurs.

Les Scotch-Irish du New-Hampshire, notamment, entreprirent de fabriquer de la toile de lin, cette industrie leur étant très familière. Ils se servaient pour cela de rouets marchant au pied, et partout où ils passèrent ils essayèrent d'implanter cette industrie. Ils firent connaître les meilleures méthodes de culture et d'emploi du

(1) Bishop, *History of American Manufactures.*

chanvre et du lin, ainsi que la manière de filer le chanvre. La plupart des opérations de la fabrication se faisaient alors à la main, des outils grossiers et imparfaits étant seuls employés, et beaucoup d'étoffes de laine étaient portées sans avoir été peignées, foulées ni finies par un procédé quelconque. Comme conséquence des efforts faits par les Scotch-Irish, une réunion publique fut convoquée à Boston, dans laquelle un comité reçut la mission d'étudier s'il convenait d'établir une école de tissage ou des écoles pour l'instruction des enfants de la ville (1). Une vaste et belle construction en briques fut élevée dans ce but sur le côté est de ce qui formait alors le *Long Acre*, actuellement connu sous le nom de Tremont-Street, près de Hamilton Place. Le jour de l'ouverture de cet édifice, il y eut un immense concours de population ; les femmes de Boston, riches et pauvres, se montrèrent sur la place publique portant leurs rouets à filer, rivalisant entre elles à qui se servirait le mieux de son instrument. Des souscriptions furent recueillies pour subvenir aux frais de l'entreprise et le Parlement, en 1737, mit un impôt sur les voitures et sur certains autres objets de luxe pour servir à l'entretien de l'institution. Mais, après plusieurs années d'un travail très actif, l'œuvre fut abandonnée et l'édifice fut ensuite utilisé comme fabrique de bas de laine, de boutons de métal, etc.

L'honorable Daniel Oliver établit aussi une école de tissage à Boston vers la même époque, pour donner du travail aux pauvres.

La municipalité de New-York, en 1734, décida de même de créer une *maison des pauvres*, qui fut garnie de rouets,

(1) Ces détails sont empruntés à l'excellente *History of Manufactures* de Bishop.

de cuirs et d'outils pour les cordonniers, d'aiguilles à tricoter, de chanvre, etc., de manière à pouvoir donner du travail aux personnes reçues dans l'établissement.

Les fabriques de toile prospérèrent très bien aussi dans d'autres colonies, et la culture du chanvre et du lin se développa beaucoup notamment en Pensylvanie, où les Allemands et les Irlandais s'étaient établis en grand nombre. Elles ne furent pas aussi florissantes dans le Sud parce que, si le sol convenait assez bien à la culture du chanvre et du lin, les bénéfices produits par la culture du tabac décourageaient les autres industries ; aussi les articles servant à l'habillement des colons dans cette contrée comme le lin, la laine, la soie, les chapeaux et même les cuirs venaient-ils du Vieux-Monde. Le taux élevé du prix de revient eut probablement quelque influence à ce point de vue, car la culture, l'apprêt et la manutention du lin et du chanvre exigent une somme considérable de travail, ne fût-ce que pour mettre les matières premières en état de pouvoir être transformées en fil. D'ailleurs, la rareté de la main-d'œuvre fut un obstacle au développement des manufactures dans toutes les colonies. Naturellement certains industriels trouvaient moyen d'acheter des marchandises étrangères à de très bonnes conditions, et cela diminuait d'autant les encouragements qui auraient pu porter les colons à entreprendre la fabrication des mêmes articles. Ce fait fut un obstacle au progrès des industries textiles comme de toutes les autres. Quant aux efforts faits pour produire la soie et les tissus de soie, ils n'eurent que peu de succès. Quelques colons, sans doute, connaissaient bien l'élevage des vers à soie et la fabrication des tissus, mais les bénéfices de cette industrie furent si minimes qu'il est impossible de dire avec quelque précision à quel point elle se développa.

L'indigo fut de bonne heure introduit dans notre pays et contribua à rendre les industries textiles plus avantageuses et plus faciles ; mais celles-ci ne purent alors rivaliser avec l'agriculture, avec le commerce ni même avec l'industrie de la pêche, qui furent, à cette époque, les grandes et fortes ressources des colonies.

A la fin du premier siècle de l'existence des colonies, leur développement se trouvait d'ailleurs entravé par les lois de la métropole. Si, en effet, les premiers essais tentés par les colons pour fabriquer eux-mêmes une partie des tissus servant à leur habillement n'avaient pas beaucoup attiré sur eux l'attention des marchands et des industriels anglais, il n'en fut pas de même dans la suite ; des plaintes furent adressées au *Board of Trade*, et sous prétexte que de la laine et des tissus de laine de l'Irlande et de l'Amérique du Nord étaient vendus sur des marchés étrangers qui jadis s'approvisionnaient en Angleterre, le Parlement anglais vota, en 1699, une loi qui, pour la première fois, reconnut l'existence des manufactures dans les colonies. Cette loi, qui forme l'*Act* 10 et 11, Guillaume III, c. x, décidait « qu'à partir du « 1er décembre 1699, aucune laine, aucune peau, aucun « fil, aucun tissu, aucun lainage des colonies anglaises « de l'Amérique du Nord ne pourrait être embarqué « dans aucune des colonies susdites, en quelque quantité « que ce fût, pour être transporté en quelque pays que « ce fût, sous peine de saisie du navire et de la cargaison « et d'une amende de 500 livres à chaque contravention ». Les gouverneurs des colonies, les officiers des douanes et les représentants du Fisc étaient chargés de veiller à la stricte exécution de cette loi. La population totale des colonies de l'Amérique, à l'époque où cette prohibition fut imposée, s'élevait probablement à 260.000 habitants. Sous l'empire de restrictions semblables, la lutte fut pénible ; avec leur courage, leur persévérance et leur ingéniosité les colons n'en continuèrent pas moins leur route ; mais, lorsque le XVIIIe siècle eut pris fin, et qu'ils eurent conquis leur indépendance vis-à-vis de la Grande-Bretagne par l'adoption d'une Constitution nouvelle, ils restèrent encore tributaires de l'Angleterre pour un grand nombre des matières nécessaires à l'industrie.

CHAPITRE V

L'IMPRIMERIE ET LA LIBRAIRIE

L'industrie marche toujours de pair avec la diffusion de l'instruction : aussi son développement doit-il nécessairement exiger l'existence de l'imprimerie. On donne d'abord satisfaction aux besoins le plus essentiels, afin de se procurer quelque bien-être ; mais l'instruction générale et l'évolution de l'industrie doivent marcher la main dans la main. Aussi, les premiers colons, tout en travaillant avec activité pour prouver leur capacité, dans le but non seulement de donner satisfaction à leurs besoins personnels mais encore d'exporter leurs produits au dehors, pensèrent à leurs descendants et se préoccupèrent de bonne heure de l'influence de l'éducation et de la diffusion de l'instruction.

La première imprimerie de notre pays fut établie à Cambridge, dans le Massachusetts, en 1639, où un collège avait été fondé l'année précédente. Les colons de la Virginie avaient eux aussi formé le projet de fonder un collège à une date antérieure, en 1619, mais ce projet n'avait pu être mis à exécution. La première œuvre imprimée sortit des presses de Cambridge en janvier 1639, date à laquelle fut publié un petit pamphlet intitulé : *The Freeman's Bath.* (Le serment d'un homme libre). On édita aussi un almanach pour l'année 1639, sorti de la même imprimerie, et enfin, en 1640, le premier livre fit son apparition. Il s'appelait : *The Bay Psalm Book.* Il eut plusieurs éditions, étant devenu très populaire tant en Amérique qu'en Angleterre. En Angleterre même, une édition en fut publiée peu après son apparition dans les colonies ; la dernière édition date de 1754.

En 1640, mistress Anne Bradstreet, femme de Simon Bradstreet, qui devint, quelque temps après, gouverneur du Massachusetts, et fille du célèbre Thomas Dudley, publia un recueil de poésies, qui fut le premier ouvrage original imprimé en Amérique.

La seconde presse qui fut mise en usage aux Etats-Unis y fut importée en 1653, avec tout le matériel nécessaire pour imprimer. Cette presse était destinée spécialement à l'impression de la Bible et d'autres livres en langues aborigènes, et pour aider le Rev. John Eliot dans ses œuvres de missionnaire auprès des Indiens.

Le droit d'auteur, dont la consécration par le législateur contribue si puissamment à l'extension de l'instruction par le livre, fut reconnu pour la première fois en 1672, par le Parlement du Massachusetts, époque à laquelle un libraire, John Usher, se vit octroyer le privilège de publier une édition revisée des lois de la colonie.

Une autre presse fut établie à Boston, en 1674, par un certain John Foster, qui eut ainsi l'honneur d'imprimer le premier livre connu qui ait jamais été édité dans cette ville.

La troisième presse à imprimer dont les colonies puissent se glorifier et la première en réalité qui ait été installée en dehors du Massachusetts, fut établie à Philadelphie, en 1686, par William Bradford, dans un quartier connu aujourd'hui sous le nom de Kensington. Quelques auteurs rapportent que le premier livre sorti de cette presse fut un almanach pour l'année 1687.

La première imprimerie de New-York fut créée en 1693, par le même Bradford qui avait installé celle de Philadelphie en 1686, et qui, après son transport à New-York, fut nommé imprimeur du gouvernement moyennant une allocation de 50 livres sur les fonds du Trésor public. Bradford occupa cette situation pendant près de 30 ans et fut également, pendant la même période, imprimeur public pour la province de New-York.

Le premier essai de publication d'un journal dans les colonies fut tenté à Boston, le 25 septembre 1690, date à laquelle parut une feuille intitulée : *Publick Occurrences, both Foreign and Domestick.* Cette publication, qui était imprimée par Richard Pierce et par Benjamin Harris, et qui devait paraître une fois par mois, n'eut jamais qu'un seul numéro, ayant été supprimée par ordre du gouvernement.

Le premier journal qui, autant qu'on s'en souvienne, ait eu plusieurs numéros fut le *News-Letter*, publié le 24 avril 1704 par un certain Green, de Boston, pour John Campbell, receveur des postes de cette ville. Le second fut la *Boston Gazette*, publié également à Boston : celui-ci était imprimé par James Franklin, un des frères de Benjamin Franklin, et parut le 21 décembre 1719.

La *New-York Gazette* fut publiée le 16 octobre 1725 par l'imprimeur Bradford, dont nous avons précédemment parlé.

Dans le Maryland, la première imprimerie régulière fut établie par William Parks, en 1727 ou 1728. Une presse avait été installée à Annapolis en 1726, et ce fut avec elle que Parks imprima la collection complète des lois de l'Etat. L'année suivante, il commença la publication de la *Maryland Gazette.* Parks établit aussi une presse à Williamsburg (Virginie), en 1729, et fut le premier imprimeur de cette colonie.

Dans la Caroline du Sud, la première presse fut installée à Charlestown par Eleazer Phillips, de Boston, en 1730 ; et dans le Rhode-Island, ce fut Newport qui posséda la première presse,laquelle fut établie par James Franklin, frère de Benjamin, en 1732.

Les autres colonies virent des imprimeries s'établir un peu plus tard, le New-Hampshire en 1756, la Caroline du Nord en 1754-55, date à laquelle James Davis en fonda une à Newbern, tandis que James Adams installait à Wilmington, en 1761, la première presse du Delaware. Enfin, de tous les vieux Etats, la Géorgie entra la dernière dans le mouvement, une presse ayant été établie à Savannah, en 1762 seulement, par James Johnson.

Les grandes villes rivales pour l'imprimerie furent Philadelphie et Boston, le chiffre d'affaires réalisé par cette industrie dans ces deux villes étant à peu près égal, à l'époque de la Révolution. Benjamin Franklin, le plus grand typographe de l'Amérique, contribua largement à ce succès aussi bien dans une ville que dans l'autre. Né à Boston, il apprit l'art de l'imprimerie dans l'établissement de son frère James, puis il alla se fixer avec sa science à Philadelphie, rendant à cette cité les services les plus signalés, grâce à l'autorité et à la réputation que son industrie, sa sagesse et son talent lui acquirent dans toutes les colonies et jusque dans la métropole.

Une entreprise hardie fut tentée par l'industrie primitive de l'imprimerie aux colonies ; ce fut la publication de la première bible allemande, qui, imprimée à *Germantown* (Pensylvanie), en 1743, par Christophe Saur, fut la première bible sortie des presses des Européens dans les colonies d'Amérique. Trois années de travail furent dépensées à cet ouvrage, qui parut sous la forme d'un in-quarto de 1272 pages. C'était, d'ailleurs, la publication la plus importante qui fût sortie des presses de Pensylvanie.

La première bible américaine en langue anglaise fut imprimée à Boston par Kneeland et Green, vers 1752. Elle fut éditée surtout par Daniel Henchmann, qui semble avoir été le libraire le plus riche des colonies d'Amérique avant la Révolution. Ce fut lui qui organisa la première fabrique de papier de la Nouvelle-Angleterre, bien que, d'ailleurs, la première fabrique établie dans les colonies d'Amérique ait été construite en Pensylvanie à une date qu'il est impossible de fixer avec quelque certitude.

Le *General Magazine and Historical Chronicle for all the British Plantations in America* fut le premier périodique ayant un caractère littéraire publié dans notre pays. Il parut en 1741, sous forme d'in-douze mensuel, du prix de 12 schillings par an. Benjamin Franklin en était l'imprimeur et l'éditeur. Cette revue n'eut qu'une courte existence et ne parut que six mois. Lorsque Franklin l'eut éditée, John Welbe publia, de son côté, l'*American Magazine* où il se mit en opposition avec Franklin; mais son entreprise ne fut pas non plus de longue durée.

Le *Pensylvania Packet* ou *General Advertiser* fut le premier journal quotidien publié en Amérique. Il parut à Philadelphie en novembre 1771, et fut tout d'abord hebdomadaire : il était imprimé par John Dunlap.

Quant à la *Philadelphia Gazette*, fondée à Philadelphie en 1788 par Samuel Relf, elle fut le premier journal quotidien du soir.

Lorsque la Révolution éclata, il y avait neuf journaux en Pensylvanie, dont six en anglais et un en allemand étaient publiés à Philadelphie ; un journal allemand paraissait à Germantown, tandis qu'un anglais et un allemand étaient édités à Lancaster.

A la même époque, il existait sept journaux dans le Massachusetts, dont cinq étaient imprimés à Boston, un à Salem et un à Newburyport. Le Connecticut en possédait quatre et le Rhode-Island un, ainsi que le New-Hampshire, ce dernier étant publié à Portsmouth. Il y en avait donc treize dans la Nouvelle-Angleterre à cette date. Il y en avait quatre dans la province de New-York, dont trois dans la ville même de New-York et un à Albany. Le Maryland en avait deux : un paraissait à Annapolis et un à Baltimore. On en comptait deux aussi dans la colonie de Virginie, deux dans la Caroline du Nord, trois dans la Caroline du Sud et un en Géorgie.

Les colons pouvaient ainsi, à l'époque de leur lutte contre la métropole, se faire gloire de trente-sept journaux. Beaucoup d'efforts furent faits, mais sans succès, pour fonder d'autres périodiques dans les colonies, le nombre total de ces publications entre 1704 et 1775 n'étant pas inférieur à cent, dont les trois quarts étaient des journaux et le surplus des magazines de toute espèce et de toute forme. Sur ce nombre, vingt-deux furent fondés dans le Massachusetts et quatorze dans les autres Etats de la Nouvelle-Angleterre. La Pensylvanie en vit paraître vingt-deux, New-York seize et les autres colonies ou provinces vingt-deux. Beaucoup de ces périodiques, d'ailleurs, n'eurent qu'une courte existence, mais quelques-uns continuèrent à paraître pendant une période assez longue, exerçant une influence très variée sur l'esprit public. Il est vrai que les matières premières étaient chères et importées à grands frais ; d'autre part, le prix de la main-d'œuvre était élevé et les habitants très disséminés, si bien que la circulation des journaux ne pouvait être que peu active, alors surtout que la lecture n'était pas encore très généralement répandue et que les loisirs étaient rares. Enfin les imprimeurs et les éditeurs se heurtèrent à un autre obstacle, dans la dernière partie de la période coloniale, provenant encore de la législation de la métropole.

Sous le régime du *Stamp Act* de mars 1765, tous les pamphlets et journaux étaient soumis à un droit d'un demi penny et, en outre, à partir du 1er novembre 1765, tous durent être imprimés sur du papier spécial timbré à cet effet. Une publication n'excédant pas six feuilles était soumise à une taxe de deux schillings, la même taxe étant imposée à toutes les affiches. Les almanachs devaient payer deux pence par an s'ils étaient imprimés sur un seul côté de la feuille et quatre pence s'ils l'étaient des deux côtés. Le Dr Franklin se trouvait à Londres à l'époque du vote de la loi, ayant été envoyé en Angleterre comme représentant des colonies. Dans une lettre bien connue, relative à cette loi, il écrit : « Le soleil de la liberté s'est obscurci : il faut que vous allumiez les lampes de l'industrie et de l'économie ». A quoi celui à qui il écrivait ces mots répondit : « Soyez assuré que nous allumerons bientôt des torches d'une toute autre nature ». La loi de mars 1765 fut abrogée en 1766, mais, en 1767, le Parlement en vota une autre qui établissait une taxe sur le papier et sur quelques autres articles. Cette dernière mesure fut très gênante pour les industries. D'un autre côté, peu de temps après, le Congrès continental, tenu à Philadelphie en septembre 1774, interdit aux imprimeurs d'exécuter aucun travail d'impression pour le compte des partisans de l'administration anglaise. Aussi l'imprimerie dans les colonies se trouva-t-elle entravée dans son développement comme la plupart des autres industries, et les imprimeurs durent surmonter non seulement des obstacles naturels considérables, mais encore de nombreuses barrières artificielles et politiques.

Toutes ces raisons rendaient les entreprises littéraires souvent fort incertaines. D'ailleurs, la science et l'habileté déployées à l'époque contemporaine dans le service des informations ne furent pas très appréciées pendant la période coloniale. Aussi, le nombre total des imprimeries en activité dans le pays, avant la Révolution, ne doit pas avoir dépassé beaucoup la quarantaine. Les imprimeurs, du reste, étaient, la plupart du temps, imprimeurs et libraires tout à la fois, et beaucoup faisaient en même temps le commerce de l'épicerie, des articles de fantaisie, et avaient un assortiment général de toute espèce de marchandises. Quelques-uns faisaient le commerce en gros de la librairie, mettant en vente non seulement des livres imprimés chez eux, mais encore des ouvrages importés de l'étranger. Les principaux ouvrages vendus dans leurs magasins consistaient en livres de droit, de médecine, d'histoire et dans quelques œuvres touchant aux branches les moins importantes de la science ou aux matières les plus diverses. Aussi, quatre-vingt-douze libraires s'étaient établis à Boston avant 1775, et on en comptait dix-huit dans les autres villes de la Nouvelle-Angleterre. Il y en avait une douzaine à New-York, trente-huit à Philadelphie, et six dans le Maryland, la Caroline du Sud et la Géorgie. Cette liste, sans doute, est incomplète, mais elle montre bien quel était déjà le développement d'une industrie qui, de nos jours, a pris d'énormes proportions.

Quelques-uns des premiers imprimeurs des colonies entreprirent aussi le commerce de la reliure en même temps qu'ils exerçaient leur industrie : les premiers essais tentés dans cette voie furent faits sur la Bible Indienne d'Eliot, dès 1663. L'édition des Psaumes, dont nous avons parlé, était reliée en parchemin. Plus du tiers de tous les libraires qui s'établirent à Boston avaient ainsi des ateliers de reliure pour les livres qu'ils éditaient. Toutefois, cette industrie ne se répandit pas autant dans les autres colonies, car, à New-York, il n'y avait que quelques industriels qui joignissent la reliure à leur commerce de librairie ou d'imprimerie. Il en était de même à Philadelphie, tandis qu'à Charlestown, sur les trois libraires existant à la fin de la période coloniale, deux exécutaient eux-mêmes la reliure de leurs livres.

A propos de cette courte esquisse historique, on pourrait peut-être se demander quelle était la valeur littéraire des colons. Il est certain qu'un bon nombre d'entre eux étaient renommés pour leur érudition et leurs talents, qui soutinrent dignement cette réputation. Beaucoup avaient été élevés dans les Universités d'Europe, et on trouve les noms de quelques-uns dans les Mémoires de la Société Royale de Londres et de la Société philosophique d'Amérique. Du reste, la *Bibliotheca Americana*, parue en 1789, nous fournit de précieux renseignements sur la valeur littéraire de quelques-uns de ces hommes, sur leurs noms, sur leur profession, sur les progrès qu'ils firent faire à la littérature et aux différentes branches de la science et de l'art. Voici notamment quelques lignes empruntées à cette *Bibliotheca Americana*.

« Les habitants de l'Amérique du Nord ont maintenant des professeurs dans toutes les branches de la science et de l'art, convenablement rétribués ; et s'ils ont encore besoin de recourir à l'importation, ce n'est point en ce qui concerne les littérateurs de valeur. A la tête de leurs philosophes et de leurs politiciens se place le vénérable Franklin. Parmi les premiers, l'illustre Lorimer ne doit point être oublié. Dans les sciences, il faut citer Rittenhouse, qui s'est instruit lui-même ; dans les sciences religieuses, Weatherspoon ; dans l'histoire, la critique et la politique, Payne, le Tacite des temps modernes ; en poésie, Barlow, Smith et Ray, en peinture, West. Quant aux jurisconsultes et aux orateurs, comment pourrai-je les énumérer tous ? En Géorgie, Georges Walton ; en Virginie, German Baker ; Jennings dans le Maryland ; Lewis, Bradford et Chambers dans la Pensylvanie ; Boudinot dans le New-Jersey ; Hamilton et Bird à New-York ; Johnson dans le Connecticut, et Parsons dans le Massachusetts. »

CHAPITRE VI

LES SCIERIES MÉCANIQUES. — LA CONSTRUCTION ET LES MATÉRIAUX DE CONSTRUCTION

Beaucoup d'autres industries que celles dont nous avons déjà parlé furent établies par les colons. C'est ainsi que des scieries mécaniques et des chantiers de bois de construction fournirent des débouchés au travail et permirent d'exporter les produits des forêts. Comme nous l'avons vu dans un précédent chapitre, les premiers efforts des colons, en dehors de la production des denrées, portèrent sur la fabrication des douves en vue de l'exportation ; les colonies de Virginie et de Plymouth expédièrent en même temps dans la métropole des cargaisons de cette marchandise. Ces douves étaient alors fabriquées à la main, car, dans cette première période, on n'avait encore aucun autre moyen de fabrication. Naturellement, l'abondance du bois dans le pays conduisit de bonne heure à l'installation de scieries mécaniques grossières. Des ouvriers furent envoyés dès 1620 dans la Virginie pour en établir, afin que la fabrication des planches et des douves, qui, depuis 1609, s'opérait à la main, pût désormais se développer, et les exportations augmentèrent. Si l'on considère qu'un homme pouvait facilement fabriquer à la main 15.000 lattes ou douves de trumeaux par an, qu'on payait dans les colonies 4 livres par mille et aux Canaries 20 livres, on comprendra combien il était désirable de posséder des scieries mécaniques ; pourtant, jusqu'en 1650, bien que le prix des douves fût exactement celui que nous venons de dire, il n'y en eut pas une seule en Virginie, et même on ne se souvient pas qu'aucune installation à titre permanent ait été faite plusieurs années après cette date. Pour les Carolines et la Géorgie, les renseignements sont plus précis, bien que les dates de l'installation des premières scieries dans ces colonies ne soient pas non plus très certaines. Des lois furent votées dans la Caroline du Sud dès 1691, pour encourager l'établissement d'usines pour l'exploitation des richesses de cette province, et quelques années après, en 1712, pour encourager la construction de scieries et d'autres installations mécaniques ; cependant, les scieries ne semblent pas s'être beaucoup répandues dans cette contrée pendant la période coloniale.

Si nous passons aux colonies du Nord, nous trouvons que la première scierie établie dans la Nouvelle-Angleterre fut celle du New-Hampshire, installée près de l'endroit où s'élève actuellement Portsmouth, dès avant 1635 ; du moins est-ce là la première trace certaine que nous trouvions d'un établissement de ce genre dans la colonie. Parmi les ouvriers de choix envoyés dans les colonies en 1628-29, il y en avait qui connaissaient les règles de l'installation et du fonctionnement des scieries mécaniques. Quelques documents parlent d'une installation de cette nature qui aurait été réalisée en 1633, et font mention d'établissements créés même à des dates plus éloignées, mais dont la description ne nous est point parvenue. Ce n'est qu'en 1635, comme nous l'avons dit, que des documents bien authentiques nous permettent de fixer la date de la première création. Du reste, pendant les cinquante premières années qui suivirent l'établissement des colons à Plymouth, des scieries furent construites sur différents points de la Nouvelle-Angleterre, les nombreux cours d'eau qui traversent la contrée offrant de grandes facilités pour la mise en marche des machines et, avant la fin du XVIIe siècle, on rencontre des scieries mécaniques et des moulins à farine, construits dans des endroits propices, dans la plupart des colonies du Nord et en nombre suffisant dans les autres. Le Rhode-Island, le Connecticut et l'Etat de New-York entrèrent résolument dans cette voie, et sur plusieurs points on vit s'élever des scieries mécaniques actionnées par le vent, puisqu'un document relatif à la colonie de New-York, et paru en 1708, rapporte qu'un moulin bâti par des Hollandais et servant à actionner une scie mécanique pouvait faire plus d'ouvrage en une heure que cinquante hommes en deux jours. Des scieries mécaniques furent également établies dans le Delaware, tandis que le New-Jersey jugeait indispensable d'en construire pour son propre compte. Il semble, au contraire, qu'il n'existe aucun document relatif à l'introduction des scieries dans le Maryland ; mais des moulins à eau pour moudre le maïs furent établis dans cette colonie par souscription publique en 1639. Dans beaucoup d'endroits, du reste, des moulins à vent furent installés tout près des scieries mécaniques, afin que la force qui mettait l'un en mouvement pût être employée à actionner l'autre.

La production des scieries mécaniques était d'ailleurs déjà considérable, puisque la valeur officielle des différentes espèces de bois exportés par l'ensemble des colonies en 1770 s'élevait à 686.588 dollars. Ces exportations consistaient en planches, en madriers, en voliges, en mâts, en solives, en douves, en cercles et en pieus. A la fin de la période coloniale, en 1792, il avait été exporté 65.846.024 pieds de bois de charpente, 80.813.357 échandoles, 32.039.707 cercles et douves, en même temps que d'énormes quantités de bois de construction pour les navires, les charpentes, etc.

Le développement primitif de l'industrie du bois s'arrête naturellement avec la période coloniale, parce que, au début de la période suivante, une nouvelle force et un nouvel élément de développement industriel étaient apparus, à savoir la vapeur. Mais l'histoire des moulins à farine et des minoteries, si nécessaire à l'existence des peuples, doit être ici racontée en détail. En général on peut dire que, dans presque toutes les colonies, on construisit des moulins à vent pour moudre le blé — toutes les colonies ou presque toutes encourageant cette industrie, — si bien que, en même temps que les colons exportaient des quantités très considérables de bois, comme il vient d'être dit, les quantités possédées par eux dépassant et de beaucoup leurs besoins, ils réussirent, à la fin de cette époque particulière de notre histoire, à exporter également de grandes quantités de farine de blé ou d'autre matière : les exportations de Philadelphie à elles seules s'élevèrent, en 1789, à 369.668 *barrels*. Du reste, plusieurs moulins, spécialement ceux qui fonctionnaient aux environs de Philadelphie, ne fabriquaient pas seulement de la farine blutée : ils servaient aussi à moudre du chocolat, du tabac, de la poudre à cheveux, de la moutarde, ou même à presser et à couper le tabac au moyen de la force hydraulique. Le chiffre de l'exportation totale des farines de toutes les colonies ne peut être déterminé pour l'année qui clôt la période coloniale ; mais, en 1791, il atteignit 619.681 *barrels* rien que pour la farine de blé : en outre, il avait été exporté plus de un million de *bushels* de froment.

Les premières habitations des colons furent naturellement bien grossières. Ils avaient du bois en abondance pour les bâtir, mais il leur fallut attendre longtemps les autres matériaux avant de pouvoir élever aucune construction quelque peu ornementée ou présentant un certain caractère d'art et de fini. Des maisons faites avec des troncs d'arbre ou avec des palissades, en bois grossièrement taillé, furent tout ce qu'ils purent réaliser. Le progrès de la vie sociale est marqué autant, sinon plus, par l'architecture domestique que par toute autre industrie, à l'exception, peut-être, de l'industrie textile. Aussi les premières habitations des colons pouvaient-elles se glorifier tout au plus d'une légère avance sur les huttes des sauvages et, en fait, dans beaucoup de cas, elles n'étaient elles-mêmes que de simples huttes provisoires comme celles des sauvages. Les cabanes des Indiens, en particulier, avaient des toits de chaume et des murs avec des nattes suspendues tout autour, et constituaient, peut-être, sous le climat si peu clément du Nord, des habitations plus confortables que celles des colons de race blanche.

La transition marque l'un des traits les plus accusés du développement industriel, puisqu'elle nous fait passer de ces habitations grossières aux maisons capricieusement construites en bois, puis aux maisons de pierres ou de briques, progrès qui ne purent être réalisés qu'avec beaucoup de peine et de patience, après de longues années d'attente. Naturellement, quand un peuple abandonne les huttes grossières, de nombreuses industries commencent à se développer, et la fabrication des matériaux de construction et de tout ce qui peut servir à orner les habitations devient une nécessité. Nos ancêtres n'étaient pas d'un tempérament à consentir à demeurer toujours dans des cabanes de bois. La cabane de bois n'est qu'une habitation provisoire, elle n'a aucun rapport avec le développement ultérieur du peuple et elle ne constitue qu'un abri temporaire. Lorsqu'on commence à construire des habitations destinées à durer pendant plusieurs années, l'architecture, quoique primitive, doit être cultivée, pour que les constructions puissent représenter le goût et le progrès intellectuel du peuple qui les fait. Aussi la fabrication de la brique, de la chaux, des planches et de tous les autres matériaux entrant dans la construction dut-elle bientôt être entreprise. On a vu du reste, déjà, comment les scieries mécaniques furent créées et se développèrent dans la période coloniale, formant l'une des branches de l'industrie les plus lucratives, tant à cause des demandes nombreuses des colons qu'en raison de la préparation du bois en vue de l'exportation.

Les premières pierres et les premières briques dont on se servit dans les colonies furent importées d'Angleterre et utilisées spécialement dans la construction des foyers. Dix mille briques furent ainsi importées par le Massachusetts, en 1629. Des briques importées furent également employées à la construction des habitations, et il existe des maisons, dans différentes parties du territoire originairement occupé, dont les propriétaires peuvent se vanter aujourd'hui encore de ce que les matériaux employés à les construire furent importés d'Angleterre.

La Virginie fut la première colonie qui fabriqua des briques, dès 1612. La première briqueterie de la Nouvelle-Angleterre fut construite à Salem (Massachusetts) en 1629, l'année même où une scierie y fut également installée.

La découverte de la pierre à chaux et du marbre eut lieu de très bonne heure, car, dans l'année même que nous venons de citer (1629), on découvrit qu'il existait de la pierre à chaux, de la pierre de taille et du marbre dans la partie orientale de la colonie du Massachusetts.

Il est probable que la première maison en briques de cette colonie fut construite à Boston en 1638, autant du moins que les documents qui nous restent permettent de fixer à cet égard une date précise. Un corps de garde en briques fut aussi édifié sur le *Fort Hill*, à Plymouth, en 1643, et les briques qui servirent à cette construction furent payées 11 schillings le mille. Quelques auteurs prétendent du reste, que, dès 1647, la fabrication de la chaux, de la brique et de la tuile figuraient parmi les industries indépendantes auxquelles la Nouvelle-Angleterre se livrait. La ville de Medford notamment, sur le Mystic River, ville qui, à cette époque, s'appelait elle-même Mystic, possédait plusieurs briqueteries dont elle envoyait les produits à Boston. Certains documents font aussi mention de vastes établissements où se trouvaient des dépôts de briques, de tuiles, d'ardoises et de pierres, qui auraient existé dans les colonies vers le milieu de XVIIe siècle, et il est certain que, dès 1667, le Parlement du Massachusetts entreprit de réglementer la dimension et la fabrication des briques. Dix ans après, un collège fut construit en briques à Cambridge, tandis que la première chapelle en briques fut érigée seulement en 1694, en remplacement d'une chapelle en bois située dans Brattle Street à Boston. Des briqueteries furent également établies dans le district du Maine antérieurement à 1675 ; mais la plupart des villes ne comprenaient encore que des maisons et des constructions en bois.

Sous les Hollandais, beaucoup de constructions, dans l'Etat de New-York, furent faites avec des briques ; mais les matériaux servant à leur construction avaient été importés de Hollande. Une église en pierres fut également construite en 1642.

Quelques-uns des premiers édifices du New-Jersey furent construits en partie en briques, mais la plupart du temps avec des arbres fendus, ce qui leur donnait l'apparence de palissades, bien qu'ils fussent couverts d'échandoles et enduits de plâtre à l'intérieur. Les granges construites de cette manière coûtaient environ 25 dollars chacune. Les maisons de ferme étaient bâties à très peu de frais, les pierres étant employées uniquement pour la construction des cheminées : en 1721, on commença à extraire de la pierre de taille à Newark, — probablement la première du pays. — On reconnut bientôt la valeur de cette nouvelle matière, et on en expédia dans les colonies voisines. Le château de William Penn, situé à quelques milles au-dessus de Bristol, dans le Comté de Buck, en Pensylvanie, fut construit en briques, et suivant les comptes mêmes du propriétaire, coûta plus de 5 000 livres. Les matériaux, toutefois, furent en grande partie importés d'Angleterre.

Les colonies du Sud ne semblent pas avoir développé beaucoup l'industrie de la fabrication des briques ou de la taille des pierres. Cependant, si les constructions en bois étaient très répandues dans les Carolines et les autres colonies du Sud, il existait aussi, vers la fin de la période coloniale, quelques vastes édifices en briques dans les villes de cette contrée. On y trouvait, d'ailleurs, de l'argile de qualité très supérieure, et la fabrication de la poterie y commença vers le milieu du XVIIIe siècle.

En somme, dès que les colons mirent quelque ambition à décorer leurs habitations, les industries nécessaires à la satisfaction de ce désir se développèrent parallèlement, et, à la fin de la période coloniale, la production de la brique était non seulement égale à la demande de la consommation locale, mais suffisante pour fournir la matière de quelques exportations, principalement pour les Indes occidentales.

Pendant que l'on produisait ainsi des briques et de la chaux et qu'on parvenait à extraire de la pierre, la nécessité de fabriquer du verre dans le pays se faisait également sentir. Quelques ouvriers envoyés en Virginie essayèrent d'en fabriquer dès 1609. C'était, en effet, un article coûteux à importer, en raison des risques de casse qui pouvaient être courus pendant la traversée. Ce fait encouragea les colons à s'efforcer de produire eux-mêmes le verre dont ils avaient besoin ; mais une autre cause plus curieuse encore du développement de cette industrie fut la facilité avec laquelle les petits bijoux de verre, les perles, etc., pouvaient être échangés avec les Indiens contre des fourrures, des peaux et même des terres. Aussi la fabrication du verre fut-elle l'une des premières industries qui s'établirent dans le pays, puisque la première fabrique s'installa, nous l'avons vu, en Virginie, dès 1609, date à laquelle un fourneau à verrerie fut construit à un mille environ de Jamestown. Il est même très probable que ce fut là la première usine établie dans notre pays. L'industrie nouvelle se développa avec quelque succès, mais ne se heurta pas moins à quelques difficultés. Le combustible et les sels alcalins dont elle avait besoin, s'ils se vendaient bon marché, n'en nécessitaient pas moins l'emploi de la main-d'œuvre qui était encore très rare, et qui fut alors la principale charge de l'industrie naissante.

Le premier verre fabriqué dans les colonies du Nord fut produit dans le Massachusetts, dans un village appelé Germantown ; toutefois, on ne fabriquait alors que des bouteilles. Ce fut à Salem (Massachusetts), vers 1639, qu'on fabriqua pour la première fois, dans cette colonie, des objets de verre, et ceux qui s'intéressaient à l'entreprise reçurent une concession de plusieurs acres de terrain pour y développer leur industrie. On pourrait croire que les verres à vitres, et même les miroirs n'étaient pas très répandus en Angleterre cinquante ans avant l'établissement des colonies, car jusqu'en 1661 les maisons de campagne, dans certaines parties de la Grande-Bretagne, n'avaient aucune fenêtre vitrée, et les palais les plus somptueux eux-mêmes n'étaient qu'en partie garnis de vitres. Quelques essais furent faits aussi pour introduire et étendre la fabrication du verre dans les colonies autres que celles que nous avons nommées. Dans l'île de Manhattan, notamment, il y eut plusieurs fabricants de verre parmi les premiers colons, et un ou deux essais furent tentés en Pensylvanie avant 1700 ; puis, entre cette date et l'époque de l'adoption de la constitution, un très grand nombre d'usines furent construites ici et là ; mais on ne peut dire que des progrès sérieux aient été réalisés avant la Révolution. Bien que la demande se fût accrue et que l'emploi du verre fût devenu une nécessité pour ainsi dire universelle, c'était encore une marchandise rare au temps de la guerre de l'Indépendance, la plus grande partie de celui dont on s'était servi jusque-là ayant été importée du vieux monde.

CHAPITRE VII

L'INDUSTRIE MÉTALLURGIQUE

Les métaux étaient indispensables à l'industrie de la construction aussi bien qu'aux industries domestiques. Les colons, pourtant, ne surent pas très bien ni travailler, ni employer le fer ; car ils avaient espéré surtout découvrir de grandes quantités de métaux précieux. Pourtant, à l'époque où l'Amérique fut colonisée, l'usage du fer allait en se développant considérablement sur l'ancien continent. En 1610, le Conseil de Londres fut informé que du minerai de fer existait dans la Virginie, et qu'on en avait découvert même à la surface du sol. Il est certain que du minerai de cette provenance fut coupellé en Angleterre et trouvé d'excellente qualité. En 1619, des ouvriers connaissant bien la fabrication du fer, au nombre de 150, furent envoyés en Virginie dans le but avoué d'établir des hauts-fourneaux, et, en fait, il en fut construit un cette année même, sur le Falling Creek, un bras du James River ; mais en mai 1622, la nouvelle usine fut détruite par les Indiens, qui massacrèrent tous les ouvriers et leurs familles. Les Indiens, en effet, semblaient éprouver une crainte farouche et beaucoup de défiance à l'endroit des usines, qu'il s'agît d'ailleurs de hauts-fourneaux ou de toute autre industrie. La destruction des hauts-fourneaux de la Virginie et le massacre des habitants découragèrent naturellement les colons, et aucun autre essai de cette nature ne fut fait pendant plusieurs années.

Dans les colonies du Nord, on avait cependant continué à rechercher du minerai et on en avait découvert, dès 1630, dans certaines parties du Massachusetts ; mais aucun essai de fabrication du fer ne fut réalisé jusqu'à une quinzaine d'années après. On trouva de la limonite (*Bog-iron ore*) (1), à Lynn, où de nombreuses tourbières furent découvertes, et ce minerai servit à approvisionner les premiers hauts-fourneaux du Massachusetts, où les premiers essais de production du fer furent faits à Lynn même ou dans le voisinage de cette ville. Les colons pourtant souffraient de la rareté de ce produit qui leur manquait tant pour pouvoir fabriquer certains objets, notamment des

(1) *Bog-Ore.* — C'est une variété de minerai qui s'accumule en larges barres, étant emporté sous une forme soluble dans les eaux qui coulent sur des rochers ou des sables contenant de l'oxyde de fer, et qui se précipite et devient solide dès que l'eau s'évapore. Il se dépose au fond des étangs et des marais, et on le trouve dans les étangs desséchés, au-dessus du niveau sur lequel il s'est originairement amassé ; parfois il est le produit de sources actuellement disparues. Le *bog-ore* contient du phosphore, de l'arsenic et d'autres impuretés qui nuisent beaucoup à ses qualités pour la fabrication du fer dur. La fonte qu'on en tire, appelée *cold short*, est si cassante qu'elle se brise en morceaux en tombant sur le sol ; mais les matières étrangères qui entrent dans sa composition donnent aussi à la fonte en fusion une grande fluidité qui la fait rechercher pour la fabrication de la fonte moulée de belle qualité, le métal coulant facilement dans les moindres creux du moule et conservant les contours et les arêtes voulues. Les *bog-ores* sont très facilement convertis en fer et quand on peut s'en procurer pour les mélanger avec d'autres espèces de minerais, ils donnent d'excellents résultats, tant au point de vue de la fabrication que de la qualité du fer.

Pour ces motifs, et aussi en raison de son bon marché, le *bog-ore* est un minerai qu'il faut avoir sous la main, bien qu'il donne rarement plus de 30 ou 35 0/0 de fonte.

outils, que pour construire leurs habitations. Ce fut précisément pour donner satisfaction à ces besoins différents, que des hauts-fourneaux furent construits, ainsi que nous l'avons dit. Plus tard, de nouveaux essais furent tentés à Braintree et une concession fut accordée, à titre d'encouragement, pour y établir des fonderies. On a beaucoup discuté sur le point de savoir si la première usine fut établie à Lynn ou à Braintree, mais l'historien de Lynn, M. Lewis, affirme que ce fut bien dans cette dernière ville que le premier haut-fourneau fut construit, sur la rive occidentale du Saugus River, probablement en 1643 ou 1644. Suivant le gouverneur Winthrop, dont les rapports relatifs à cette industrie datent de 1648, la production était dès lors très encourageante, puisque les usines produisaient environ sept tonnes par semaine. Toutefois, l'installation des forges à Lynn entraînait une dépense considérable, car le personnel ne pouvait vivre dans le voisinage immédiat de l'établissement ; aussi ne put-on réaliser que des bénéfices très minimes. L'entreprise fut poursuivie à différentes époques, cependant, et l'usine ne fut définitivement abandonnée que plus d'un siècle après son installation. Celle de Braintree resta en activité pendant une période au moins aussi longue.

Suivant M. Lewis, auteur d'une excellente histoire de Lynn, « un certain Joseph Jenks mérite de rester à jamais dans la mémoire du peuple américain, comme étant le premier fondeur qui ait travaillé le cuivre et le fer sur le nouveau continent. C'est par ses mains que les premiers moules furent faits et que furent fondus les premiers instruments et les premiers outils servant à une foule d'usages domestiques. Le premier objet qu'on dit avoir été fondu par lui fut une petite marmite, pouvant contenir environ une quarte. Thomas Hudson, qui appartenait à la même famille que le célèbre Hendrick

Hudson, fut le premier propriétaire foncier qui établit une fonderie sur les rives du Saugus River Quand son usine fut installée, il se procura le premier objet fondu par Jenks, la fameuse petite marmite, qu'il conserva comme une curiosité et qui, depuis lors, s'est transmise de père en fils dans la famille ». Le Parlement du Massachusetts accorda à M. Jenks, le 6 mai 1846, un brevet pour la fabrication des faux et d'autres outils tranchants, et en octobre 1562, le gouvernement de cette colonie eut encore recours à ses bons offices pour la fabrication d'un coin destiné à combler le déficit du numéraire par une émission de monnaie d'argent.

Des limonites furent découvertes le long de la côte, dans le voisinage des petits lacs et des marais ; aussi les hauts-fourneaux et les forges, servant à fondre et à façonner le minerai extrait des marais ou des collines environnantes, étaient-ils très répandus pendant la période de colonisation. Quelques-uns des lacs, et notamment les lacs situés près de Middleboro, Attleboro, Carver, Scituate, Halifax et autres villes voisines, fournissaient de cent à six cents tonnes de minerai par an, la proportion de fer brut contenue dans ce minerai pouvant être évaluée à environ 25 0/0. De nombreuses usines sortirent en quelque sorte de terre partout où l'on put en découvir et bientôt la limonite fut employée aux usages les plus divers.

Du minerai de cuivre fut découvert près de Salem, en 1648, par le gouverneur Endicott, qui construisit plusieurs *Smelting works* (1) vers 1651 : mais la mine ainsi découverte fut de peu de rapport.

Le nombre des hauts-fourneaux existant dans la

(1) *Smelting-work.* — Usine où l'on extrait le fer du minerai par un procédé qui implique la fusion ; au sens restreint, le mot *smelt* signifie fondre un métal dans un four.

Nouvelle-Angleterre était, d'après les rapports relatifs à 1731, de six pour les objets creux et de dix-neuf forges ou *bloomeries* (1) pour le fer en barre. Il n'y avait encore aucune usine pour l'affinage de la fonte, cette industrie ne s'étant développée que dans les vingt dernières années. Mais il existait des laminoirs et des *Slitting-mills* (2) à Hanover, à Milton et à Middleboro en 1750. Les laminoirs produisaient la plupart du temps des tringles avec lesquelles on fabriquait ensuite des pointes et des clous. Mais, d'une manière générale, l'industrie métallurgique eut beaucoup à souffrir de la législation de la métropole, un *Act* du Parlement ayant interdit la construction des laminoirs, des fonderies, des forges à plaquer, ou des fourneaux pour la production de l'acier (3).

Joseph Jenks installa une forge dans le Rhode-Island,

(1) *Bloomery*. — Usine dans laquelle le fer forgé est obtenu par le procédé direct, c'est-à-dire extrait directement du minerai, sans avoir été mis sous la forme de fonte.

(2) *Slitting-mill* ou fonderie. — Usine dans laquelle le fer en barre et le fer plat sont tranformés en tiges de clous, etc. — Quant aux laminoirs, *Rolling-mills*, ce sont des usines employant des rouleaux d'acier pour réduire le métal en barres, en feuilles, en baguettes ou en tringles.

(3) Les fourneaux, *furnaces*, sont des constructions spéciales dans lesquelles on fait et on conserve du feu dont la chaleur est utilisée dans un but mécanique quelconque, tel que la fonte du minerai ou d'un métal ; on appelle ainsi spécialement une construction de grande dimension, bâtie en pierre ou en briques, et servant à quelque opération relative à la fonte des métaux. On en construit des modèles très variés, suivant le but auquel ils sont appropriés. — Une forge est un foyer ou un fourneau ouvert, muni d'un soufflet ou de tout autre instrument susceptible d'activer le feu, et servant à chauffer le métal afin de pouvoir ensuite lui donner sa forme définitive. Les forges diffèrent des fonderies et des hauts-fourneaux en ce qu'elles servent à la fabrication du fer forgé, tandis que les autres ne produisent que des fontes. Une fonderie est, en effet, une usine dans laquelle on fabrique exclusivement des objets en fonte.

mais elle fut détruite en 1675, pendant la guerre du Wampanoag. Plusieurs autres usines métallurgiques, aussi bien que d'autres usines de diverse nature, furent détruites au cours de cette guerre, ce qui diminua singulièrement les ressources des colons de cette contrée.

D'ailleurs, la limonite servant à alimenter les hauts-fourneaux n'était pas de qualité suffisante ni assez résistante pour pouvoir servir à fabriquer des clous, des pointes ou des outils de bonne qualité.

Heureusement, les constructions navales entreprises autour de Plymouth et de Narragansett Bay vinrent accroître la demande de toutes espèces de produits métalliques. Aussi les colons furent-ils amenés à s'efforcer de découvrir du minerai en quantité suffisante pour pouvoir donner satisfaction à ces besoins nouveaux.

Le Rhode-Island, surtout, fit des progrès considérables dans cette voie ; car, vers la fin du XVIIIe siècle, les produits les plus importants de l'industrie sortaient de ses usines métallurgiques, qui fabriquaient alors des produits très variés, tels que du fer en barres (1), des lames d'acier, des tringles, des tiges de clous et des clous, des instruments aratoires, des poêles, des marmites et autres objets de fonte, des ustensiles de ménage, des objets de fer pour les vaisseaux, des ancres et des cloches. Des laminoirs et des fonderies, des forges à

(1) Il faut distinguer le *pig-iron* du *bar-iron* et du *rolled-iron*. Le *pig-iron* ou fer en gueuse est du fer en morceaux oblongs, appelés *pigs* ou saumons, tels qu'ils sortent des fours de fusion ; ils sont ainsi appelés parce que le métal fondu est coulé en une longue masse à laquelle une autre plus courte est soudée à angle droit : la plus longue s'appelle *sow* ou gueuse et la plus courte *pig* ou saumon. — Le fer en barre, *bar-iron*, est du fer forgé roulé en forme de barres. — Le *rolled-iron* est du fer qu'on a passé entre des cylindres d'acier de différentes dimensions, suivant la forme qu'on veut donner au métal.

ancres, des fabriques de clous et plusieurs autres usines furent établies à Pawtucket Falls, dont quelques-unes étaient actionnées par l'eau. Vers la fin du siècle, on mit en activité des machines à tarauder les vis et des fonderies pour la fabrication des objets creux. Dès 1775, les Compagnies de milice de la colonie furent armées de mousquets fabriqués par Stephen Jenks, de North Providence. Un certain Jérémie Wilkinson, de Cumberland, fut le premier à essayer de fabriquer des petits clous avec des feuilles de tôle. Pour cela, Wilkinson se servait de vieux cercles espagnols. Il fabriqua aussi des aiguilles et des épingles avec du fil de métal qu'il étirait lui-même. Tous ces objets étaient alors très rares et très chers. Si pourtant ils avaient pu être fabriqués par les colons et vendus sur place, sans avoir à supporter les frais de transport du Vieux-Monde jusqu'aux colonies, ils auraient pu trouver des débouchés avantageux.

La colonie du Connecticut, de très bonne heure (1651), encouragea la recherche des minéraux sur son territoire ; car on rapporte que, sur l'initiative de Winthrop, le premier instigateur de l'organisation de la Société qui entreprit pour la première fois la construction de hauts-fourneaux à Lynn et à Braintree, en 1643 ou dans les années suivantes, et qui avait reçu une concession pour l'établissement d'une usine métallurgique dans le Connecticut, l'Assemblée de cette colonie vota un *Act* très encourageant, contenant la déclaration suivante : « Attendu que, dans cette contrée rocheuse, au milieu de ces montagnes et de ces collines, il y a de grandes chances pour qu'il existe des mines de métaux dont la découverte pourrait procurer de grands avantages au pays en fournissant à son industrie de nouveaux produits ; attendu aussi que John Winthrop propose de se charger, à ses risques et périls, de rechercher et de découvrir ces mines et ces minéraux, pour l'encourager dans cette voie, et en raison de tous les risques qu'il peut courir dans cette entreprise, il est ordonné... », etc. On lui concéda à lui, à ses héritiers, associés, commanditaires et ayants-droit, à perpétuité, les terres, bois et eaux comprises dans un périmètre de deux ou trois milles autour de toute espèce de mines de plomb, de cuivre, d'étain, d'antimoine, de vitriol, de plombagine, d'aluminium, de pierre ou de sel qu'il pourrait découvrir, s'il y établissait quelque usine pour extraire, laver, fondre les métaux ou faire toutes autres opérations nécessaires à l'exploitation de ces mines, pourvu toutefois que ce ne fût pas dans un endroit déjà occupé. Une seconde fois, en 1663, le gouvernement du Connecticut accorda des faveurs à quiconque entreprendrait de découvrir des mines et des minéraux, et l'*Act* de 1663 fut encore renouvelé en 1672 ; mais les documents que nous possédons ne nous fournissent aucun renseignement très précis sur le succès qui récompensa les recherches de M. Winthrop ou qui suivit les *Acts* de 1663 et de 1672. Les concessions accordées furent d'ailleurs ratifiées par le Parlement.

Antérieurement à cette époque, l'Assemblée de New-Haven, sept ans avant la date de la charte concédée à M. Winthrop, prodigua des encouragements à l'industrie métallurgique dans le Connecticut ; car le 30 mai 1655 elle décida « que si un haut-fourneau venait à être établi dans n'importe quelle contrée soumise à sa juridiction, toutes les personnes et tous les immeubles constamment et uniquement employés à cette industrie seraient exempts d'impôts », et, la même année, une ordonnance de même nature fut rendue en faveur des aciéries. Ce fut même là, croit-on, le premier effort tenté, dans la colonie, en faveur de la production de l'acier. La Législature ratifia ces privilèges, et, au mois de mai suivant, elle exempta d'impôts pendant dix ans les personnes employées à cette fabrication, en ordonnant que les immeubles servant à l'installation des aciéries ne seraient pas affectés à la garantie des dettes individuelles des particuliers engagés dans cette entreprise, en tant du moins que cela pourrait arrêter le travail ou porter préjudice aux autres propriétaires. Aussi les usines métallurgiques se multiplièrent-elles dans la contrée, les pouvoirs publics prenant toutes sortes de mesures pour encourager, par des exemptions de taxes et autrement, le développement de cette industrie. Des fonderies furent créées à Stony Brook, dès 1716, et ce furent probablement les premières usines qui s'établirent après celles dont nous venons de parler.

Les efforts faits pour découvrir des minerais aboutirent à la découverte, dans cette colonie, de deux gisements de cuivre, dont on attendit avec confiance un rendement avantageux. L'une de ces mines était située à Simsbury, la ville actuelle de Granby, et, après une première période de luttes et de difficultés, elle fut exploitée avec succès jusqu'en 1773. Ce fut cette usine qui fournit le minerai avec lequel on fabriqua les quelques pièces de cuivre que Samuel Higley, un forgeron de Granby, frappa en 1737 et 1739. Ces pièces restèrent en circulation pendant plusieurs années, sous le nom de *Granby Coppers*.

M. Higley, en mai 1728, obtint un brevet pour dix ans pour la fabrication de l'acier, à la condition qu'il en commencerait l'exploitation dans les deux ans qui suivraient la date de l'*Act* de concession accordé par le Parlement.

Des cloches furent aussi fondues à New-Haven en 1736 par Abel Parmlee, dans une fonderie spécialement établie dans ce but.

Mais les gisements de fer les plus importants du Connecticut furent découverts dans la partie nord-ouest de l'Etat, sur la limite de l'Etat de New-York et du Massachusetts ; les territoires des villes de Sharon, de Salisbury et de Kent étaient les plus favorisées à ce point de vue.

En 1740, M. Philip Livingston, d'Albany (Etat de New-York), qui avait obtenu une vaste concession d'une centaine d'acres et qui avait construit un haut-fourneau à Limerock où, dès 1736, l'on fabriquait de la fonte, des chaudières etc., en établit d'autres à Ancram, dans le Comté de Columbia (New-York), à environ douze milles au nord-ouest des mines du Connecticut ; enfin, en 1762, un autre haut-fourneau fut construit à la sortie du lac Wanscopommuc, près de Salisbury.

Avec de pareils débuts, l'industrie métallurgique au Connecticut prospéra et donna de bons résultats, si bien qu'à la fin de la période coloniale elle y était très florissante, la fabrication de l'acier étant venue s'ajouter, comme nous l'avons dit, à celle du fer, sur plusieurs points de la colonie. Beaucoup d'usines pour l'affinage de la fonte et pour divers travaux relatifs à la fabrication du fer furent établies sur les petits cours d'eau qui traversent la province, les forges situées dans le sud de l'Etat étant approvisionnées principalement de limonite, tandis que, dans l'intérieur, d'autres espèces de métaux, et spécialement l'hématite, minerai découvert dans le nord-est de la colonie, donnaient au commerce une puissante impulsion. A cette époque, du reste, le Connecticut était déjà célèbre pour l'importance et la variété des objets en métal de petite dimension que fabriquaient ses usines.

Il est certain que Berlin, dans le Comté d'Hartford (Connecticut) fut la première ville du pays où l'on fabriqua de la ferblanterie. Edward Patterson en fut le premier fabricant, en 1770. Beaucoup d'industries qui font aujourd'hui la puissance industrielle du Connecticut y furent établies modestement pendant la dernière partie du XVIIIe siècle ; nous l'avons indiqué déjà, la plupart se livraient à la fabrication des objets en métal.

Les colons hollandais de l'Etat de New-York ne firent aucun essai fructueux de fabrication du fer, bien qu'ils aient encouragé la recherche des minerais de fer et de toute espèce de métaux. Les premiers hauts-fourneaux de cet Etat furent construits, comme nous l'avons dit plus haut, par M. Philip Livingston, à Ancram ; mais le minerai qu'on y employait était tiré en grande partie de Salisbury (Connecticut). Une société de mineurs allemands, qui s'établirent dans le pays entre 1730 et 1750, fournit les premiers explorateurs des régions métallifères des hauts plateaux. Ils creusèrent de nombreux puits, et, dit-on, établirent plusieurs hauts-fourneaux dans le comté d'Orange, pendant la période susdite ; car, en 1750, le gouverneur Clinton, dans son rapport au Parlement, remarque qu'il existe une usine à plaquer avec un martinet à Wawaganda, dans le comté d'Orange. C'était la seule usine de cette nature qui existât dans la province, et elle avait été construite quatre ou cinq ans avant la date précitée. La même année, plusieurs usines furent établies dans la ville de Monroe pour la fabrication des ancres. On y employait du minerai de fer découvert à l'extrémité sud de Sterling Mountain, dont les mines devinrent bientôt très productives. Le métal y était dur, et fut, dans la suite, employé en grande quantité pour la fabrication des canons, du fer en barre, de l'acier, etc.

M. Peter Townsend fut le premier fabricant d'acier de la province de New-York. Il le fabriqua tout d'abord avec de la fonte, puis avec du fer en barre, suivant la méthode allemande. Il devint même propriétaire des usines de Sterling avant la Révolution, et ce fut avec du minerai provenant des mines qui alimentaient les usines de Sterling que furent forgées les énormes chaînes de fer qui servirent, en 1778, à barrer l'Hudson à West-Point. Cette chaîne pesait cent quatre-vingt-six tonnes, et pourtant, sous la direction du colonel Timothy Pickering, un des officiers de l'Etat-major de Washington, elle fut fabriquée et livrée en six semaines. Tous les documents que nous possédons rapportent que cette chaîne immense resta intacte pendant toute la Révolution, et quelques-uns de ses anneaux sont conservés parmi les souvenirs de la Révolution à Newburgh. Toutes ces usines, d'ailleurs, ont joué un rôle important dans notre histoire, à raison de l'influence qu'elles exercèrent sur la marche de la guerre. D'autres furent construites en 1777 par M. Townsend et ses associés, qui étaient également propriétaires d'autres mines, notamment de la *Long mine*, découverte en 1761 par un certain David Jones.

Le gouverneur De Lancey, en exécution d'une ordonnance royale, envoya, en 1757, en Angleterre, un rapport sur les hauts-fourneaux de la province de New-York, pendant la période datant de 1749 à 1756. Dans ce rapport, on trouve un compte-rendu fourni par Robert Livingston Junior, fils du premier propriétaire des hauts-fourneaux d'Ancram, dont nous avons précédemment parlé, qui indique que ces hauts-fourneaux étaient alors les seuls en activité dans toute la province, et que la quantité de fer fabriquée à Ancram, pendant la période précitée, dépassait trois mille trois cents tonnes.

En outre des établissements de Livingston, des usines métallurgiques furent établies à Copake, à Hudson et dans d'autres endroits. Ainsi, William Hawkshurst annonçait, en 1765, qu'il venait de construire une usine d'affinage avec un grand martinet pour l'affinage de la fonte de Sterling, et que, désormais, il pourrait fournir à ses clients de New-York du fer plat, carré, en barres, des ressorts pour voitures, wagons, traîneaux, des essieux, des enclumes, des marmites, des chaudières, des plaques forgées, des poids et une quantité d'autres articles.

Des sociétés se formèrent à cette époque pour encourager l'industrie métallurgique, en offrant des primes pour les produits artistiques. De ce nombre fut la Société des arts, qui créa un marché pour la vente des produits indigènes. Sur d'autres points de la province de New-York, sous l'influence de la demande qui augmentait en raison même de l'accroissement de la population, de la nécessité de construire tout à la fois des vaisseaux et des maisons, et d'autres causes encore, l'industrie métallurgique se développa dans des proportions considérables, non seulement en donnant satisfaction à la consommation locale, mais encore en exportant de grandes quantités de produits, puisque les cargaisons de fer embarquées dans le seul port de New-York, en 1775, comprenaient deux mille quatre cents tonnes de fonte et sept cent cinquante tonnes de fer en barre. Toutefois, ce ne fut qu'après la Révolution que l'industrie prit d'énormes proportions. A cette époque, dans la partie septentrionale de l'Etat, des gisements de fer furent découverts et exploités, et l'industrie s'implanta solidement, bien que les progrès généraux réalisés dans cet Etat, relativement à cette industrie particulière, n'aient pas atteint, au siècle dernier, les mêmes proportions que dans la Nouvelle-Angleterre et la Pensylvanie.

La fabrication des armes à feu prit aussi une certaine

extension, des mousquets et des carabines ayant été fabriqués en grande quantité en vue du commerce avec les Indiens, en même temps que les manufactures d'armes d'Albany étaient mises à contribution par le gouvernement, dès le commencement de la Révolution.

Il est complètement impossible de donner, avec quelque précision, la date de l'établissement des premiers hauts-fourneaux dans le New-Jersey, mais ce qu'on sait c'est que les plus anciens de la province appartenaient au colonel Lewis Morris, dont le frère Richard et lui-même furent les ancêtres de la famille Morris, si célèbre dans l'histoire primitive de notre pays. Toutefois, aux environs de 1665, un certain Henry Léonard, qui avait travaillé dans les premières usines métallurgiques du pays, celles de Lynn, dans le Massachusetts, dont nous avons précédemment parlé, vint à Jersey, et l'on rapporte qu'il fut le premier à établir une forge dans cette province. Ce ne fut qu'au siècle dernier cependant que quelques progrès furent réalisés. C'est à cette époque, en effet, et avant la fin de la Révolution, que de très importantes usines furent créées, dont quelques-unes mêmes furent construites à la fin du XVIIe siècle. A la fin du XVIIIe, on comptait dix mines en exploitation, et cela sur le seul territoire du Comté de Morris, avec deux hauts-fourneaux, trois laminoirs et fonderies, et environ quarante forges, avec deux à quatre feux chacune. Dans beaucoup de comtés, d'ailleurs, dans le dernier quart du XVIIIe siècle, on découvrit du minerai en grande abondance, et naturellement de nombreuses forges furent établies pour le travailler. Le village de Troy, notamment, dans le comté de Hanovre, possédait une usine à affiner, construite en 1743 ; une autre, construite en 1760, la fonderie de Beach-Glen, était située à trois milles au nord du village de Rockaway. Un peu au-dessus de Milton, les usines de Russia d'Hopewell furent créées, la première en 1775, et la seconde en 1780. Randolph, Mount Hope, Morristown, Boonton, Dover et d'autres villes furent, pendant très longtemps, des centres très actifs de fabrication du fer. Des hauts-fourneaux furent établis de très bonne heure aussi sur le Ringwood River et le Pequannock River, et, dès avant 1770, un fourneau à charbon fut même construit sur les bords du Pequannock, du côté du Comté de Morris. Ainsi, sur différents points, le New-Jersey prit sa part dans la première évolution de l'industrie métallurgique, au point même que celle-ci était déjà solidement établie, lorsque s'ouvrit l'ère nouvelle qui suivit l'adoption de la Constitution.

CHAPITRE VIII

L'INDUSTRIE MÉTALLURGIQUE (*fin*)

L'Etat producteur de fer par excellence, la Pensylvanie, ne développa pas toutes ses ressources minérales à une date aussi reculée que ses voisins du Nord, mais, cependant, de très bonne heure, son anthracite et son charbon bitumineux lui donnèrent de grands avantages pour la fabrication du fer. En fait, si des documents il ressort qu'on y eut, dès le XVIIIe siècle, connaissance de l'existence de gisements de fer, il n'apparaît pas pourtant qu'il y ait quelque trace de l'établissement de forges ou de hauts-fourneaux au cours de ce siècle. M. Swank, dans son ouvrage intitulé : « *Histoire de la fabrication du fer à tous les âges* » (et son témoignage à cet égard est confirmé par Bishop et par d'autres) rapporte que les colons établis sur la Delaware, sous l'administration successive des Suédois, des Hollandais et du duc d'York, paraissent n'avoir fait aucun effort pour fabriquer du fer sous quelque forme que ce soit, jusqu'en 1682. L'ouvrage de M. Swank et ceux d'autres auteurs nous apprennent que dans le « *Journal d'un voyage à New-York* », publié en 1679 et 1680 par Jaspen Dankers et Peter Sluyter, qui visitèrent alors les Suédois et les autres colons établis dans cette contrée, il est dit expressément qu'aucun minerai de fer n'avait été vu par eux dans l'île de Tinicum ni nulle part ailleurs dans la région. Dankers écrit, en effet : « En ce qui concerne l'existence d'une mine de fer sur ce territoire, je n'en ai jamais vu aucune ni dans l'île ni nulle part ailleurs : mais, ce fait est de minime importance, car les mines de cette nature sont si communes dans ce pays, qu'il en est tenu très peu de compte ». Mais, sous William Penn, on commença à fabriquer du fer. Dans une lettre écrite par lui à Lord Keeper North, en juillet 1683, il est fait mention de l'existence de minerais de cuivre et de fer sur différents points de la colonie, et en 1685, parlant de l'avenir général de l'industrie, il écrit : « Je pourrais ajouter le fer, car il y en a beaucoup ». Il est probable que Penn lui-même possédait des hauts-fourneaux à Hawkhurst et dans d'autres localités du comté de Sussex ; toutefois, c'est en 1692 seulement que mention est faite pour la première fois de fer fabriqué en Pensylvanie ; encore ne s'agit-il là que d'une simple mention (1). Le premier document authentique qui nous soit parvenu relativement à un heureux essai de fabrication de fer dans cette contrée nous montre que la première opération de cette nature qui ait réussi eut lieu en 1716. A cette époque, en effet, une usine d'affinage fut construite par Thomas Rutter, sur la baie de Manatawny, dans le comté de Berks. Le second essai fut tenté par Samuell Nutt, un Quaker anglais qui, en 1717, presque à l'époque où Rutter construisit son usine sur la baie de Manatawny, en établit une autre sur le French Creek, dans le nord du comté de Chester. Les documents établissent que, dès 1719, l'industrie du fer sur ce point était en bonne voie.

(1) JAMES M. SWANK, *History of Manufacture in All Ages.*

M. Swank rapporte, en outre, que la troisième tentative, en vue de la fabrication du fer en Pensylvanie, fut faite à Colebrookdale, où un haut-fourneau fut construit, vers 1720, par une Société dont Thomas Rutter, celui-là même que nous avons déjà nommé, fut l'un des principaux membres. Cette usine était située sur la baie appelée Ironstone Creek, sur le territoire de Colebrookdale, comté de Berks, dans un emplacement qui est encore marqué aujourd'hui par des escarbilles. En 1728, l'industrie avait même pris dans le pays une telle extension qu'elle était réellement assise sur des bases solides, puisque la colonie put exporter deux cent soixante-quatorze tonnes de fonte dans le Vieux Monde en 1728-29. A partir de cette époque, des forges et des hauts-fourneaux s'établirent rapidement dans la vallée de Schuylkill et sur d'autres points, dans l'est de l'Etat. L'histoire de leur établissement, les luttes qu'ils soutinrent pour se développer, les périodes de succès et d'adversité qu'ils eurent à traverser, tout cela se confond avec l'histoire du développement de l'Etat lui-même.

Au reste, l'industrie métallurgique de Pensylvanie traversa de très bonne heure le Susquehanna, pas assez tôt, toutefois, pour s'y développer beaucoup pendant la période coloniale, puisque seules quelques forges et quelques usines d'affinage furent établies dans la partie occidentale de l'Etat avant la Révolution. Il y avait une usine d'affinage dans le comté d'York, en 1756, et une forge sur le Codorus Creek, en 1770. Un haut-fourneau et une forge furent construits à Boiling Springs, dans le comté de Cumberland, un peu après 1762. Ce furent ces usines qui formèrent le noyau des établissements métallurgiques de Carlisle. On croit aussi qu'une forge fut établie à Mount Holly, en 1756, et une autre dans le même comté en 1770. Ce sont là, toutefois, les seules usines importantes qui aient été installées à l'ouest du Susquehanna, pendant la période coloniale.

L'industrie du fer dans cet Etat prit, d'ailleurs, des formes très variées. Hauts-fourneaux, fonderies, laminoirs, fabriques de clous, tréfileries, fabriques d'objets métalliques de toute nature se développèrent rapidement. La quantité de fer exportée de Philadelphie, dans l'année finissant le 5 avril 1776, s'élevait à huit cent quatre-vingt-deux tonnes de fer en barres, d'une valeur de 26 livres la tonne, et à huit cent treize tonnes de fonte, du prix de 7 livres 10 schillings la tonne. Dans les trois ans qui précédèrent la guerre et qui prirent fin le 5 janvier 1774, les exportations furent respectivement de 2.358, 2.205 et 1.564 tonnes.

La fabrication des clous commença de très bonne heure aussi, certainement dès 1731, et des ancres furent fabriquées dès 1775. Enfin, des tréfileries furent établies en 1779.

On fabriquait de petites armes à Philadelphie, à Lancaster et dans d'autres villes. Les ouvriers de Philadelphie acquirent même bientôt une grande réputation pour leur esprit d'invention, qui se manifesta dans la construction des machines et des outils. Cet esprit d'invention fut sans doute grandement stimulé par la facilité avec laquelle l'industrie pouvait se procurer du minerai. Une de ses premières manifestations se rencontre dans l'emploi d'une pompe à incendie qui fut mise en service sur l'initiative de Samuel Preston, l'un des premiers maires de la ville de Philadelphie, en décembre 1719.

Le premier essai de machine à vapeur construite en Amérique eut lieu à Philadelphie, également en 1773, et fut tenté par Christophe Colles.

De même, des machines à carder, à égrener, à filer le coton et d'autres machines employées par l'industrie textile furent fabriquées à Philadelphie, en même temps que d'autres inventions très utiles étaient réalisées et mises en pratique par les artisans de cette ville.

Il ne semble pas, par contre, que les usines métallurgiques aient pris une grande extension dans le Delaware pendant tout le XVIIe siècle ; mais, dès 1726, plusieurs rapports mentionnent le gouverneur Keith, de Pensylvanie, comme étant propriétaire de forges et de hauts-fourneaux dans le comté de Newcastle. M. Bishop pense que ces usines étaient situées très probablement à Newcastle, la plus ancienne ville de l'Etat, ou bien sur la baie de White Clay ou dans ses environs. Dans la seconde partie du XVIIIe siècle, un laminoir et une fonderie furent établis à Wilmington ; cette ville avait acquis déjà beaucoup d'importance comme un des centres les plus actifs de l'industrie coloniale ; toutefois son développement, au point de vue de l'industrie du fer, ne se produisit guère qu'après la fin de la période coloniale.

D'immenses dépôts de limonite furent découverts sur toute la côte orientale du Maryland et d'autres minerais de nature diverse dans d'autres parties de cet Etat. Il en est fait mention dès 1648, et les colons anglais en comprirent bien dès lors l'utilité et les avantages ; mais les arts mécaniques ne parvinrent pas à s'établir dans cet Etat à une date aussi reculée, bien que la Législature ait essayé, dès 1681, de diriger l'industrie de la colonie dans cette voie. La fabrication du fer commença probablement peu de temps après que le législateur eut ainsi prodigué ses encouragements, encore bien que, cependant, les premières forges dont il soit fait mention d'une manière précise aient été établies à Principio, au fond de la baie de Chesapeake. Ce qui est certain c'est que ces usines étaient déjà en activité avant 1722. Un laminoir, qui fonctionnait encore à l'époque de la Révolution, fut construit aussi dans la colonie dès 1742, sur le Big Elk River, à cinq milles au nord d'Elkton. D'autres usines furent établies à différentes époques, quelquefois à de grandes distances, pendant la période coloniale : un haut-fourneau notamment fut construit en 1734, près des sources du Back River. Une fonderie fut également installée dans la même contrée, en 1778. On fondit des canons dans le Maryland, dès 1770, dans une usine appelée Northampton, et située à environ dix milles à l'ouest de Baltimore. L'histoire du Maryland rapporte que cette usine resta en activité pendant soixante-dix ans, sur le même gisement de minerai. D'autres hauts-fourneaux et plusieurs forges furent établis dans le « Anne Arundel County », à une époque aussi reculée que celle dont nous venons de parler, et d'autres comtés encore possédaient des forges et des fonderies construites au siècle dernier.

Les préparatifs en vue de la guerre, qui furent faits dans les colonies au cours de l'été et de l'automne de 1776, stimulèrent l'activité des usines métallurgiques et des fabriques d'armes partout où il en existait, et les forges, les fonderies, les fabriques de plaques et les autres établissements de même nature, répandus dans les colonies, qui avaient survécu aux restrictions législatives de 1750, trouvèrent du travail en abondance. Dans le Maryland, il existait à cette époque huit fourneaux et neuf forges, et la colonie, avec la Virginie, exportait chaque année plus de deux mille cinq cents tonnes de fonte en Angleterre. L'industrie du fer, dans cette contrée, était donc déjà très importante lorsque la guerre éclata. Le 1er juillet 1776, la Législature autorisa le Conseil de sûreté (*Council of Safety*) à allouer aux propriétaires d'un haut-fourneau, dans le Comté de Frederick, une somme de

2 000 livres pour les encourager à continuer à fondre des canons, et l'autorisation ajoutait : « avec zèle et avec ardeur ». Dans le même mois de la même année, on fit une commande de petits canons et de *swivels* aux forges et aux usines du Comté de Baltimore. La fonte de Ridgely, notamment, avait la réputation d'être la meilleure de l'Etat, et les fabricants d'armes du Massachusetts la payaient jusqu'à 10 livres la tonne. A la fin du siècle dernier, il existait probablement dix-sept ou dix-huit forges pour la fabrication du fer dans le Maryland, réparties dans six comtés différents ; toutefois, dans la partie occidentale de l'Etat, l'industrie ne s'établit qu'après la fin de la période coloniale. Ainsi, le comté d'Allegany, qui possède aujourd'hui quelques-uns des centres les plus riches de l'Etat au point de vue de l'industrie métallurgique, ne se développa que plus tard.

Il est plus que probable que le premier essai de fabrication du fer sur le continent Américain fut fait en Virginie dès 1619. Nous en avons déjà dit quelques mots, ainsi que de l'issue désastreuse de l'entreprise par le massacre des ouvriers par les Indiens. Aucun autre essai ne fut tenté pendant le XVIIe siècle, et ce ne fut qu'en 1715 que l'industrie métallurgique s'implanta réellement et sur des bases durables dans cette colonie. M. Bishop et d'autres auteurs nous donnent le compte-rendu d'une visite faite par le colonel William Byrd aux mines de fer et aux hauts-fourneaux du colonel Alexander Spottswood, sur le Rappahannock. Le colonel Byrd rapporte qu'il apprit du colonel Spottswood lui-même que celui-ci avait été le premier, non seulement dans cette contrée, mais même dans toute l'Amérique du Nord, à construire un haut fourneau et qu'il parcourut avec lui la Nouvelle-Angleterre et la Pensylvanie jusqu'à ce que cet exemple ait suscité dans la contrée des entreprises plus importantes encore.

D'autres documents permettent de supposer que ces usines furent construites avant 1724. Dans tous les cas, à l'époque de la visite du colonel Byrd, il y avait, suivant les dires de son hôte, quatre hauts-fourneaux en Virginie; mais il n'existait pas une seule forge.

Dans les premières années du siècle dernier, des gisements d'hématite brune paraissent avoir été découverts sur quelques points de la grande vallée calcaire de la Virginie, à l'ouest de la Blue Ridge. La forge des Pins, à trois milles et demi au nord de Newmarket, dans le comté de Shenandoah, fut construite en 1725, d'après le témoignage du *Iron Manufacturer Guide* de Lesley, et l'on en établit également une en 1757 sur la baie de Mossy, à quinze milles au nord de Staunton, tandis qu'un haut-fourneau était installé non loin de la forge en 1760. Un ouvrage intitulé « *Notes sur la Virginie* », paru en 1781, donne d'ailleurs une idée très exacte de la situation des usines métallurgiques de la colonie à cette époque :

« Les mines de fer actuellement exploitées sont celles de Callaway, de Ross et de Ballandine, sur la rive méridionale de James River, celle de Old, sur la rive septentrionale, près d'Albermale, celle de Miller, près d'Augusta, et celle de Zane, près de Frederick. Ces deux dernières sont situées dans la vallée qui sépare la Blue Ridge et North Mountain. Les usines de Callawey, de Ross, de Miller et de Zane, produisent chacune environ cent cinquante tonnes de fer en barres par an; celle de Ross fabrique, en outre, environ seize cents tonnes de fonte, celle de Ballandine, mille tonnes, celles de Callaway, de Miller et de Zane, environ six cents tonnes chacune. En outre, une forge appartenant à M. Hunter, et située à Fredericksburg, donne chaque année environ trois cents tonnes de fer en barres, fabriqué avec des minerais provenant du Maryland; enfin, les forges de

Taylor, sur les bords du Potomac, donnent des produits identiques, mais je ne sais dans quelle proportion. Les fabricants de fer sont nombreux sur d'autres points, étant dispersés dans tout le centre de la colonie. La solidité de la fonte sortie des hauts-fourneaux de Ross et de Zane est tout à fait remarquable. Des marmites et d'autres ustensiles de fonte, plus résistants que ne le sont d'ordinaire ces objets, peuvent être, sans dommage, jetés dans les wagons ou hors des wagons qui servent à les transporter. Des poêlons à sel fabriqués de la même manière et mis hors d'usage ne peuvent être brisés pour être refondus, s'ils n'ont été, au préalable, percés de toutes parts ».

Au reste, le développement des colonies fit établir beaucoup d'autres forges et de hauts-fourneaux avant la fin du XVIIIe siècle. La Virginie, surtout, eut une large place dans ce développement, au point que, pendant la Révolution, elle prit part à la fabrication du matériel nécessaire pour soutenir la guerre. D'ailleurs le Parlement encouragea à différentes reprises la construction d'usines métallurgiques, et quand la Révolution vint stimuler l'ardeur des colonies à se consacrer davantage encore à la fabrication du fer, on était sur le point d'adopter de nouvelles mesures. Entre autres choses, une résolution fut votée en août 1775, qui décidait « que dans le cas où le gouvernement anglais essaierait d'aggraver l'*Act* du Parlement interdisant la construction des laminoirs et des fonderies en Amérique, la Convention indemniserait les propriétaires des deux premières usines qui seraient achevées et mises en activité dans la colonie de toutes les pertes qu'ils pourraient avoir à subir par suite des procédés de l'administration ».

D'autre part, les habitants de la Virginie ne restèrent

nullement en arrière des autres colons dans leur zèle pour armer les troupes que le Congrès Continental était appelé à fournir, bien que la colonie eût, plus que beaucoup d'autres, à compter uniquement sur ses propres ressources pour les canons et les petits fusils nécessaires à cet armement.

La Caroline du Nord, elle aussi, possédait en abondance de très bon minerai dans plusieurs de ses parties. Les colons envoyés par Sir Walter Raleigh furent les premiers à en découvrir ; mais aucun progrès ne fut réalisé au point de vue de la construction des hauts-fourneaux ou des forges jusqu'à la fin de la période coloniale, bien que pourtant il soit certain que quelques usines métallurgiques aient été en activité avant la Révolution. Elles étaient situées sur la limite des districts du Centre et de l'Ouest, mais on n'est pas absolument certain du lieu même de leur emplacement. Toutefois, elles doivent avoir existé plusieurs années avant la guerre, puisqu'elles exportèrent en Angleterre, dès 1728-29, une petite quantité de fonte, environ une tonne, et en 1734 d'autres petites cargaisons. Mais aucun document authentique sur l'emplacement ou la date de leur construction ne nous est parvenu. D'ailleurs, pendant la période coloniale, le développement de cette industrie ne fit que peu de progrès dans cette contrée, et nous n'avons non plus aucun renseignement précis relativement à la fabrication du fer dans la Caroline du Sud. Là, l'industrie commença assez tard ; tous les ouvriers connaissant bien leur métier y étaient chers et ne recevaient que peu d'encouragements ; aussi les frais de main-d'œuvre étaient-ils un obstacle à l'établissement des usines. En outre, dès que les colonies du Sud se furent consacrées à l'agriculture, le fer y fut moins demandé que dans la plupart des colonies du Nord. Les habitants ne furent donc point stimulés à rechercher des minerais ni à construire des usines quand ils en découvraient. Les premiers hauts-fourneaux de la Caroline du Sud furent créés en 1773, mais ils furent détruits par les Tories pendant la Révolution. Cependant, pour encourager la fabrication du fer, la colonie offrit une prime de 1.000 livres sterlings pour la construction de l'usine d'affinage qui produirait la première une tonne de fer en barres de bonne qualité. Pour la seconde et pour la troisième forge construites dans les mêmes conditions, on promit des primes de 800 et de 700 livres ; mais, malgré tout, ce ne fut que quelques années après la déclaration de guerre que des usines métallurgiques un peu importantes furent établies : parmi celles-ci figuraient l'*Æra furnace*, bâti en 1787, et l'*Etna*, construit l'année suivante.

Les ressources de la Géorgie en fer, en or et en charbon sont assez abondantes ; mais le développement de la fabrication du fer ne s'y manifesta point pendant la période coloniale. La Géorgie était la plus jeune des colonies, et il est tout naturel que l'industrie métallurgique n'ait pu y prendre place dès cette époque. Venue la dernière parmi les treize colonies originaires, on ne pouvait s'attendre à ce qu'elle se consacrât beaucoup à cette entreprise.

Si les colonies employèrent, avant la guerre, de grandes quantités de fer en barre, d'acier et de clous, importées de l'étranger, néanmoins, elles exportèrent aussi du fer et de la fonte dans des proportions très respectables. Pendant les cinquante ans qui précédèrent la Déclaration de l'Indépendance, ces exportations allèrent même en augmentant, les quantités variant toujours, tantôt pour une cause, tantôt pour une autre, le plus souvent, toutefois, sous l'influence de la législation restrictive de la métropole. La somme totale des exportations de fer en barres et de fonte, en 1728, provenant de la Pensylvanie, du Maryland, de la Virginie et de la Caroline s'élevait à onze cent vingt-sept tonnes et quelques quintaux, tandis qu'en 1775 les exportations de toutes les colonies réunies montèrent au chiffre de trois mille neuf cent douze tonnes, le maximum ayant été atteint en 1771 avec sept mille cinq cent vingt-cinq tonnes et quelques quintaux. Avec la Déclaration de l'Indépendance, elles diminuèrent tout d'un coup, et en 1776 elles dépassèrent à peine trois cent seize tonnes. Il est vrai que presque toutes, il ne faut pas l'oublier, étaient destinées à l'Angleterre, l'Ecosse et l'Irlande n'en absorbant qu'une très petite partie.

Dans cette esquisse du développement des industries dans les colonies, nous n'avons pas essayé de faire connaître en détail tous les faits intéressant les différentes branches du commerce et de l'industrie sans exception : nous avons voulu seulement montrer les principaux faits relatifs à l'établissement de ce qui, dans les années suivantes, constitua le gros des industries aux Etats-Unis. Les industries textiles qui, aujourd'hui, ont atteint un si grand développement, le commerce des bois de construction, les scieries, la fabrication du fer et de l'acier, la construction, l'imprimerie et la librairie, les minoteries, sans compter la fabrication des chaussures, emploient en effet 56 0/0 du capital total des Etats-Unis placé dans l'industrie à l'heure actuelle, et leur produit forme 64 0/0 du revenu total. Or, toutes ces industries sont nées, en grande partie du moins, au temps de la colonisation. La fabrication des bottines et des souliers, notamment, commença de très bonne heure et même dans une telle proportion qu'on put bientôt exporter des chaussures, au moins en petites quantités. Ce fut ainsi que, dès 1651, plusieurs marchands de Boston exportèrent des souliers, fabriqués principalement avec du cuir de veau et achetés à Lynn, où cette industrie était déjà implantée. Naturellement, on ne pouvait se dispenser non plus de tanner le cuir. Parmi les colons, d'ailleurs, se trouvaient des artisans de tous les métiers, et le moindre hameau possédait son cordonnier, son forgeron, etc. Ces petits métiers prospérèrent dès que les colonies se développèrent et que les industries plus considérables prirent de l'importance.

Il est impossible d'évaluer, avec exactitude, l'importance des manufactures du pays à l'époque de l'adoption de la Constitution. Les exportations de toute espèce s'élevaient alors à près de 20 millions de dollars, mais il est impossible de dire au juste quelle partie de cette somme provenait des industries mécaniques : toutefois, il est probable que leur part s'élevait à environ un million de dollars, puisque quelques années plus tard, lorsque les rapports officiels furent dressés, elle dépassait 1.300.000 dollars. Pour établir le chiffre du produit des manufactures, on ne peut faire que des conjectures, et l'évaluation ne peut en être tentée qu'en prenant pour base le chiffre des exportations et la valeur des produits à des dates plus rapprochées de nous. En partant autant que possible de ce principe, il est probable que le produit des manufactures des Etats-Unis à la fin de la période coloniale s'élevait aussi à environ 20 millions de dollars (1). Le calcul en a été soigneusement fait, d'ailleurs, par Alexandre Hamilton, le premier secrétaire du Trésor, qui, en janvier 1791, soumit à la chambre des Représentants un rapport aussi étendu qu'il était possible de le faire alors sur les manufactures des différents Etats. Ce rapport bien connu nous fournit beaucoup de détails sur les faits re-

(1) M. Tench Coxe a fait en 1790 une évaluation fixant le produit annuel des manufactures des Etats-Unis pour cette même année à plus de 20 millions de dollars.

latifs aux différentes industries qui florissaient alors. Il montre le développement très heureux des manufactures du pays, soit qu'elles aient pour but de faciliter les échanges intérieurs, soit qu'elles se proposent d'alimenter le commerce extérieur, et fait très clairement ressortir les progrès réalisés par chaque industrie.

Pourtant, avant la guerre de la Révolution, le commerce très préjudiciable de l'étranger avait été un obstacle presque insurmontable à l'établissement de nos manufactures, et, à la fin de la guerre, lorsque l'excitation qu'elle avait produite fut dissipée, de très nombreuses entreprises commencées pendant qu'elle durait furent abandonnées, non seulement en raison de la concurrence renaissante de la métropole, mais aussi par suite des effets combinés de la baisse des prix et de la rareté et du prix élevé de la main-d'œuvre et des machines. Aussi, nous le montrerons dans un prochain chapitre, en nous occupant de l'établissement du régime de la grande industrie, les industriels américains étaient-ils incapables de lutter, sans une législation protectrice, contre les forces nouvelles que l'Europe mit alors en mouvement, spécialement en Angleterre. Comment arrivèrent-ils à triompher de ces difficultés, c'est ce que nous montrerons quand nous aurons achevé l'histoire de la période coloniale.

CHAPITRE IX

MAIN-D'ŒUVRE ET SALAIRES

Les colons, tant au Nord qu'au Sud, tout en conservant une foule de coutumes et d'habitudes de leur pays d'origine, entreprirent cependant, à plusieurs points de vue, de rompre complètement avec elles. Parmi les tentatives qu'ils firent pour s'entourer de nouvelles conditions, avec l'espoir d'éviter quelques-unes des difficultés éprouvées dans le passé, il faut noter qu'ils essayèrent d'organiser le travail sur des bases communistes. Chaque colon eut sa part à faire dans la production des choses nécessaires à l'entretien de tous, le résultat de ce travail combiné devant bénéficier à la collectivité. Le communisme pur et simple, en effet, leur semblait être le but à atteindre, en tant, du moins, qu'il s'agissait du travail et de ses résultats. Mais le capitaine John Smith, après une très courte expérience, jugea qu'un tel système ne pouvait réussir, et après quelques plaintes amères il déclara que « quiconque ne travaillerait pas ne mangerait pas » ; de son côté, la colonie de Plymouth, après une expérience identique de près de trois années, en vint aux mêmes conclusions, trouvant que dans ce système les paresseux étaient aussi avantagés que les travailleurs. En sorte qu'on en revint peu à peu à l'ancienne organisation du travail, et les salaires furent de nouveau proportionnés aux services rendus. Toutefois, en Virginie, l'esclavage, qui prit racine de bonne heure, prévint beaucoup de difficultés auxquelles se heurtèrent les colonies du Nord, dont plusieurs tentèrent de faire fixer les salaires par la loi : les Pilgrims, en effet, étaient imbus de cette idée que toutes les conditions — sociale, politique et industrielle — devaient être déterminées par le législateur et que toutes les affaires de la collectivité devaient être réglées d'une manière rigoureuse et précise. Ces premiers colons étaient d'ailleurs très exclusifs à tous égards. Ils ne se souciaient pas d'avoir près d'eux des gens qu'ils ne considéraient point comme des concitoyens, et l'histoire de la colonisation est remplie d'exemples de règlements municipaux et de lois générales excluant des avantages du droit de cité certaines personnes qu'on ne se souciait guère d'avoir pour voisines. Ils se proposèrent même d'organiser un Etat où tout homme serait tenu de se soumettre à l'avis et aux volontés de la majorité ; et ils furent ainsi tout naturellement amenés à fixer légalement le taux des salaires, suivant en cela l'exemple de l'Angleterre qui essaya, à différentes reprises, d'empêcher les artisans et les ouvriers d'élever à un taux exagéré le prix de leurs services. C'est ainsi que le Parlement de la colonie de la Baie du Massachusetts, dès 1633, adopta un règlement en vertu duquel il était interdit aux charpentiers, scieurs de long, maçons, briquetiers, couvreurs, menuisiers, charrons, faucheurs et autres ouvriers de premier ordre (*master Workmen*, comme on les appelait alors, *journeymen* comme on dit aujourd'hui) de recevoir plus de deux schillings par jour, s'ils n'étaient pas nourris, et quatorze pence s'ils étaient nourris. Le constable, assisté de deux assesseurs, devait également fixer le taux du salaire des ouvriers inférieurs des métiers précités. Les meilleurs manœuvres recevaient dix-huit pence par jour ; les plus médiocres étaient taxés par le constable dans les mêmes conditions que les ouvriers subalternes. Les bons tailleurs étaient payés douze pence par jour et les moins habiles huit pence, la nourriture en plus. On travaillait toute la journée, mais on accordait le temps nécessaire pour les repas et le reste. Toutes les fois qu'un patron payait à ses ouvriers ou qu'un ouvrier recevait de son patron un salaire supérieur à celui fixé par la loi, des pénalités rigoureuses étaient encourues. La loi entreprit même de dire qu'il ne devrait pas y avoir d'ouvriers paresseux et que la paresse serait punie. Il est assez curieux de constater que dès 1634 la clause du règlement imposant une amende de cinq schillings à ceux qui paieraient des salaires supérieurs au taux légal fut rapportée, et que les villes furent autorisées à nommer une commission de trois membres chargés de fixer les salaires quand les patrons et les ouvriers ne seraient pas d'accord sur le prix du travail fait sous l'empire de la loi. En 1635, trouvant que le règlement ne produisait pas exactement tous les effets qu'on en attendait, quelques hommes furent autorisés à recevoir deux schillings six pence par jour, mais cette règle ne donna encore guère de satisfaction, et quelques mois après la loi fut complètement abrogée. Il y avait alors du travail en abondance, et la main-d'œuvre était rare. Beaucoup d'ouvriers furent amenés d'Angleterre, dans les premières années de la colonisation, moyennant l'engagement de payer par leur travail le prix de leur passage après leur arrivée. L'usage d'avoir recours à des apprentis, même très jeunes, puisque quelques-uns d'entre eux avaient à peine 7 ans quand ils s'engageaient jusqu'à 21 ans, était assez répandu ; les services qu'ils avaient à rendre étaient durs et ils étaient soumis à une discipline sévère pour tout ce qui ne leur était point permis. D'après l'usage, ces apprentis avaient droit à des vêtements jusqu'à ce qu'ils eussent atteint leur majorité, et cette habitude s'est même conservée jusqu'à une date toute récente.

Chose étrange, l'expérience des trois années dont nous venons de parler ne suffit pas à convaincre les colons du Massachusetts de l'inutilité d'entreprendre de fixer par des règlements les conditions économiques du pays ; et ce fut ainsi qu'en 1636 les villes furent autorisées à fixer le taux des salaires dans les limites de leur territoire respectif. Les colons ne purent arriver à se convaincre qu'une semblable réglementation n'était point essentielle. Le libre-échange en matière de contrat de travail ne leur paraissait point acceptable. Toutefois, la baisse des prix qui survint en 1640 changea la situation et leur apprit qu'il ne suffisait point de prétendre fixer les salaires pour régler le prix des marchandises ; c'est pourquoi le Parlement ordonna aux ouvriers d'abaisser, eux aussi, le taux de leurs salaires proportionnellement à la baisse des prix ; mais dans la colonie de Plymouth, dès 1639, ils furent autorisés à les porter à un taux supérieur au prix des produits eux-mêmes. Ces essais amenèrent les colons à se faire toutes sortes d'idées vagues sur les pouvoirs du législateur. Un règlement n'était pas plutôt voté qu'il était aussitôt rapporté, et qu'un autre essai était tenté dans la même direction, mais le plus souvent en renversant ce qui avait été fait auparavant. M. William B. Weeden dans son ouvrage sur « *L'histoire économique et sociale de la Nouvelle-Angleterre, 1620-1789* », a rassemblé de très nombreux exemples d'essais législatifs en vue de réglementer les conditions économiques et sociales, et le lecteur pourra se reporter à cet ouvrage pour avoir sur ce point des détails plus complets que ceux que nous pouvons donner ici. Parlant de ces essais, il appelle très fortement l'attention sur ce fait que l'action du gouvernement, pendant la période coloniale, consista surtout à intervenir d'une manière fâcheuse dans les affaires de la vie quotidienne, et que les colons essayèrent toujours de régler les charges de l'Etat de manière que leurs propres épaules et celles de leurs pauvres subordonnés pussent être écorchées le moins possible ; mais il montre, avec sa sagesse ordinaire, que la sagacité pourtant remarquable des hommes de cette période se trompa trop souvent dans l'indication des bases fondamentales et définitives de la législation. A la lumiere de ces constatations, il ne paraîtra pas extraordinaire que le législateur ait essayé de réglementer l'habillement ou même les affaires les plus minimes de la vie de famille et non pas seulement de la vie publique.

Il est impossible de déterminer, avec quelque précision, le taux des salaires payés à une catégorie quelconque d'ouvriers, mais cependant, durant une longúe période tout au moins, le taux de 2 schillings par jour peut être considéré comme un taux moyen pour les industries mécaniques. Il était naturel d'ailleurs, étant données les conditions économiques au milieu desquelles vivaient les colons, que le travail pût être exécuté en échange de denrées et de produits, sous un système de troc en nature, et en effet ce mode de paiement fut même imposé dans une certaine mesure par la loi. Toutefois, l'essai législatif qui permit à chaque ville de fixer le taux des salaires sur son propre territoire eut pour résultat que, dans le monde du travail, on chercha bientôt le moyen de se soustraire aux entraves législatives. Ainsi, en ce qui concerne l'année 1640 et les années suivantes, on affirme que le Parlement du Massachusetts jugea, par expérience, que le travail ne pouvait ni ne devait être réglementé. Winthrop, de son côté, dit que cette législation ne dura pas longtemps. Mais les colons du Massachusetts et de Plymouth ne furent pas les seuls à faire des essais de ce genre; car le Parlement du Connecticut fixa lui aussi en détail le taux des salaires des artisans et des ouvriers pendant la même période. D'un autre côté, quelques règlements municipaux avaient prétendu fixer à 1 schilling 10 pence par jour le salaire des travailleurs ordinaires. Les maçons gagnaient 2 schillings, les charpentiers 1 schilling 10 pence, tandis qu'un laboureur employant deux paires de bœufs recevait 6 schillings pour huit heures de travail. Les charrons, d'après les règlements de Hingham, dans le Massachusetts, étaient taxés à 2 schillings par jour. La conséquence de tout ceci fut que, pendant plusieurs années, partout où la main-d'œuvre entreprit de fixer elle-même son prix, elle eut à subir les plus grands ennuis, et que si un ouvrier parvenait, par un moyen quelconque, à s'assurer un salaire supérieur à la moyenne ordinaire, il était immédiatement mis en suspicion.

Pendant tout le cours du XVIIe siècle, les ouvriers d'art comme les simples manœuvres furent soumis à ces réglementations gênantes, tant au point de vue de la fixation de leurs salaires qu'à raison des amendes encourues par eux en cas de violation des règlements. Mais la loi ne s'arrêtait pas là, car elle interdisait aux marchands eux-mêmes de vendre leurs marchandises à des prix excessifs. Les « Annales » du Massachusetts nous apprennent qu'un édit parut en 1645, aux termes duquel les ouvriers ne pouvaient être contraints d'accepter du vin en paiement partiel de leur travail, et, en 1672, le Parlement leur interdit de demander de l'alcool en acompte sur leurs salaires. Ces dernières mesures avaient pour but de faire compensation aux restrictions qui pesaient sur les ouvriers; mais les législateurs comprirent bientôt que les travailleurs devenaient de plus en plus indépendants à mesure que les années s'écoulaient et qu'il était inutile d'essayer d'exercer un contrôle sur ce qu'ils recevaient comme rémunération de leur travail. A cette époque (1672), les ouvriers les moins habiles, *unskilled laborers*, étaient encore payés 2 schillings par jour, comme quarante ans auparavant. Les femmes gagnaient de 4 à 5 livres par an. Les Indiens qui travaillaient dans la campagne étaient payés 18 pence par jour. Ces salaires se maintinrent longtemps, car les documents nous montrent qu'un ouvrier ordinaire, dans la Nouvelle-Angleterre, gagnait 2 schillings par jour à la fin du XVIIIe siècle, et 2 schillings 3 pence à 3 schillings dans l'Etat de New-York. Il est vrai que les ouvriers d'art, *skilled laborers*, dans la métropole, recevaient une rémunération plutôt moins élevée. Au début du XVIIIe siècle, la main-d'œuvre coûtait même plus cher dans notre pays qu'en Angleterre, puisqu'un certain John Marshall, de Braintree, gagna environ 4 schillings par jour de 1697 à 1711. C'était, il est vrai, ce qu'on appelle un *all-around man*, un homme à tout faire, travaillant quelquefois dans les fermes, fabriquant des lattes en hiver, peintre, charpentier et fabricant de briques tout à la fois.

Dans la colonie de Virginie, pendant la même période, les salaires s'élevaient en moyenne à 10 livres sterling par an. Il est assez remarquable qu'ils soient restés si stables durant tout le XVIIe siècle; en fait, il n'y eut pas de changement important jusqu'à une date assez avancée dans le siècle suivant. Les salaires des travailleurs ruraux étaient très généralement pris comme le *standard* d'après lequel on calculait ceux des artisans, employés de commerce et autres ouvriers (1). A la fin de la période coloniale, les ouvriers des campagnes gagnaient seulement environ 40 cents par jour, et ce taux ne

(1) Felt, *History of Massachusetts Currency.*

s'éleva que très peu au milieu du siècle, puisque le taux moyen de 1752 à 1760 ne fut que de 31 cents par jour; en 1780, les bouchers ne gagnaient encore que 33 cents, et les charpentiers 52. Les constructeurs de navires et de bateaux, à la fin de la période coloniale, étaient payés environ 90 cents, les cordonniers 73, les forgerons 70. Ces exemples suffisent à montrer quelle était, en général, la situation des travailleurs pendant la période coloniale, au point de vue du salaire (1).

Le taux des salaires quotidiens d'ailleurs ne peut être évalué d'après la somme d'argent qu'ils représentent, c'est-à-dire d'après ce que les économistes appellent le *salaire nominal*. Pour déterminer le salaire réel, il faut prendre en considération les prix que l'ouvrier est obligé de payer pour les choses les plus nécessaires à l'entretien de la vie; or, à ce point de vue, il est certain que bien que le travail fût abondant, et la main-d'œuvre rare, les ouvriers étaient obligés de payer des prix relativement élevés, ce qui réduisait beaucoup leur salaire réel. Les documents que nous possédons nous fournissent à cet égard des matériaux abondants. En 1630, dans les colonies du Nord, si un bon ouvrier gagnait, en moyenne, nous l'avons dit, 2 schillings par jour, il était obligé de payer de 10 à 11 schillings par *bushel* de maïs et 14 schillings par *bushel*(1) de blé qu'il achetait, tandis qu'une bonne vache ne se vendait pas moins de 25 livres. Beaucoup de denrées, toutefois, étaient à bon marché, une livre de beurre ne coûtant que 6 pence et une livre de fromage 5 pence; par ailleurs, le prix du maïs et du blé variait beaucoup, puisqu'en 1633, on pouvait acheter du maïs à 10 schillings le *bushel*, tandis qu'en 1635 il en valait douze.

(1) CARROLL D. WRIGHT, *History of Wages and Prices in Massachusetts, 1752-1883*, Boston, 1885.

(2) Le *bushel* équivaut à 35,24 litres. (N. T. D.)

Le prix de toutes les denrées, d'ailleurs, variait beaucoup plus que celui de la main-d'œuvre. Si nous prenons, par exemple, quelques chiffres de 1740, nous trouvons que les charpentiers et les maçons, qui gagnaient 2 schillings 6 pence par jour, payaient le maïs environ 6 schillings le *bushel*. Le blé valait 7 schillings, le seigle 6, tandis que quelques mois plus tard on pouvait acheter du maïs à 4 schillings le *bushel*. Ce dernier produit tomba, deux ou trois années plus tard, à 2 schillings 4 pence, tandis que la farine valait 14 schillings. En 1640, une vache ne coûte que 5 livres, les moutons valent 10 schillings par tête, et les petits porcs 20 schillings. Ces prix, sans doute, n'indiquent que très imparfaitement le taux des échanges, vu qu'ils sont souvent empruntés à des inventaires de propriétés dont les chiffres peuvent avoir été grossis en vue de la vente; mais ils nous montrent bien, tout au moins, tout ce que l'ouvrier était obligé de dépenser pour vivre. En 1640, si un ouvrier voulait envoyer son enfant à l'école, il devait payer 4 schillings par trimestre. Le maïs surtout est coté à toutes sortes de prix, s'élevant parfois à 10 ou 12 schillings pour s'abaisser à 2 schillings le *bushel* à différentes époques. Dans les dernières années du XVIIe siècle il valait 3 schillings, le seigle 2 schillings 6 pence; le porc valait alors 3 pence la livre, le bœuf 2 pence. Un *hogshead* (1) de cidre se vendait 1 livre 7 schillings, soit 6 à 7 schillings le gallon. Les prix, toutefois, varièrent beaucoup moins depuis 1700 jusqu'à la fin de la période coloniale, bien que pourtant, pendant la guerre de la Révolution, les fluctuations des cours furent naturellement très considérables; mais, dans l'année qui précéda le commencement de la guerre, c'est-à-dire en 1774, le maïs valut environ 3 schillings le boisseau

(1) Vieille mesure équivalente à 240 litres environ.
(N. D. T.)

et le blé environ 6 schillings ; à la fin de la guerre, le maïs se vendait de 3 schillings à 3 schillings 10 pence, et en 1789, alors que les charpentiers gagnaient 3 schillings 4 pence par jour et les ouvriers ordinaires 2 schillings 4 pence, il valait 3 schillings 2 pence.

Quant aux femmes, elles se livrèrent rarement à un travail salarié pendant la période coloniale que nous étudions ; elles cardaient la laine, filaient et tissaient les étoffes pour la fabrication des vêtements des membres mâles de la famille. Lorsqu'elles pouvaient tisser plus qu'il ne leur était nécessaire pour la consommation du ménage, elles vendaient le surplus ou l'échangeaient contre les choses dont elles avaient besoin et qu'elles ne pouvaient produire elles-mêmes. Lorsqu'elles travaillaient moyennant salaire, elles gagnaient de 4 à 5 livres par an. Dans beaucoup de cas, elles travaillaient à la culture du sol et faisaient leur part de besogne d'une manière ou d'une autre, pour mettre la famille en mesure non seulement de s'assurer des moyens d'existence mais encore de s'établir d'une manière stable.

Au surplus, le travail, dans la période coloniale, sauf dans les villes lorsqu'elles se furent rapidement et commodément établies, fut toujours un travail de pionniers. Elle fut rude la lutte que ces premiers colons eurent à soutenir, d'abord pour bâtir et pour soutenir leur famille, puis, lorsqu'ils se sentirent pressés par de trop nombreux voisins, pour s'élancer au milieu des contrées sauvages. L'esprit d'aventure, le désir d'explorer ce qui était au-delà de leur horizon trop borné, leur industrie, leur volonté de travailler en vue du profit que le travail leur rapportait, tout cela contribua à donner à nos ancêtres, partout où ils s'établirent pour coloniser, un caractère qui non seulement les soutenait au milieu de ces difficultés, mais qui, de plus, les rendait capables de bâtir une nation nouvelle. Aussi, en dépit de toutes les vicissitudes et de toutes les restrictions d'une législation tracassière, des longues heures de travail et du retour incessant de la fatigue, ils formèrent promptement un peuple très prospère.

Il est certain que si l'on considère les ouvriers de la période coloniale à un point de vue purement matériel, on reconnaît qu'ils s'élevèrent, au bout de cinquante ans à peine, à une condition tout à fait confortable. Ils n'avaient pas beaucoup de goûts intellectuels à satisfaire et ne connaissaient point le frottement des esprits qui est le propre de notre époque. Ils manquaient de beaucoup de choses qui, aujourd'hui, nous paraissent nécessaires, mais qui leur auraient semblé, à eux, des articles de grand luxe ; car leurs besoins étaient très restreints et ils n'éprouvaient guère l'envie de se procurer même de simples parures. Il est difficile, en se plaçant au point de vue philosophique, de dire s'ils furent plus heureux que les travailleurs de notre époque ; mais si l'on considère les luttes qu'ils eurent à soutenir, il faut convenir qu'ils furent bien moins favorisés au point de vue de la culture de ce qui fait des ouvriers d'aujourd'hui la base de la stabilité sociale. Ils prirent une part active à la politique des colonies, mais ne s'y mêlèrent point au même degré que les ouvriers de nos jours par rapport à la politique contemporaine. Les vieilles relations qui jadis, en Angleterre, existaient entre le maître et le serviteur se maintinrent, et les essais tentés pour fixer par la loi le taux des salaires montrent bien que l'influence du système féodal exerçait encore une action considérable sur l'esprit des principaux d'entre eux. Ils étaient peu instruits, comparativement aux ouvriers de notre époque, et leurs enfants étaient endurcis à la vie pénible qui était le partage de leur condition. S'ils avaient pu connaître à l'avance les circonstances et le milieu dans lequel vivent les travailleurs de notre époque, ils auraient pensé que c'était le rêve des philosophes sociaux de leur temps qui devait se réaliser, car ils ne connurent aucune des jouissances ni aucun des plaisirs de la vie dont chacun de nous peut jouir librement aujourd'hui.

Les colons, il est vrai, possédaient une chose que les ouvriers appréciaient beaucoup ; ils étaient libres, ils n'étaient pas enchaînés au sol, cette servitude qui avait fait tant de mal sous le système féodal étant formellement interdite. Il n'y avait ni vilains ni serfs, et la condition des travailleurs était de beaucoup en progrès sur celle des ouvriers d'Angleterre ou du Continent ; toutefois, si les ouvriers ordinaires trouvaient facilement un emploi, les ouvriers d'art qui demandaient un salaire plus élevé n'avaient pas autant de débouchés. La monnaie était rare et les hommes, en général, étaient à la recherche d'une maison pour vivre indépendants et d'une occasion de rendre leur condition meilleure en achetant de la terre. A mesure que la population augmenta, la demande de main-d'œuvre par les agriculteurs s'accrut, et les Indiens et les esclaves nègres surgirent pour compliquer encore la question. Les ouvriers de premier ordre et les meilleurs des travailleurs ordinaires étaient constamment amenés à lutter contre la fixation arbitraire des salaires par les tribunaux ; aussi préféraient-ils vivre sur leurs propres terres. Naturellement, ce mouvement restreignit l'offre de main-d'œuvre et diminua en même temps les occasions non seulement de spécialiser les diverses industries mais même de développer les différents besoins individuels. Malgré tout, les colons s'efforcèrent avec énergie de coloniser le pays et se montrèrent aussi fermes d'idées qu'énergiques. Se faisant de la vie une conception étroite, exclusifs dans leurs relations, dogmatiques dans leurs opinions, étrangers au plaisir, la science, actuellement accessible à tous, restant un livre fermé pour eux, il est difficile de comprendre qu'ils aient pu être plus heureux que ne le sont leurs descendants ; cependant, ils durent éprouver un grand plaisir à vaincre les difficultés si pénibles qu'ils rencontraient à tout instant et à se sentir en état de surmonter tous les obstacles. Leur victoire sur la nature et leurs progrès constants furent leur grande récompense et la source de leur bonheur.

DEUXIÈME PARTIE

L'évolution de l'industrie (1790-1890).

CHAPITRE X

LE DÉVELOPPEMENT DE LA GRANDE INDUSTRIE

En étudiant l'histoire de l'industrie et du travail durant la période coloniale, nous avons, pour le but que nous nous proposons dans cet ouvrage, considéré cette période comme prenant fin le 4 mars 1789, date à laquelle le régime politique actuel des Etats-Unis entra en vigueur avec la nouvelle Constitution. Politiquement parlant, la période coloniale finit à l'époque où le peuple des colonies se déclara libre et indépendant du gouvernement de la Grande-Bretagne, et décida que les Colonies réunies formeraient des Etats également libres et indépendants. C'est à cette date, en effet, c'est-à-dire au 4 juin 1776, que les colonies secouèrent le joug, et c'est à partir de ce moment que chacune d'elles prit le nom d' « Etat ». La date de la Déclaration de l'Indépendance doit donc être considérée, au point de vue politique, comme le jour anniversaire de la naissance de la nation. Mais il n'en est point de même au point de vue industriel, et il est assez difficile de déterminer exactement à cet égard quelle date doit être assignée à la fin de la période coloniale. Les Etats, dès qu'ils se furent constitués, adoptèrent les articles de la Confédération le 1er mars 1781. Les habitants des colonies avaient fait la Déclaration d'Indépendance, mais le Congrès Continental qui rédigea cette déclaration fut, en réalité, un comité de discussion, et le Congrès, réuni sous l'empire des Statuts de la Confédération adoptés le 1er mars 1781, ne fut guère autre chose non plus. Les lois qui, pendant la période coloniale, réglementaient l'industrie et le commerce furent maintenues, et même après la paix définitive signée à Paris le 3 septembre 1783, alors que les résultats de la Déclaration de 1776 furent garantis, et que le monde entier eut reconnu l'existence de la nation nouvelle, le statut industriel colonial continua d'exister. Cette situation se prolongea même jusqu'à l'adoption de la nouvelle Constitution de 1787 qui entra en vigueur le 4 mars 1789. — En fait, ce fut surtout pour affranchir les Etats des lois établies dans les colonies relativement à l'industrie et au commerce que la nouvelle constitution fut adoptée. Jusque-là, chaque Etat réglementait à sa guise le commerce à l'intérieur et pouvait, à son gré, apporter des restrictions au commerce avec les autres Etats. Les droits sur les produits étrangers, notamment, variaient suivant les vues et les conditions propres à chaque Etat. C'est pour toutes ces raisons que nous avons jugé bon, en nous occupant du commerce et de l'industrie de la période coloniale dans les chapitres précédents, de considérer cette période comme finissant le 4 mars 1789.

D'ailleurs, c'est aussi la conséquence logique de ce fait qu'à l'heure même où la nouvelle Constitution fut adoptée, des forces nouvelles entrèrent en jeu, qui eurent une influence décisive sur la situation de l'industrie. Alors le commerce de chaque Etat devint le commerce des Etats-Unis tout entier. Alors se produisirent des changements importants dans les procédés de fabrication de différents produits, et la naissance du régime de la grande industrie dans notre pays suivit de près la mise en vigueur de notre régime constitutionnel. Le second *Act* voté sous le régime de la Constitution, le 4 juillet 1789, débute ainsi :

« Attendu que pour subvenir aux dépenses du gouvernement, pour diminuer le fardeau de la dette des Etats-Unis et pour encourager et protéger les manufactures, il est nécessaire que des droits d'entrée soient imposés aux produits, objets et marchandises importés :

« Il est ordonné, etc... »

Cet *Act*, il n'est pas besoin de le dire, préparait la voie à l'introduction dans notre pays du régime de la grande industrie, qui avait déjà été établi dans la métropole (1).

Lorsque les Etats eurent conquis leur indépendance politique, ils se trouvaient encore tributaires de la Grande-Bretagne au point de vue industriel, surtout en raison des lois restrictives en vigueur dans ce pays. L'Angleterre cherchait notamment, par tous les moyens possibles, à empêcher l'introduction des machines aux Etats-Unis. Il en fut ainsi uniformément pendant tout le cours de la période coloniale, et, lorsque après 1760, les machines à filer le coton eurent été inventées et perfectionnées de manière à devenir très pratiques, l'Angleterre chercha à garder pour elle le bénéfice qui pouvait résulter de l'application des inventions importantes qui venaient d'être réalisées. Ces inventions consistaient dans de nouveaux procédés de filage et de tissage à l'aide de machines, et différents inventeurs avaient pris des brevets pour leur application pratique. Avant 1767, tout le fil dont on se

(1) L'histoire du développement de la grande industrie aux Etats-Unis est en grande partie empruntée au « *Rapport sur le régime de la grande industrie des Etats-Unis* », tome II des Rapports sur le 10ᵉ census, que l'auteur de cet ouvrage a présenté au Superintendant du census, en 1882.

servait dans les usines de tissage de toute espèce était filé à domicile, à l'aide de simples rouets, et le tissage se faisait avec de vieux métiers à la main très incommodes. Les principales machines à filer furent inventées par Hargreaves et Arkwright, qui renversèrent ainsi les barrières qui, pendant longtemps, avaient entravé la marche en avant de l'industrie cotonnière et inaugurèrent en fait le régime de la grande industrie aux Etats-Unis, dont l'origine doit être considérée comme datant de ces inventions. Toutefois, ce fut le métier mécanique inventé par le Dr Edward Cartwright, en 1785, qui servit à donner aux machines à filer toute leur puissance ; car avant qu'il n'eût été inventé, tout le fil obtenu mécaniquement était employé à tisser des étoffes encore fabriquées avec des métiers à la main. Le métier mécanique vint donc clore la liste des machines essentielles à l'ouverture de l'ère nouvelle de la suprématie des machines. Toutes ces inventions furent réalisées entre les années 1765 et 1785 ; or, elles étaient aux mains de l'Angleterre, qui résolut d'en conserver le bénéfice pour elle seule.

L'application de la vapeur contribua largement aussi au développement rapide du nouvel ordre de choses ; car, lorsqu'éclata la guerre entre l'Angleterre et l'Amérique, les machines à vapeur qui, jusque-là, n'avaient guère été employées qu'au desséchement des mines, trouvèrent de nouveaux emplois, et furent bientôt adoptées par toutes espèces d'industries. A l'origine, on avait dû construire les tissages sur le bord des cours d'eau, qui leur fournissaient la force motrice. Avec l'application des machines à vapeur, il ne fut plus indispensable physiquement de recourir à de semblables emplacements, et les usines purent être bâties et mises en activité dans le voisinage des grandes villes, dont la population agglomérée pouvait facilement leur fournir des ouvriers.

On voit donc que l'Angleterre, à la fin de la Révolution et même à l'époque de l'adoption de notre Constitution, croyait tenir la clef de la fabrication des étoffes de coton dans le monde industriel : elle possédait, du moins, sans nul doute, les machines sans lesquelles cette industrie n'aurait pu soutenir la concurrence de ses propres usines. Pour conserver la prééminence, le Parlement vota des lois restrictives, prohibant l'exportation des plans et modèles de ces machines et des machines elles-mêmes. La politique anglaise commença, en outre, à diriger ses vues vers le commerce extérieur, en se proposant d'acheter le moins possible au dehors, de vendre à tout le monde et de se servir des colonies, voire même des Etats après qu'ils se furent déclarés indépendants, comme d'un marché de plus en plus étendu pour les produits anglais. L'Angleterre d'ailleurs possédait toutes les matières premières nécessaires à la fabrication d'un grand nombre de produits : seul le coton lui manquait. Mais elle espérait en recevoir de l'Inde. Quant aux colonies américaines, elles avaient été destinées par elle à devenir le grand producteur des denrées alimentaires qu'elle consommait, et à lui fournir des débouchés pour l'excédent de ses manufactures. Telle avait bien été la politique suivie par elle avant la guerre et qui l'encouragea à se jeter dans la lutte si longue qui suivit.

Par l'act. 14, Georges III, ch. LXXI, il fut décidé que toute personne qui exporterait quelque outil ou quelque instrument communément employé dans les manufactures de coton ou de toile, ou de quelque autre article dans la fabrication duquel entraît du coton ou du lin, ou enfin une partie quelconque d'outils ou d'instruments de cette nature, non seulement se verrait confisquer ces objets, mais serait en outre condamné à une amende de 200 livres. La simple possession des objets précités dans un but d'exportation exposait les détenteurs à la confiscation et à l'emprisonnement. Cette loi fut votée en 1774, en vue de protéger les inventions d'Arkwright et d'Hargreaves : elle coïncidait avec les mesures protectrices prises contre l'importation par les colonies américaines, la plupart de celles-ci ayant adopté dès avant la Révolution, nous l'avons vu, d'énergiques résolutions pour encourager leurs manufactures.

Ainsi les difficultés au milieu desquelles les habitants des Etats-Unis s'efforcèrent d'assurer le développement de leurs manufactures par l'emploi des nouvelles machines construites en Angleterre furent encore aggravées par la législation. Notre pays, toutefois, occupait une position naturelle qui devait le mettre en mesure de développer chez lui l'industrie textile, puisqu'on y rencontrait, tout aussi bien qu'en Angleterre, le germe de cette industrie dans les usines à fouler et à carder qui avaient été construites dans des endroits bien appropriés, et dans presque toutes les colonies. En outre, le coton pouvait être récolté dans les Etats du Sud et, par suite, utilisé aussi près que possible des lieux de production, certainement avec un avantage sur nos rivaux d'Europe, puisque ceux-ci étaient obligés de s'en approvisionner en le faisant venir de l'Inde. Pour que la grande industrie s'organisât, il fallait seulement s'assurer la possession des machines dont l'Angleterre se servait, et pour l'obtenir il était nécessaire de faire des efforts et de soutenir des luttes qui firent ressortir le patriotisme et le courage des industriels de cette époque.

Les premiers essais tentés pour acquérir des machines à filer en usage en Angleterre furent faits à Philadelphie dès 1775, date à laquelle, pour la première fois, sans doute, parut dans cette ville le premier *spinning-jenny* ou métier à filer qu'on ait jamais vu en Amérique. Pendant la guerre, les industriels de Philadelphie étendirent leurs industries et construisirent même, puis mirent en activité des usines que les auteurs appellent souvent *factories* et qui, en somme, ne peuvent être que difficilement classées sous cette dénomination. C'étaient plutôt des *mills* que des *factories*. Des efforts analogues, tous préliminaires à l'établissement de l'organisation du *factory system*, furent tentés à Worcester (Massachusetts) en 1780. Pourtant en 1781, le Parlement anglais décida que les machines servant aux industries textiles, qui avaient contribué à l'extension si rapide des manufactures de l'Angleterre et dont les producteurs du continent étaient jaloux de conserver le monopole, ne pourraient être employées par les habitants de l'Amérique, rappelant ainsi et étendant les termes du règlement de 1774 contre l'exportation de ces machines, auquel la loi nouvelle renvoyait même expressément. De même, l'act 21, Georges III, ch. XXXVII, disposa que « toute personne qui emballerait, embarquerait ou donnerait l'ordre de porter dans un endroit quelconque, en vue de l'embarquement sur un vaisseau et de l'exportation, une machine ou un objet quelconque, engin, outil, presse, papier, ustensile, instrument, ou une partie quelconque de ces objets, pouvant être actuellement ou plus tard utilisés dans les filatures de laine, de coton, de lin ou de soie du royaume, ou encore des produits dans la fabrication desquels il entre de la laine, du coton, du lin ou de la soie, ou enfin un modèle ou un plan d'une machine, d'un outil, d'un engin, d'un ustensile, d'une presse ou d'un instrument quelconque servant à un usage analogue, serait condamnée à la confiscation de cet objet et de tous les produits embarqués, en même temps qu'à une amende de 200 livres et même à une année d'emprisonnement ». L'année suivante, en 1782, une loi fut votée qui prohibait, sous peine de 500 livres d'amende, l'exportation ou la tentative d'exportation des « blocs, plaques, engins, outils ou ustensiles employés ou pouvant servir à préparer ou à donner la dernière main aux étoffes imprimées de coton ou de lin, indiennes, mousselines, etc. ». Le même act interdisait l'exportation des outils employés dans la fabrication du fer et de l'acier. En outre, d'autres lois furent votées qui interdirent l'émigration des inventeurs. Toutes ces mesures furent d'ailleurs exécutées avec une grande sévérité et apportèrent, naturellement, de sérieux obstacles à l'établissement du nouveau mode d'organisation de l'industrie en Amérique. Aussi les Américains furent-ils forcés soit d'importer en fraude, soit d'inventer eux-mêmes leurs machines et c'est une simple constatation historique que de dire que l'un et l'autre procédés furent mis en pratique, jusqu'à ce que la plupart des secrets de la fabrication des étoffes de coton aient été rendus utilisables dans notre pays.

L'introduction des arts mécaniques devint une nécessité pour notre pays pendant la guerre de la Révolution ; puis, plus tard, l'esprit d'entreprise des Américains exigea que la Nouvelle-Angleterre et les Etats du Centre missent à profit la force motrice de l'eau qu'ils possédaient pour fournir par ce moyen, aux habitants, des produits indigènes et leur assurer l'indépendance aussi bien au point de vue industriel qu'au point de vue politique. Il était donc tout naturel que, lorsque la nation nouvelle vit que le traité de Paris ne lui avait pas apporté l'indépendance industrielle, une nouvelle forme d'expression du patriotisme vînt prendre la place du service militaire. Le fait se manifesta par la formation d'associations ayant pour objet de détourner les habitants de faire usage des produits anglais, et comme les dispositions de la Constitution fédérale adoptée le 1er mars 1781 ne s'appliquaient point à la réglementation des affaires industrielles et commerciales, les Législatures de plusieurs Etats furent sollicitées par les habitants de protéger les industries indigènes. La Constitution de 1789 combla heureusement les lacunes de la législation primitive à cet égard et donna au Congrès le pouvoir de légiférer sur les questions intéressant le commerce et l'industrie ; en sorte que, comme nous l'avons déjà donné à entendre, la Constitution fut réellement la conséquence des nécessités industrielles nationales, puisque ce fut en grande partie à raison des difficultés et du mécontentement causés par les différents règlements commerciaux des Etats particuliers qu'une Assemblée des délégués des différents Etats fut tenue à Annapolis, en septembre 1786, laquelle demanda la réunion de l'Assemblée qui rédigea la nouvelle Constitution, c'est-à-dire, en somme, la Constitution actuelle des Etats-Unis.

Mais la grande question, à cette époque, était d'assurer à l'industrie textile la possession de machines analogues à celles dont se servait l'Angleterre. En 1786, la Législature du Massachusetts encouragea l'introduction des machines à carder et à filer en accordant à Robert et à Alexandre Barr une prime de 200 livres, pour les aider à finir une machine à filer (1) et aussi « à construire telles autres machines qui sont nécessaires pour carder, étirer et filer la laine des moutons aussi bien que le coton » ; il est très probable que les machines construites par les frères Barr furent les premières du pays dans lesquelles furent utilisées les inventions d'Arkwright. Le premier établissement, toutefois, qui puisse être, à certains égards, considéré comme une filature, fut construit

(1) *Roping-machine.* — Le mot *rope* signifie proprement l'action d'étirer ou d'étendre une matière quelconque sous forme de fil.

à Beverly (Massachusetts) en 1787. Le Parlement en favorisa l'entreprise. Cette usine resta en activité pendant plusieurs années, mais sa carrière comme filature de coton fut de courte durée, et elle n'eut pas beaucoup de succès. Pendant la même période, d'autres tentatives furent faites dans le Rhode-Island, dans l'Etat de New-York, en Pensylvanie, mais surtout dans le Rhode-Island et dans la partie du Massachusetts qui est immédiatement contiguë au territoire de cet Etat.

Aux Etats que nous venons de nommer revient l'honneur d'avoir introduit dans notre pays les métiers mécaniques à filer et de les avoir les premiers mis en usage. Le Rhode-Island et le Massachusetts ont certainement des droits égaux à cet égard, car si c'est dans le second de ces Etats que furent faites les premières expériences pour l'application des principes des inventions d'Arkwright et que fut établie la première filature de coton, le Rhode-Island est fondé à revendiquer le mérite d'avoir construit la première filature dans laquelle furent mises pratiquement en usage des machines perfectionnées, faites d'après les modèles anglais. L'histoire de l'établissement de cette filature tient en quelque sorte du roman : elle fut construite par Samuel Slater, en 1790, sur le territoire de Pawtucket, dans le Rhode-Island.

Tous les efforts tentés pour introduire les méthodes usitées en Angleterre pour la filature des matières textiles avaient échoué, mais Slater, que le Président Jackson appelait « le père de l'industrie américaine », réussit pourtant à les introduire dans le pays. Slater était né à Belper (Derbyshire, Angleterre), le 9 juin 1768; à 14 ans, il fut mis en apprentissage chez un certain Jedediah Strutt, fabricant de machines à filer le coton. Pendant plusieurs années, M. Strutt fut lui-même l'associé de Sir

Richard Arkwright : aussi Slater eut-il toute facilité pour apprendre à fond les détails de la construction des machines alors en usage en Angleterre, car durant les quatre ou cinq dernières années de son engagement; il remplit les fonctions de contre-maître non seulement dans la fabrique de machines mais encore dans la filature de Strutt. Vers la fin de son engagement, ayant lu par hasard, dans un journal américain, une notice sur les efforts qu'on faisait alors dans les différentes parties des Etats-Unis pour obtenir des machines à filer le coton et sur les avantages qui étaient offerts à ceux qui parviendraient à en introduire dans le pays, Slater résolut de partir pour l'Amérique. Il connaissait très bien les mesures portées par les lois anglaises, et il savait que, sous cette législation, il ne pouvait emporter avec lui ni machines, ni modèles,ni plan de machines.Il acheva donc son temps de service chez M. Strutt, et resta pendant un certain temps encore comme surveillant dans quelques-unes des nouvelles usines que celui-ci venait d'établir. Il agit ainsi pour pouvoir se perfectionner dans la connaissance de toutes les branches de cette industrie, de manière à pouvoir construire des machines de mémoire et emporter dans sa tête ce qu'il ne pouvait emporter en nature ou même sous forme de plans ou de modèles. Le 13 septembre 1789, il s'embarqua à Londres avec une cargaison infiniment précieuse, mais une cargaison qui était entièrement contenue dans son cerveau. Il débarqua à New-York le 17 novembre suivant, et ne tarda pas à entrer en relations avec des personnes s'intéressant à la fabrication du coton ; mais comme il ne rencontrait pas tout à fait les encouragements qu'il attendait, il correspondit avec MM. Brown et Almy, de Providence (Rhode-Island), qui possédaient plusieurs machines à filer très grossières, dont quelques-unes avaient été apportées de la première filature de Beverly. Au mois de janvier suivant (1790), Slater fit, avec ces industriels, une convention par laquelle il s'engageait à construire des machines sur le modèle des machines anglaises. Il réussit, en effet, à en fabriquer à Pawtucket, travaillant surtout avec ses mains, et le 20 décembre 1790, il mit en marche trois machines à carder, à étirer et à boudiner, avec soixante-douze broches, fontionnant tout à fait d'après le système d'Arkwright; ce furent les premières machines de cette espèce qui eussent jamais fonctionné en Amérique.

La Caroline du Sud, elle aussi, très certainement, prit une part glorieuse dans ce mouvement, bien que, pourtant, les renseignements sur ce point ne soient pas très précis. Un auteur qui écrivait dans l'*American Museum*, en juillet 1790, rapporte qu'un habitant de cet Etat avait acheté et mis en œuvre, sur les hauts plateaux du Santee, des machines à égrener et à carder le coton et d'autres machines actionnées par l'eau, voire même des machines à filer, ayant chacune 88 broches, avec tout ce qui est nécessaire pour travailler le coton. L'auteur ajoute que « si cette information est exacte, l'essai tenté pour la transformation mécanique du coton qu'on commençait alors à cultiver en grand dans les Etats du Sud fut presque contemporain des tentatives faites dans les Etats du Nord ».

Des tentatives analogues furent faites aussi à Philadelphie, nous l'avons dit déjà, par Samuel Wetherell et ses essais, comme ceux de la société de Beverly dans le Massachusetts ou de l'industriel de la Caroline du Sud et ceux de Brown et d'Almy à Providence, eurent lieu avant l'arrivée de Slater. Il est vrai que tous ces efforts faits pour introduire dans le pays les procédés mécaniques de filage n'embrassaient pas la totalité des inventions et des méthodes anglaises ; mais ils n'en montrent pas moins la difficulté qu'on éprouve à fixer la date exacte de l'origine de la grande industrie dans notre pays. Toutefois, en dépit de ces efforts, on considère comme exact, historiquement, de voir dans Slater le premier créateur des machines servant à la transformation du coton, et construites sur le modèle des machines anglaises, et ceci permet de fixer à 1790 la date de l'apparition des grandes filatures et des tissages mécaniques aux Etats-Unis.

Un autre fait vint, à peu près à la même époque, encourager le développement du régime nouveau, non seulement chez nous mais à l'étranger. Ce fut l'invention d'une machine pour séparer la filasse de la graine du coton. Ce travail se faisait jusque-là par une série de longues et laborieuses opérations à la main, mais en 1794, Eli Whitney, du Massachusetts, qui résidait temporairement en Géorgie, inventa la machine à égrener le coton, destinée à séparer le duvet de la graine au moyen de petites dents projetant le coton au travers d'une fente pratiquée sur le côté d'un coffre dans lequel la graine est placée. M. Whitney visitait un jour quelques amis, lorsqu'on parla devant lui des difficultés qu'on éprouvait à séparer la filasse du coton de la graine dont elle est remplie, et de l'utilité qu'il y aurait à inventer une machine pour faire ce travail ; il se mit sur le champ à creuser l'idée et à chercher dans sa pensée ce qui était essentiel à la réalisation du résultat désiré. Bientôt, grâce à sa machine, le coton devint un produit beaucoup mieux conditionné, et sa production fut grandement stimulée. Le développement de la culture du cotonnier dans le Sud et l'importance que la fabrication des articles de coton a prise de nos jours dans cette contrée sont dûs en grande partie à cette invention.

L'industrie, toutefois, n'avait point encore atteint la perfection au point de vue scientifique. Mais, dans le vieux Monde, où cette perfection est aujourd'hui réalisée, elle ne fut pas complètement atteinte d'aussi bonne heure qu'en Amérique. C'est ainsi que les opérations de dégraissage et de filage des fibres étaient faites par certaines usines, tandis que d'autres industriels, ordinairement dans des établissements distincts, se chargeaient du tissage et donnaient le dernier fini aux produits. Mais l'usine complète, l'organisation scientifique de sections distinctes pour les différentes opérations nécessitées par la transformation de la matière première jusqu'à la production d'articles complètement achevés n'avait pas encore été réalisée nulle part quand déjà on commença à établir ce système dans notre pays. Sans doute, le métier mécanique, bien qu'inventé en 1735, ne fut mis en usage en Angleterre que vers 1806, et chez nous il ne fut employé qu'après la guerre de 1812; mais, même après qu'il eût été mis en usage en Angleterre, la coutume persista de fabriquer le fil dans un établissement et de tisser le drap dans un autre.

En 1811, M. Francis C. Lowell, de Boston, visita l'Angleterre et consacra beaucoup de temps à visiter les filatures de coton dans le but d'introduire aux Etats-Unis des machines perfectionnées. C'était à peu près à l'époque où les métiers mécaniques s'introduisaient en Grande-Bretagne ; mais leur construction, comme celles des autres machines, était alors tenue très secrète. M. Lowell, toutefois, apprit tout ce qu'il pouvait apprendre en observant attentivement, et il revint en Amérique bien résolu à mettre en pratique ce qu'il avait vu. Là, grâce à l'habileté de Paul Moody, d'Amesbury (Massachusetts), et au concours de Nathan Appleton, une société fut constituée pour l'établissement d'une filature de coton, qui devait être située à Waltham (Massachusetts) sur un cours d'eau existant à cet endroit. Cette usine ayant été achevée à l'automne de 1814, on y plaça le métier mécanique que M. Lowell avait fabriqué sans plan ni modèle ; de plus, dans cette année même, la société installa une collection complète de machines à tisser et à filer, mettant 1.700 broches en activité. Ce fut là la première usine du monde, aussi loin que l'histoire remonte, dans laquelle les opérations diverses comprises dans la fabrication des articles de coton, obtenus par la transformation de la matière brute en produits achevés, aient été accomplies dans un seul et même établissement par degrés successifs, mathématiquement calculés et dans un harmonieux ensemble. M. Lowell, avec le concours de M. Patrick T. Jackson, qu'il avait pris pour associé, fut donc, sans contredit, le véritable organisateur de cet admirable système. Peu de changements, d'ailleurs, furent apportés dans la suite aux dispositions adoptées dans la fabrique de Waltham.

On peut dire par suite, que, si l'Angleterre a contribué à la fondation du régime industriel connu sous le nom de *factory system*, c'est l'Amérique qui a fourni la pierre qui forma la clef de voûte de l'édifice.

CHAPITRE XI

LE DÉVELOPPEMENT DES INDUSTRIES, 1790-1860.

L'élan était donné désormais très sérieusement pour le développement rapide des grandes industries dans notre pays. Les fondements en avaient été jetés dans la période coloniale, par la Constitution de 1789, et par le succès de l'heureux établissement de la grande industrie. Un véritable enthousiasme patriotique fit bientôt naître de nombreuses sociétés dans les différents Etats pour protéger et encourager les entreprises industrielles. Toutes les industries essentielles, d'ailleurs celles-là même qui, aujourd'hui encore, constituent les grandes industries, existaient déjà, nous l'avons vu, et elles étaient si bien connues, non seulement dans le pays, mais encore en Angleterre, qu'elles n'avaient plus besoin que des soins continus de ceux qui les avaient entreprises et des efforts persistants des capitalistes et des travailleurs pour être assurées d'un rapide développement. Aussi, depuis le commencement du XIXe siècle jusqu'à nos jours, leurs progrès ont-ils été réguliers et rapides, bien que pas toujours constants. Il y a eu des périodes où une situation économique difficile a été la cause d'une grave stagnation des affaires tantôt ici, tantôt là, mais ces difficultés ont toujours été surmontées, et nos industries n'en ont pas moins continué leur marche en avant.

Si l'histoire du développement des industries diverses, depuis l'organisation du régime actuel, appartient, dans un sens très large, à une période unique et très longue, cependant elle se divise naturellement en deux étapes principales, dont l'une embrasse les années 1790 à 1860, et dont l'autre va de 1860 à nos jours. Cette division s'impose d'abord à raison de la guerre civile, puis aussi en raison de ce fait que le mouvement s'accentua, à la suite de la guerre, par la découverte d'une grande quantité de richesses naturelles, par l'invention et l'adaptation de nouveaux procédés de production. C'est pourquoi, étant donné le but que nous nous proposons dans cet ouvrage, nous avons partagé cette histoire en deux périodes, et le présent chapitre est consacré uniquement à celle qui s'étend de 1790 à 1860. Il est difficile d'ailleurs, dans cette histoire d'ensemble, d'insister sur tous les détails particuliers de l'extension des industries dans notre pays, et nous ne pouvons guère qu'en tracer les grandes lignes.

Lorsqu'on eut réussi à se procurer des métiers mécaniques, la fabrication du coton fit des progrès très rapides ; les métiers à la main disparurent bientôt, bien que, toutefois, on continuât à en faire usage dans quelques contrées, notamment dans la Caroline du Nord, le Tennessee et la Géorgie. Des usines furent installées sur les cours d'eau de la Nouvelle-Angleterre et des Etats du centre, des villes entières de filatures et de tissages comme Lowell, Lawrence, Holyoke, Fall River, Cohoes, Paterson et beaucoup d'autres cités florissantes furent construites, et avant la fin de la guerre la fabrication du coton prit racine sur les rives des fleuves du sud.

Le développement de cette industrie spéciale nous donne une idée de celui de toutes les autres, et les effets qu'il produisit montrent certainement bien quels furent les résultats du nouveau régime industriel. Les premiers faits relatifs à l'industrie du coton qui puissent être connus remontent à 1810, date à laquelle le gouvernement fédéral essaya, pour la première fois, au moyen du *census* décennal, de déterminer exactement la nature et l'importance des revenus du pays. Encore est-il impossible, avec les renseignements fournis par ce *census*, d'établir la valeur exacte des tissus de coton produits à cette époque ; ce qui est certain, c'est que la valeur totale des articles de coton, de laine, de chanvre, de lin, de soie, y compris les bas, atteignit alors 39.497.057 dollars.

En 1831, il y avait 801 usines de coton dans tout le pays ; en 1840, on en comptait 1.240, en 1850, 1.074, et en 1860, 1.091. Cette diminution dans le nombre des établissements en activité depuis 1850 est le résultat de la réunion de plusieurs en un seul et de l'établissement de vastes usines, les plus petites filatures ayant été fermées ou réunies aux plus importantes. Mais tandis que ce nombre diminuait dans les trente années qui précédèrent 1860, la consommation et la production des articles de coton augmentait au contraire d'une manière régulière. En 1831, le chiffre total des broches en activité dans cette industrie était de 1.246.703, tandis qu'en 1860 il s'élevait à 5.235.727 ; par ailleurs, le nombre des métiers passait de 33.433 en 1831 à 126.313 en 1860. Le capital placé dans l'industrie cotonnière était de 40.612.984 dollars en 1831, et de 98.585.269 dollars en 1860. Le chiffre total des produits en 1831 ne peut être établi. Mais en 1860, la valeur des articles de coton s'élevait à 115.681.774 dollars, dont 79.359.900 dollars étaient produits dans les Etats de la Nouvelle-Angleterre, 26.534.700 dollars dans les Etats du Centre, 8.460.337 dollars dans les Etats du Sud, et 1.326.837 dollars dans les Etats de l'Ouest. En 1831, il n'y avait que 290.000 dollars engagés dans l'industrie du coton dans les Etats du Sud; mais en 1860, ce chiffre s'élevait à 9.840.221 dollars. Ainsi, à la fin de notre première période, les Etats du Sud eux-mêmes avaient démontré que l'industrie du coton pouvait très bien exister chez eux, et partout, dès cette époque, elle reposait déjà sur de solides fondements.

Dans les chapitres relatifs à l'histoire des industries au temps de la période coloniale, nous n'avons pu donner que quelques détails sur l'industrie métallurgique, parce qu'à la fin de cette période elle n'avait pas encore atteint un développement aussi complet que celui de quelques autres industries. Mais, dès le commencement du XIXe siècle, et en fait, pendant les dix dernières années du XVIIIe, la fabrication du fer prit des proportions considérables. Elle existait déjà dans l'est de la Pensylvanie et dans les autres colonies, mais elle n'avait pas réussi à franchir les monts Alléghanys, bien qu'elle eût reçu une impulsion nouvelle à l'est de ces montagnes, après la Révolution. Les comtés de Chester, de Lancaster et de Berks surtout, se distinguèrent dans le développement de l'industrie en Pensylvanie pendant la première partie de la période que nous étudions. M. Swank, dans son excellent ouvrage « *Le fer à tous les âges* », montre que beaucoup de hauts-fourneaux et de forges, quelques lamineries et quelques fonderies furent construits dans ces comtés avant 1800, qui étaient encore en activité au commencement du XIXe siècle. D'autres comtés de la partie orientale du même Etat, qui possédaient également des gisements de fer, prirent part aux progrès généraux de l'industrie, et contribuèrent à lui donner des fondements solides qui n'ont jamais été ébranlés.

L'ouest de la Pensylvanie fut naturellement plus lent à établir l'industrie métallurgique que la partie orientale de l'Etat. La tradition rapporte que la première découverte de minerai de fer à l'ouest des monts Alléghanys fut faite par John Hayden, pendant l'hiver 1789-90, à l'aube même de la période nouvelle. Toutefois, d'après de très sérieux témoignages, du minerai de fer aurait été découvert neuf ans au moins avant la prétendue découverte de Hayden ; dans tous les cas, à quelque époque que le fait ait eu lieu, il fut le point de départ d'une ère de prospérité industrielle merveilleuse, qui s'est rarement rencontrée dans l'histoire d'un peuple, et, dès lors, le développement de l'industrie dans les comtés situés à l'ouest de la Pensylvanie fut rapide et très satisfaisant.

Naturellement, plusieurs districts furent abandonnés et d'autres prirent leur place, mais le comté d'Alléghanys, le pays par excellence de la production du fer dans la Pensylvanie occidentale, commença ses opérations à une époque relativement récente, puisqu'un haut-fourneau, d'ailleurs peu important, fut construit en 1792 seulement, par un certain Georges Anshutz, qu'on appelle le pionnier de l'industrie métallurgique de Pittsburg. En 1794, cette usine fut abandonnée faute de minerai. On avait espéré qu'on en trouverait dans le voisinage, mais cet espoir fut déçu. Dans cet établissement, on fondait presque exclusivement des poêles et des grilles de foyer. Anshutz se retira à Huntingdon County, où il construisit, en 1796, avec quelques associés, le haut-fourneau de Huntingdon.

La première fonderie de fer de Pittsburg fut établie en 1803, sur l'emplacement du bureau de poste et de l'hôtel de ville actuels de cette ville. Mais, depuis cette époque jusqu'en 1829, Pittsburg vit s'élever, sur son territoire, huit lamineries, employant six mille tonnes de loupe et quinze cents tonnes de gueuse. A la même date, on y comptait neuf fonderies, et en 1831, deux hauts-fourneaux pour la fabrication de l'acier y étaient en activité. En 1836, il y avait à Pittsburg et dans le comté d'Alléghanys vingt-cinq lamineries.

Vers 1840, l'emploi du charbon bitumineux et de l'anthracite dans les hauts-fourneaux amena toute une révolution dans l'industrie métallurgique du pays, et à partir de 1850 environ, la fabrication du fer dans les hauts-fourneaux de Pensylvanie diminua.

Les deux grandes industries dont nous venons de parler montrent bien quel fut le développement des industries en général, car, en fait, dans presque toutes les autres, les conditions du progrès furent les mêmes. Ce développement peut être clairement aperçu en se reportant aux chiffres d'affaires réalisés à deux époques différentes, en 1810 et en 1860. En 1810, les fonctionnaires chargés d'établir le *census* fixaient à 39.497.057 dollars la valeur totale des articles de coton, de laine, de lin, de chanvre et de soie fabriqués avec des métiers à la main, y compris les bas ; les filés de coton, de laine, de soie, de chanvre et de lin étaient évalués à 2.052.120 dollars ; les outils et machines fabriqués à 186.650 dollars ; les étoffes cardées et foulées, les toiles imprimées à la machine à 5.957.816 dollars ; les coiffures en laine, en fourrure et autres à 4.323.744 dollars ; les objets en fer à 14.364.526 dollars ; les articles d'or, d'argent, et de différents métaux, à 2.483.912 dollars ; les objets en plomb à 325.560 dollars ; les savons, les chandelles de suif, les bougies et les permaceti, le pétrole et l'huile de baleine, à 1.766.292 dollars ; les cuirs et les peaux, à 17.935.477 dollars ; les semences, à 858.509 dollars ; les alcools de grain, de fruits, les boissons distillées et fermentées, à 16.528.207 dollars ; les bois à 5.554.708 dollars ; les huiles et les essences extraites du bois à 179.150 dollars ; les sucres raffinés ou manufacturés à 1.415.724 dollars ;

les papiers, cartons, cartes, etc., à 1.939.285 dollars; les objets de marbre, de pierre et de plâtre à 462.115 dollars, les verres à 1.047.004 dollars; les poteries à 259.720 dollars; les tabacs à 1.260.378 dollars; les drogues, les matières tinctoriales, les couleurs, les teintures, etc., à 500.382 dollars; les câbles et les cordages à 4.243.168 dollars; les cheveux, crins, etc., à 129.731 dollars; les objets divers enfin à 4.347.601 dollars.

Ce fut M. Tench Coxe, agissant sous les ordres du secrétaire du Trésor, M. Albert Gallatin, qui fit ainsi l'évaluation des produits manufacturés des Etats-Unis, et les chiffres précédents sont extraits de son rapport, lequel fut complété en mai 1813, et publié par le Congrès. La valeur totale de tous les objets fabriqués dans le pays en 1810, d'après M. Coxe, s'élevait à 127.694.602 dollars. En ajoutant à ce chiffre la valeur des produits qui pouvaient avoir été oubliés, M. Coxe arrivait à 172.762.676 dollars. Enfin, en ajoutant encore à cette dernière somme la valeur de quelques objets douteux, rentrant par leur nature dans la catégorie des produits agricoles, ou se rattachant à l'agriculture, comme par exemple le coton brut, le blé, la farine, les produits des moulins, des scieries, des fabriques de tuiles et de briques et certains autres articles, il arrivait à cette conclusion que la valeur totale des produits de toute nature des Etats-Unis, en 1810, atteignait 198.613.474 dollars.

La répartition de cette énorme production entre tous les Etats nous montre que la Pensylvanie venait en tête avec 33.691.111 dollars; l'Etat de New-York suivait avec 25 millions de dollars, puis le Massachusetts avec près de 22 millions, la Virginie avec 15.200.000 dollars en chiffres ronds, le Maryland avec 11.500.000 dollars environ, le Connecticut avec plus de 7.750.000 dollars. le New-Jersey avec plus de 7 millions, la Caroline du

Nord avec 6.500.000 dollars, et le Kentucky avec plus de 6 millions. Enfin dans le Vermont, le New-Hampshire, le Rhode-Island, la Caroline du Sud, la Géorgie et le Maine, la valeur totale des produits manufacturés variait de 3.500.000 à 5.500.000 dollars en chiffres ronds.

Par contre, en 1860, la valeur des produits des industries mécaniques américaines atteignait 1.885.861.676 dollars ; mais le classement par industries pour cette époque ne peut être établi en détail. Toutefois des chiffres peuvent être donnés pour quelques-unes des industries principales. La valeur totale de tous les articles de coton, par exemple, s'élevait à 115.687.774 dollars ; celle des articles de laine à 61.895.217 dollars. L'industrie des vêtements était devenue à cette époque une industrie importante. Elle avait pris naissance quelques années avant la fin de la première période, et dans toutes les principales villes elle avait pris une extension rapide, atteignant une production totale de 73.219.765 dollars. Quant à la grande industrie des chaussures, qui est intimement liée à celle de l'habillement, et qui, dès la période précédente, avait commencé à subir l'influence de la transformation de l'industrie par l'organisation du travail en fabrique, elle représentait, en 1860, une production totale de 91.891.498 dollars.

Une industrie nouvelle avait également pris naissance sous la forme de la fabrication des articles imperméables. Il y a peu de branches de l'industrie dans lesquelles se soit manifesté un développement plus remarquable que dans celle-ci, car, dans l'espace de vingt-cinq ou trente ans, le caoutchouc reçut des applications multiples et fut utilisé dans toutes sortes de productions artistiques ou scientifiques ou d'emplois domestiques. Aussi, en 1860, bien que cette industrie fût encore en fait dans l'enfance, cependant la valeur totale des objets de caoutchouc s'élevait déjà à 75.768.450 dollars. Nous n'avons pas besoin de nous étendre ici sur ces chiffres, que nous comparerons plus loin avec ceux de la période suivante. Leur importance apparaîtra mieux lorsque nous les rapprocherons des résultats de 1890.

La répartition des produits entre les divers Etats et territoires en 1860 était, naturellement, beaucoup plus générale qu'en 1810, non seulement par l'effet de l'augmentation du nombre des Etats et de l'extension des manufactures qui en fut la conséquence, mais aussi par suite de l'extension de l'industrie dans les Etats que nous avons cités en 1810. L'Etat de New-York, toutefois, dépassait tous les autres en 1860, la valeur totale de ses produits manufacturés étant, à cette date, de 379 millions de dollars. La Pensylvanie venait ensuite avec plus de 290 millions, le Massachusetts en troisième, avec plus de 255 millions. Ces trois Etats étaient seuls à dépasser le chiffre de 200 millions ; un seul, atteignait une production supérieure à 100 millions et inférieure à 200. C'était l'Ohio, qui produisait alors pour 122 millions de dollars, alors qu'en 1810 sa production était trop peu importante pour qu'on en fît mention. Les Etats dont la production dépassait 50 millions étaient le Connecticut, avec près de 82 millions, le New-Jersey, avec plus de 76 millions, la Californie avec plus de 68 millions, l'Illinois avec plus de 57 millions et demi, la Virginie avec plus de 50 millions et demi. Dans tous les autres Etats la production était inférieure à 50 millions.

Nous avons montré au début de ce chapitre quelles influences déterminèrent cette rapide expansion de nos industries manufacturières avant 1860. Il y eut bien quelques fluctuations provenant de la guerre de 1812, de la stagnation des affaires en 1837 et de la crise de 1857, mais, depuis 1830, le progrès a été constant. Les causes de ce mouvement en avant doivent, en effet, être considérées comme des causes durables et permanentes, que n'affectèrent nullement les périodes de crise ou d'encouragement artificiel, ni l'influence de la guerre agissant tantôt dans une direction, tantôt dans une autre.

Parmi ces causes, il ne faut pas perdre de vue l'esprit ingénieux des inventeurs américains, car les inventions qui furent le fruit de sa mise en œuvre furent adoptées avec empressement par les industriels de notre pays. De nouveaux procédés de fabrication, simplifiant le travail et réduisant le coût de production, furent constamment découverts et appliqués. C'est un fait curieux, bien connu de tous ceux qui sont familiarisés avec les brevets, que les périodes de crise sont souvent suivies du développement des inventions. En 1857, par exemple, il y eut 2.900 brevets enregistrés, dont 438 s'appliquaient à des procédés de culture ou à des machines agricoles, se rapportant à l'invention ou au perfectionnement des machines à égrener le coton, à nettoyer le riz ou à différents modes de fertilisation du sol. L'année suivante, c'est-à-dire immédiatement après la crise financière, il fut pris 3.710 brevets, dont 562 se rapportaient à des procédés de culture ou à des machines agricoles, 152 ayant trait à des perfectionnements dans les moissonneuses et les faucheuses, 42 à des perfectionnements dans les machines à égrener et à comprimer le coton, 164 à des perfectionnements de machines à vapeur et 198 à la transformation des chemins de fer et des wagons. Avant 1849, le nombre des brevets enregistrés n'avait jamais dépassé 660 par an, mais de 1849 à 1860 inclusivement, ce nombre ne descendit jamais au-dessous de 1.000, sauf dans les années 1850, 1851 et 1853 : en 1860, il s'éleva à 4.819.

Il serait très intéressant et très utile aussi, pour quiconque étudie l'évolution des industries en Amérique, d'examiner avec soin le caractère des inventions réalisées pendant les vingt ou trente dernières années de la période finissant en 1860, car on trouverait que ce fut dans cet espace de temps que furent découvertes quelques-unes des inventions les plus importantes du siècle, tout au moins eu égard aux besoins de notre peuple. C'est, en effet, l'époque de la transformation des métiers à fabriquer les étoffes brochées, du perfectionnement des calorifères, des fourneaux de cuisine, des instruments de musique, des armes à feu, des machines à coudre, des presses à imprimer, des machines à fabriquer les chaussures, les articles de caoutchouc, la toile et de mille autres inventions de nature à élever et à améliorer le *standard of life* de notre peuple.

Peut-être le plus frappant exemple de l'influence des inventions nous est-il fourni par l'industrie de la fabrication des chaussures dont nous avons déjà parlé. Cette industrie fut tout d'abord pratiquée dans de petites boutiques, dans lesquelles quelques hommes, rarement plus de quatre, travaillaient sur une banquette avec des matières premières fournies par le patron, coupées d'avance et toutes prêtes à être cousues ensemble. Aujourd'hui, ces petits ateliers ont disparu ; la grande fabrique de chaussures a pris leur place et là on peut voir l'application parfaite de la fabrication par des procédés aussi ingénieux qu'avantageux. Du reste, dans toutes les industries où des procédés de cette nature peuvent être appliqués, c'est-à-dire partout où la matière peut être transformée en produits achevés par une série d'opérations mécaniques, mises en action par une force centrale, l'organisation du travail en fabrique a été réalisée. Il en a été ainsi surtout pour toutes les industries textiles ; mais, en dehors de celles-là, l'expansion du nouveau système n'a pas été moins rapide, au point que la statistique de l'industrie aux Etats-Unis à partir de cette époque ne comprend guère que les résultats de la production de manufactures placées sous le régime de la grande industrie.

CHAPITRE XII

LA GUERRE CIVILE ; UNE RÉVOLUTION INDUSTRIELLE

Avec la guerre civile commença une nouvelle ère industrielle, non seulement en raison de l'expansion des industries mécaniques, mais aussi par suite des transformations merveilleuses opérées dans le régime du travail dans une grande partie du pays. Dans tout ce que nous avons avons dit jusqu'ici sur le développement de l'industrie et du travail avant la guerre civile, aucune mention n'a été faite des deux systèmes opposés, jusqu'alors existants. Que si, pourtant, l'industrie mécanique a atteint un tel développement, ce fut sous un régime de liberté du travail ; au contraire, ce fut sous le régime de l'esclavage que se produisit le développement de certaines industries agricoles, spécialement de la culture du tabac et du coton.

Il n'est pas absolument indispensable de déterminer avec exactitude la date de l'introduction de l'esclavage dans notre pays. Les historiens sont en désaccord sur l'année dans laquelle ce fait eut lieu, bien qu'ils soient pleinement d'accord sur le mois : tout ce qu'on sait, c'est que ce fut en août 1618, 1619 ou 1620. Stith, dans son « *Histoire de la Virginie* », se prononce pour 1618. Il est certain que plusieurs fois au cours des années 1618 à 1620 des esclaves furent amenés dans le pays et vendus à des colons de la Virginie, et que l'esclavage exista sur plusieurs points des Etats-Unis, jusqu'à la proclamation d'affranchissement du président Lincoln, au 1er janvier 1863. En fait, presque toutes les colonies avaient recours au travail des esclaves, quelques-unes d'entre elles, toutefois, n'en ayant qu'un petit nombre ; mais ce fut surtout dans les colonies du Sud que ce régime jeta ses racines les plus profondes. Il était naturel, d'ailleurs, qu'on s'appliquât davantage aux industries mécaniques partou où prédominait le travail libre, et que l'agriculture fût au contraire l'objet principal des préoccupations des hommes dans toutes les contrées où l'esclavage était le plus en honneur. Aussi, dans toute esquisse du développement ou de l'évolution des industries de notre pays, jusqu'à l'époque de la guerre civile, l'intérêt principal se concentre-t-il sur les régions où le travail libre prédominait.

La plupart des colonies du Nord abolirent l'esclavage longtemps avant la guerre civile ; mais ce régime n'y fut jamais un obstacle très sérieux au développement des industries mécaniques, bien qu'il ait joué un rôle très important en retardant ce développement dans les colonies du Sud. Un financier distingué du Sud a recherché quelle influence l'esclavage pouvait avoir exercée sur la transformation des industries. Avec une grande impartialité et une connaissance parfaite du sujet, il a donné de précieux renseignements et d'ingénieux aperçus sur les causes qui amenèrent les colonies du Sud à maintenir ce régime de restriction et de contrainte du travail (1). Suivant cet auteur, la destinée des Etats du Sud

(1) *The Southern States : Their Social and Industrial History, Condition, and Needs,* mémoire lu devant la *Social Science Association*

fut régie par des forces sur lesquelles les habitants n'eurent que peu ou point d'action. Beaucoup d'événements en effet se produisirent, en dehors même de leur territoire, qui eurent une influence sur leur histoire industrielle. Les inventions d'Hargreaves, d'Arkwright et de Crompton en Angleterre, l'application de la machine à vapeur à la fabrication des articles de coton, l'invention de la machine à égrener par Eli Whitney, tout cela contribua à concentrer toute l'attention des habitants de cette contrée sur la culture du coton. La machine à égrener, notamment, rendit les plantations extrêmement avantageuses ; et la rapide extension de celles-ci fut encore encouragée par l'introduction des machines anglaises, en même temps que la facilité de déplacement des travailleurs esclaves était un motif de plus pour qu'on y eût recours. Les meilleures terres furent toutes rapidement occupées, parce que les travailleurs pouvaient être transportés d'un point à un autre sans grande difficulté. L'introduction des chemins de fer contribua encore à augmenter cette mobilité et eut pour conséquence, comme le remarque fort bien M. Trenholm, le peuplement des Etats où l'esclavage fut tout d'abord établi, et qui, primitivement, s'étendaient sur une superficie beaucoup trop vaste pour pouvoir être occupée avec profit par un si petit nombre d'habitants :

« Les inventions, les sciences, les arts avaient littéralement renouvelé la face de la terre ; la division du travail avait accru la capacité productive des masses et multiplié leurs modes d'actions et leurs besoins, stimulant l'industrie et rendant les hommes plus intelligents. L'or de la Californie et de l'Australie s'ajoutant au

de Saragota (New-York), le 6 septembre 1877, par l'honorable W. L. Trenholm, de la Caroline du Sud.

perfectionnement de la navigation et des moyens de transport à l'intérieur produisit un mouvement d'activité universelle dans le commerce et dans l'industrie. Cet élan, ce mouvement en avant, ce progrès se firent sentir dans toutes les colonies du Sud dont ils firent en quelque sorte le tour; ils s'y manifestèrent dans toutes les branches d'industries, profitant à la fois à tous les intérêts si variés de cette partie de notre pays, qui sentit leur influence et put jouir de leurs fruits par un accroissement considérable de sa richesse. Et cependant seuls dans le monde entier, les Etats du Sud restèrent immobilisés, s'arrêtant à cette étape de leur développement ; au point de vue du gouvernement de la société, du travail, de la main-d'œuvre, ils étaient encore, en somme, en 1860, ce qu'ils avaient été en 1820, lorsque l'abolition de la traite avait imposé à leur développement la dernière modification de forme dont il parût susceptible. Non seulement le Sud était demeuré immuable pendant toute cette période, mais le flot d'immigration qui s'était abattu sur tout le reste du pays était passé à côté de lui. Des millions d'hommes et de femmes de tous les pays d'Europe avaient envahi tout le littoral des Etats du Nord, apportant avec eux les secrets industriels de tous les points du globe, portant leurs talents et leurs richesses jusque dans les déserts les plus éloignés du Far-West; ils passèrent presque en vue des terres fertiles et inoccupées du Sud, à portée de ses richesses inexploitées, là où déjà des routes, des chemins de fer, des ponts étaient construits, des villes et des cités établies, des églises et des écoles installées; mais ils ne s'y arrêtèrent pas. Le conservatisme et l'isolement du Sud furent la cause essentielle qui fit que, dans un siècle si fertile en progrès, le peuple américain ne prit jamais la tête du mouvement en vue de la recherche d'idées nouvelles ou de l'expérimentation de nouvelles méthodes » (1).

La conséquence de tout ceci fut la capitalisation du travail sous la forme de l'esclavage, capital qui possédait la force de travail et la faculté de transmission dont jouit le capital proprement dit. Il n'est pas étonnant d'ailleurs que l'immigration ait passé à côté des Etats du Sud sans y pénétrer. Elle se développa de l'Est à l'Ouest, envahissant la plus grande partie du Nord-Ouest et de l'Ouest ; mais les causes de ce mouvement furent surtout des causes industrielles. Il est probable, en effet, que les immigrants, s'ils avaient pu rivaliser avec l'extrême mobilité des travailleurs esclaves, auraient volontiers recherché les riches Etats du Sud plutôt que beaucoup de régions de l'Ouest absolument dépourvues d'attraits. Mais ils ne pouvaient rivaliser avec le prix courant de la main-d'œuvre dans le Sud, ni prendre possession des terres fertiles qui s'y trouvent, parce que s'ils avaient tenté de le faire, ils eussent trouvé le sol déjà occupé. A cette époque, d'ailleurs, la culture du coton exigeait un capital considérable en même temps que des travailleurs peu coûteux et faciles à déplacer : or, à ce point de vue, les immigrants étaient dans une situation très désavantageuse. Le travail libre, en soi, était trop dispendieux et pour l'ouvrier et pour le patron ; aussi, beaucoup de blancs du Sud quittèrent-ils cette région et cherchèrent à s'établir sur d'autres points du pays. Le *census* des Etats-Unis met bien ce dernier fait en lumière, car il nous montre qu'en 1877 on comptait 277.000 blancs qui, étant nés dans la Caroline du Sud, y vivaient encore, tandis que 193.000 individus nés dans cet Etat avaient établi leur domicile dans d'autres parties du pays. La

(1) TRENHOLM, *The Southern States.*

Caroline du Nord conservait 634.000 individus originaires de l'Etat même; tandis que 272.000 personnes avaient quitté leur pays d'origine. La Virginie était dans une situation identique, avec un million d'indigènes restés dans le pays et 400.000 établis en dehors de l'Etat.

Ces chiffres, qui constatent la diminution de la population indigène dans les Etats du Sud, montrent d'eux-mêmes l'impossibilité pour les travailleurs blancs de rivaliser avec les esclaves. Toutefois, il est hors de conteste que la cause principale qui s'opposa à l'introduction des industries mécaniques dans le Sud doit être recherchée dans l'extension progressive et considérable du territoire cultivé, résultant du désir d'augmenter la culture du tabac et du coton. L'établissement des manufactures a pour conséquence la concentration de la population : au contraire, à mesure que l'agriculture se développe, les habitants se répandent sur une plus grande étendue de terrain. Par suite, l'intérêt de l'agriculture et celui de l'industrie étaient opposés, si l'on se place au seul point de vue de la population. Le planteur du Sud, dont les entreprises s'étaient développées sous des conditions économiques particulières, sentait la nécessité d'avoir de vastes plantations. Sa dignité, son bonheur en dépendaient. Tant qu'il put étendre ses plantations, il songea moins à augmenter sa richesse qu'à donner satisfaction à ce sentiment inné qui porte un homme à adopter certaines manières de vivre de préférence à d'autres. L'industriel du Nord, au contraire, était d'un type tout à fait différent : le souci de la concentration, le soin du détail, la mise en œuvre de tous les éléments de l'industrie mécanique lui étaient naturels. Il y avait donc là deux types d'hommes et deux systèmes de production, dont l'assimilation demeurait impossible tant que les deux formes rivales du travail existaient séparément. Il n'y avait point, sans doute, d'antagonisme inévitable entre les deux types de propriétaires considérés individuellement, mais la permanence de ces deux régimes distincts empêchait l'établissement dans le Sud des différentes variétés de l'industrie, et les industriels du Nord portèrent tout naturellement leur activité dans d'autres directions. Ce fut ainsi que, dans le Nord, l'industrie se diversifia, tandis que, dans le Sud, le développement se fit toujours dans une direction unique. Comme le fait observer M. Trenholm, dans son remarquable article déjà cité, « l'industrie et la société, dans le Nord, suivirent le courant général du progrès ; dans le Sud, elles restèrent figées dans l'immobilité du conservatisme. »

Au point de vue de la consommation l'esclave du Sud coûtait environ quarante ou cinquante cents par semaine, peut-être moins, tandis que pour un travailleur libre et blanc il fallait dépenser quatre ou cinq fois cette somme. Aussi aucun déplacement de capital, aucun mouvement de réforme n'auraient-ils pu amener en concurrence ces deux catégories de travailleurs. Mais, d'un autre côté, le Dr Franklin, dans son livre sur le *Développement de la population dans les différents pays*, dit très justement ceci : « C'est une erreur de croire que, grâce au travail des esclaves, l'Amérique puisse rivaliser avec la Grande-Bretagne pour le bon marché des produits. Le travail des esclaves ici ne pourra jamais coûter aussi peu que celui des ouvriers en Angleterre. Personne ne peut contester ce fait. Additionnez, en effet, l'intérêt du capital consacré à l'acquisition primitive de l'esclave, l'assurance ou le risque sur sa vie, le prix de ses vêtements, de sa nourriture, les frais occasionnés par la maladie et les pertes de temps, les pertes résultant de la négligence apportée par l'esclave dans l'accomplissement de ses fonctions (négligence naturelle à l'homme qui n'est pas récompensé de ses soins ou de son activité), le salaire du surveillant chargé de conduire l'esclave au travail, enfin les escroqueries dont l'esclave se rend coupable de temps à autre (presque tous les esclaves étant voleurs de par la nature même de l'esclavage) et comparez le total avec les salaires d'un homme travaillant le fer ou la laine en Angleterre : vous verrez que la main-d'œuvre est beaucoup moins chère dans ce pays que ne peut jamais l'être chez nous le travail des nègres. » Beaucoup d'observateurs, depuis l'époque de Franklin, ont noté l'indifférence et l'extrême lenteur des mouvements des esclaves et ont fait le calcul du prix du travail de l'esclave comparé à celui des travailleurs libres. M. Cooper, un ancien président de l'Académie de la Caroline du Sud, a calculé qu'un nègre, en tenant compte de tous les risques et en laissant de côté tous les profits, coûterait, arrivé à l'âge de 21 ans, à la personne qui l'aurait élevé, au moins 500 dollars (1). Il faut donc placer un capital important sur cet homme avant que son travail ne rapporte. Aussi, bien que le travail des esclaves, quand il était devenu productif, coûtât si peu cher que le travail salarié ne pouvait rivaliser avec lui, le capitaliste lui-même, le planteur, restait en perte à raison des grandes dépenses faites pour l'acquisition de la main-d'œuvre employée.

M. Daniel R. Goodloe, de la Caroline du Nord, qui a prêté une grande attention à la solution des problèmes économiques relatifs à l'esclavage et au travail libre, en est même arrivé à cette conclusion, il y a une cinquan-

(1) Cf. JOSIAH CONDER, *Wages, or the Whip ; an Essay on the Comparative Cost and Productiveness of Free and Slave Labour*, London, 1883.

taine d'années, que le capital placé sur des esclaves était tout à fait improductif et n'avait d'autre résultat que de permettre au planteur de s'approprier les salaires dûs à l'esclave. Il appuyait cette proposition sur différents raisonnements et sur des exemples variés. Il citait notamment le cas de deux fermiers, dont l'un habitait sur la rive méridionale de l'Ohio, dans le Kentucky, l'autre sur la rive nord, dans l'Ohio, chacun d'eux cultivant cent acres et employant dix ouvriers. Toutes leurs dépenses étaient les mêmes, sauf en ce qui concerne la main-d'œuvre. L'habitant de l'Ohio employait dix hommes libres et leur payait des salaires probablement prélevés en nature sur le produit de ses récoltes. Celui du Kentucky avait dû employer 10.000 dollars ou même plus à l'acquisition de dix esclaves, indépendamment des autres capitaux dépensés : pourtant les deux fermes produisaient une égale quantité de revenus. L'habitant du Kentucky recevait sans doute plus d'argent que celui de l'Ohio, mais il n'en devint pas plus riche par ce fait que son rival par le partage des bénéfices entre le fermier et ses ouvriers. M. Goodloe a résumé sa démonstration sous la forme concrète que nous représente le tableau inséré à la page suivante (1) :

(1) Cf. Goodloe, *Ressources and Industrial Condition of the South*, dans le Rapport du commissaire de l'agriculture pour l'année 1865.

CAPITAL NÉCESSAIRE POUR LA CULTURE DU COTON AVEC DES TRAVAILLEURS LIBRES ET AVEC DES ESCLAVES

Désignation	Régime du travail libre	Régime de l'esclavage
	dollars	dollars
100 acres de terre, à 20 dollars l'acre. . . .	2 000	2 000
Valeur du bétail, des chevaux et des instruments agricoles.	2 000	2 000
Nourriture et habillement du fermier, nourriture des travailleurs libres, fourrage pour les chevaux, le bétail, etc.	1 000	
Nourriture et habillement du fermier et des esclaves, frais de médecin pour ceux-ci, fourrage des chevaux, du bétail, etc. . .		1 000
Valeur de 10 esclaves à 1 500 dollars l'un . .		15 000
Somme nécessaire au paiement des travailleurs libres	1 000	
Total des capitaux employés. .	6 000	20 000

Ces deux choses, qui, en elles-mêmes, semblent paradoxales (le bon marché des produits et le prix élevé de la main-d'œuvre) empêchèrent l'introduction des manufactures dans le Sud. Jointes aux autres circonstances auxquelles nous avons fait allusion, elles y rendirent impossible le développement des diverses formes de l'industrie.

Telle était la situation quand éclata la guerre civile ; mais celle-ci modifia entièrement cet état de choses. Malgré que la guerre fût organisée dans un but politique, en vue d'établir un nouveau gouvernement, elle ne fut en réalité qu'un grand mouvement dans le monde du travail, sinon dans l'intention, du moins dans les résultats ; car, dégagée de toute portée politique, dégagée même des conditions au milieu desquelles elle se poursuivit, en tant qu'elle se rapportait à la question du travail, elle fut une lutte de forces économiques, suivie de bons ou de mauvais résultats pour les éléments industriels de la nation, et particulièrement pour le Sud ; car le Sud avait vécu jusque-là sous un régime de travail entièrement opposé à celui du Nord et des autres pays où le progrès matériel avait coïncidé avec l'accroissement de la population. A l'imitation du comte de Chambord en France, il avait attendu que le monde retournât en arrière et trouvât, dans ce recul, la richesse qui provient du développement des ressources naturelles. Ces ressources, il les possédait en grande abondance. Il avait de riches gisements de fer et d'autres métaux, avec le charbon pour les travailler ; on y trouvait des bois de charpente, des pâturages et des terres labourables d'une immense étendue, avec de nombreux cours d'eau permettant l'importation et l'établissement de machines de tous pays ; son climat devait attirer les habitants des zones moins favorisées ; ses paysages étaient aussi variés et aussi beaux que ceux de n'importe quel autre Etat ; et cependant, malgré tous ces grands avantages naturels, l'immigration n'aurait jamais pu y faire concurrence au travail des esclaves. Mais la guerre survint, le régime du travail fut entièrement changé, et le Sud, par le fait même, entra en lutte industrielle avec le Nord et avec l'Europe elle-même.

La guerre civile fut encore une révolution industrielle dans un autre sens. Le Nord détenait les industries mécaniques du pays ; et naturellement stimulées par la guerre, ces industries devaient presque atteindre leur développement extrême : de fait, elles l'atteignirent, donnant au Nord toutes les ressources et toute la puissance que les machines donnent aux grandes nations. Or, le Sud, pays de l'agriculture, ne pouvait lutter avec le Nord et ses machines. Mais la guerre, en changeant le régime du travail, l'obligea à adopter le système qui existait ailleurs, et de là date le développement du machinisme dans les Etats qui le composent. Avant la guerre, sauf quant à la superficie des terres cultivées, son développement économique avait été fort restreint. On ne tirait point de ses ressources un parti suffisant, et on ne les croyait point susceptibles d'une grande extension ; mais, la guerre finie, l'attention des habitants se tourna du côté des éléments essentiels au développement de l'industrie. Avant l'abolition de l'esclavage, un très grand nombre d'hommes éminents dans le monde des affaires avaient adopté cette idée, que les influences climatériques empêcheraient toujours l'extension de la grande industrie dans la partie méridionale des Etats-Unis et même, dans l'espace de quelques années, des hommes d'Etat avaient répété avec insistance que la fabrique, l'atelier et les vastes usines employant des machines ne pouvaient s'établir avec quelque chance de succès dans les Etats du Sud ; et cependant, grâce au développement qui suivit la guerre, la grande industrie s'y établit dans de telles proportions et à un tel degré qu'il est maintenant manifeste qu'aucune influence climatérique ne pourra désormais arrêter ses progrès.

Les statistiques qui nous renseignent sur la prospérité croissante des Etats du Sud condamnent, en effet, les idées anciennes et démontrent la sagesse des hommes qui ont apporté leur énergie et leurs capitaux aux entreprises réalisées dans cette contrée. On s'aperçut bientôt qu'en plus des facilités qu'il offrait pour la culture du coton et du tabac en vue de la consommation locale et étrangère, et dont les produits constituaient la principale source de richesse, le sous-sol en cachait une autre non moins abondante, consistant dans les gisements minéraux de la contrée. C'est là, en effet, une richesse considérable, et les documents qui s'y rapportent nous montrent qu'elle est la base de tout le développement économique de cette contrée depuis la guerre. La région méridionale des Appalaches sans renfermer à elle seule toutes les ressources en fer et en charbon des Etats du Sud, possède probablement la plus forte part de minéraux de toute première qualité. Elle embrasse une bande de terrain couverte de hautes montagnes, sur une longueur de sept cents milles, avec une largeur moyenne de cent cinquante milles, et de la Pensylvanie, le pays par excellence de la production du fer dans le Nord, s'étend vers le Sud-Ouest à travers le Maryland, les Virginies, le Kentucky, le Tennessee, les Carolines, pour aboutir à l'Alabama et à la Géorgie. C'est un gisement de houille ininterrompu de plus de trente-neuf mille milles carrés, dont la surface est formée par une succession de montagnes et de plateaux. On se rend mieux compte de l'immense étendue de ce gisement houiller de la chaîne méridionale des Appalaches si on le compare avec ceux des autres pays. On estime qu'il contient quarante fois autant de charbon pouvant servir à la production et à la consommation économique que n'en renfermaient les gisements de la Grande-Bretagne avant leur mise en exploitation. Or, la Grande-Bretagne, même actuellement, n'a pas encore commencé à épuiser ses ressources en charbon ; avec son immense bassin houiller de l'Appalache, quarante fois plus riche que ceux de la Grande-Bretagne, le Sud peut donc être sûr qu'il possède lui aussi une autre source de richesses naturelles, source inépuisable et qui fait de lui une véritable puissance dans le monde industriel.

Après la guerre, on craignit un instant que ce que les habitants du Sud considéraient comme leur principale ressource, le coton, ne pût être cultivé et produit désormais en aussi grande quantité que sous le régime de l'esclavage ; mais cette crainte s'est entièrement dissipée en présence du développement même de cette industrie spéciale.

Ce fut l'année même qui précéda la guerre, en 1860, que la plus forte récolte de coton fut obtenue dans les Etats du Sud ; elle s'éleva à 4.669.770 balles. Le même chiffre ne fut atteint qu'en 1871, avec 4.352.317 balles. Mais, dès 1876, la récolte égalait celle de 1860, et chaque année, depuis lors, elle a toujours été supérieure à celle de n'importe quelle date antérieure à la guerre : en 1894, la production totale atteignit le chiffre énorme de 9.500.000 balles.

Tandis que, précédemment, le Sud exportait presque tout le coton qu'il récoltait, il en consomme aujourd'hui une très grande quantité, puisque 700.000 balles ont été employées sur place l'an dernier dans les filatures de la région. Il est vrai que les résultats actuels sont dûs au développement général du pays tout entier depuis 1860. Nous ne les mentionnons ici que pour bien montrer la vérité de cette assertion que la guerre civile fut une grande révolution industrielle non seulement en ce sens qu'elle modifi . le régime du travail dans le Sud, mais encore en ce sens qu'elle changea les conditions économiques de cette contrée, du moins en tant qu'il s'agissait de sa prospérité matérielle. Lorsque la situation industrielle de plusieurs millions d'habitants se transforme par l'adoption d'un régime absolument opposé, toute cause qui amène cette transformation doit être considérée comme une révolution industrielle, et bien qu'il soit clairement démontré, à la lumière de toute notre histoire contemporaine, que les résultats les plus éloignés de l'esclavage furent préjudiciables aux véritables intérêts de notre pays, l'influence immédiate qu'il exerça fut, au point de vue économique, plutôt avantageuse. Il mit les premiers colons, si intelligents et si énergiques, en état d'activer l'œuvre de l'asservissement des solitudes de l'Amérique du Nord, et cela dans une mesure qu'ils n'auraient jamais pu atteindre s'ils n'avaient pas eu le travail des esclaves à leur disposition. Mais tout ce qui pouvait être fait à ce point de vue avait été fait, et l'évolution de l'industrie aux Etats-Unis exigeait un changement qui fut effectué par la guerre civile, en sorte que c'est à bon droit que cette guerre peut faire l'objet d'un chapitre spécial de l'histoire industrielle de notre pays.

CHAPITRE XIII

LE DÉVELOPPEMENT DES INDUSTRIES, 1860-1890

Le développement des industries manufacturières des Etats-Unis depuis 1860 a été si rapide et si varié qu'il est difficile de choisir l'industrie ou le groupe d'industries pouvant fournir l'exemple le plus frappant dans toute cette période. Le *census* des Etats-Unis pour 1860 évaluait le capital placé dans les industries mécaniques et manufacturières à 1.009.855.715 dollars, et le produit à 1.885.861.676 dollars. Les différents établissements recensés étaient répartis dans trente-neuf Etats et territoires, et le centre de l'industrie se trouvait situé dans la Nouvelle-Angleterre et les Etats du Centre, qui fournissaient à eux seuls 67 0/0 du produit total. Depuis lors, de nouvelles industries ont été sans cesse établies, en même temps que les plus solides industries à domicile et les petits ateliers se transformaient rapidement et passaient à leur tour au régime de la grande usine.

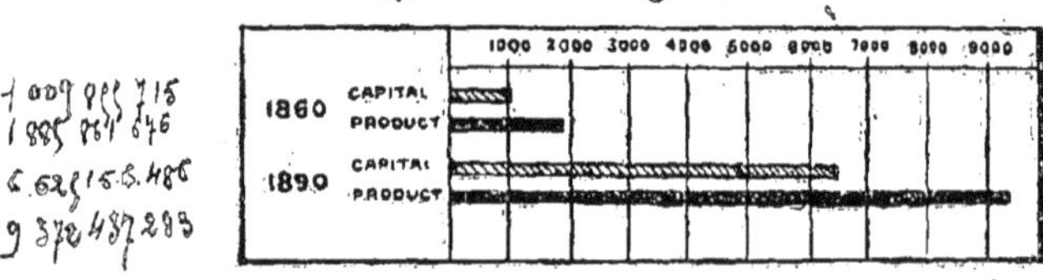

Industries manufacturières.
en millions.

Dans les chiffres des statistiques industrielles, on ne

comprend que ce qui se rapporte aux industries exercées dans des établissements distincts. La fabrication du pain, par exemple, est considérée comme une industrie à part. Mais le chiffre de la production totale, en ce qui la concerne, ne comprend que le produit de la fabrication du pain dans les boulangeries et non chez les particuliers, et l'on ne fait, en outre, aucune mention des établissements dans lesquels le produit annuel n'atteint pas au moins 500 dollars. Le total général ne peut donc être considéré comme donnant le chiffre exact des résultats de toutes les industries. Mais si l'on tient compte des entreprises nouvelles et des industries qui sont passées du régime du petit atelier à celui de la grande usine, en les considérant comme un élément sérieux d'accroissement de la production, le montant total du capital placé dans les industries mécaniques et manufacturières s'élevait en 1890 à 6.525.156.486 dollars, et la valeur des produits à 9.372.437.283 dollars, soit une augmentation de 546 0/0 en capital et de 397 0/0 en produit.

A cette même date, la valeur des produits par habitant s'élevait à 149 dollars. Que si, aux objets manufacturés, nous ajoutons les produits des mines, s'élevant à

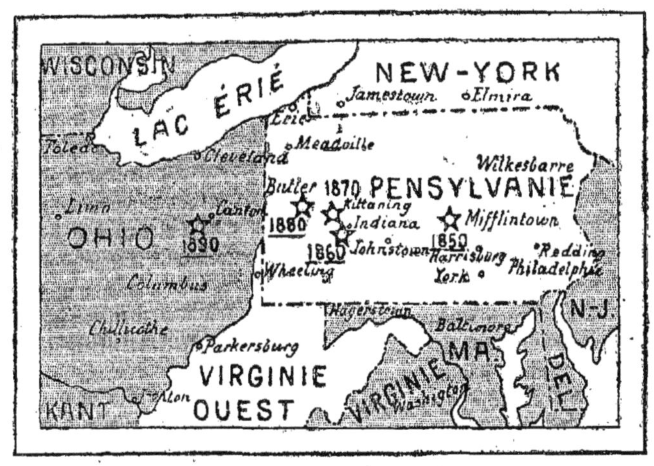

Centres manufacturiers, 1850-1890.

587.230.662 dollars les produits agricoles évalués à 246.107.454 dollars, et le produit de la pêche montant à $ 44.277.514, nous arrivons à la somme globale de 12.464.052.913 dollars, soit 198 dollars par tête. L'application de la science et des inventions aux procédés de fabrication s'est étendue à toutes les catégories d'industrie, stimulant la production et se traduisant par la mise en vente de produits mieux finis et moins chers. En outre, des industries nouvelles ont été établies dans des régions éloignées des centres de production existant en 1860, entraînant une répartition plus égale des bénéfices. Par suite du développement rapide de la population des Etats de l'Ouest, notamment, des industries manufacturières aussi importantes que variées ont été créées, et le centre de la production manufacturière du pays s'est déplacé lentement vers l'Ouest. En 1890, il était situé à environ huit milles et demi de Canton, dans l'Ohio, tandis qu'en 1850 il se trouvait tout près de Mifflintown, en Pensylvanie.

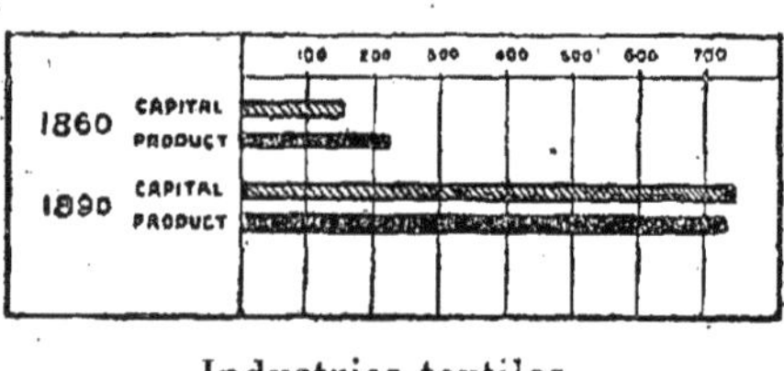

Industries textiles.
en millions.

En 1860, les industries les plus importantes étaient les industries textiles, les fabriques de vêtements, de toiles, de fer, d'acier, les tanneries, les fabriques de chaussures, les minoteries, les fabriques de sucre, de papier, les imprimeries et les librairies, les fabriques de voitures et de wagons, les fonderies, les ateliers de construction de machines, les distilleries, les fabriques de liqueurs et les brasseries ; le produit de toutes ces industries réunies formait plus de 60 0/0 du produit total.

Or, l'accroissement de ces industries principales a été à l'unisson de l'accroissement de la production en général. Le chiffre total du capital placé dans les différentes branches de l'industrie textile, par exemple, a passé de 150.080.852 dollars, en 1860, à 739.973.661 dollars, en 1890, soit une augmentation de 393 0/0, tandis que la valeur totale du produit de cette industrie montait de 214.740.614 dollars à 721.949.262, soit une augmentation de 236 0/0. Les industries textiles sont concentrées surtout dans la Nouvelle-Angleterre et dans les Etats du Centre qui, en 1890, ont produit, à eux seuls, 89,37 0/0 de la valeur totale des produits textiles, la Nouvelle-Angleterre entrant dans ce chiffre pour 50,64 0/0 et les Etats du Centre pour 38,73 0/0. Le Massachussetts vient en tête de tous les Etats de l'Union pour la fabrication des tissus ; car, en 1890, il a donné à lui seul 25,62 0/0 de la production totale du pays. L'importance des tissus, au point de vue de la valeur et de la quantité produites chaque année, aussi bien que de la variété des usages auxquels ils se prêtent, dépasse du reste celle des articles de toute autre nature fabriqués aux Etats-Unis.

Au premier rang des différentes branches de la production se place l'industrie du coton. En 1860, on comp-

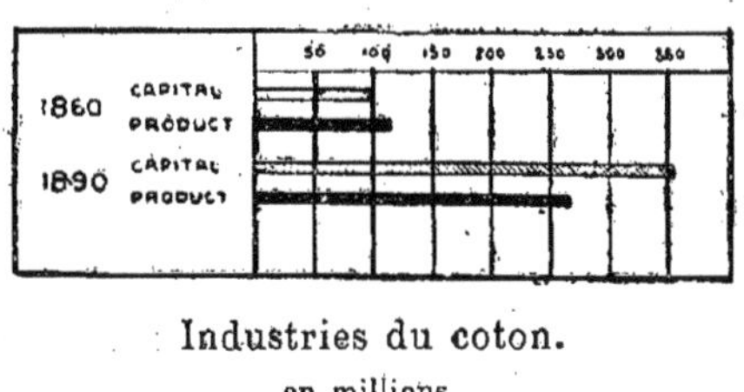

Industries du coton.
en millions.

tait 1091 établissements engagés dans cette voie, avec un produit moyen de 106.033 dollars et une moyenne de 4799 broches par établissement. En 1890, il y avait 905 usines, produisant en moyenne 296,112 dollars, et employant en moyenne 15.677 broches, soit une augmentation de 179 0/0 dans le produit, et de 227 0/0 dans le nombre des broches par usine. Pendant la même période, le capital global placé dans cette industrie s'est accru de 98.585.269 dollars à 354.020.843 dollars, c'est-à-dire de 259 0/0, et la valeur du produit a passé de 115.681.774 à 267.981.724 dollars, augmentant ainsi de 132 0/0. La diminution du nombre des usines et l'augmentation de la valeur du produit, aussi bien que l'augmentation de la dimension moyenne de chaque usine montre bien l'extension à laquelle cette industrie est parvenue en se concentrant dans des établissements moins nombreux mais plus vastes. Et si nous constatons un accroissement phénoménal dans toutes les variétés de l'industrie textile depuis 1860, il faut bien reconnaître que la concentration n'est pas aussi marquée dans les autres branches que dans celle de la fabrication des tissus de coton.

Le capital placé dans les différentes industries lainières s'est accru de 38.814.422 à 245.886.743 dollars, soit de 533 0/0, et le produit s'est élevé de 73.454.000 à 278.527.511 dollars, soit une augmentation de 268 0/0 ; enfin le nombre des métiers est passé de 16.075 à 69.658 et celui des broches de 639.700 à 2.793.147. Le produit moyen par usine, en 1860, était de 49.766 dollars ; en 1890, il a atteint 159.792 dollars. Pendant la même période, le nombre des usines a augmenté de 217, et la moyenne des métiers s'est accrue de 30, celle des broches de 1.217 par établissement. L'application des inventions nouvelles aux machines à tisser, spécialement dans l'industrie lainière, a eu pour conséquence la production d'une plus grande variété de produits achevés, et a, par là même, augmenté la capacité productive des usines, amenant ainsi une diminution dans les prix, en sorte qu'ici c'est la quantité plutôt que la valeur du produit qui doit être prise en considération pour fixer le pourcentage de l'augmentation. Malheureusement, les variations constantes qui se rencontrent dans les caractères principaux des produits achevés rendent impossible toute appréciation générale de la production, par voie de comparaison.

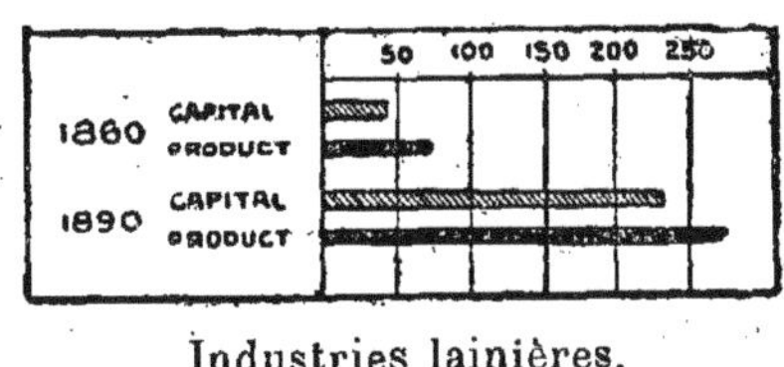

Industries lainières.
en millions.

La fabrication des tapis constitue l'une des branches les plus importantes de l'industrie textile aux Etats-Unis et l'une de celles dans lesquelles les plus grands progrès ont été faits depuis 1860. A cette date, il y avait 213 usines consacrées à cette industrie, avec un capital de 4.721.768 dollars, et un produit évalué à 7.857.636 dollars. En 1890, le nombre des usines s'est abaissé à 173, mais le capital est monté à 38.208.842 dollars et le produit à 47.770.193 dollars. Le nombre total de *yards* de tapis fabriqués s'est élevé de 39.282.633 en 1880 à 74.770.910,

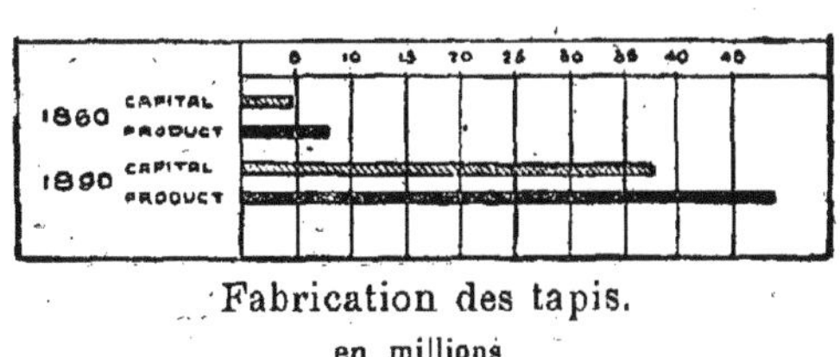

Fabrication des tapis.
en millions

en 1890, soit une augmentation de 90 0/0. Cette industrie est concentrée surtout à Philadelphie, où l'on compte 133 fabriques, dont la production forme 46 0/0 du total de la production du pays tout entier.

Bien que l'industrie de la soie soit une des plus anciennes industries des Etats-Unis, le capital engagé en 1860 dans cette branche de la production ne s'élevait qu'à 2.926.980 dollars, avec un produit évalué à 6.607.771 dollars, soit environ 30 0/0 de la consommation totale du pays dans la même année. En 1890, les fabriques indigènes ont produit 55 0/0 de la consommation totale, soit une valeur de 87.298.454 dollars, tandis que le capital placé dans cette industrie s'élevait à 51.007.537 dollars. A l'origine, on commença par fabriquer de la soie à coudre. L'adaptation de la soie en fil ou en cordonnet à l'usage des machines à coudre remonte à 1852 ; mais la création d'un nouveau type de soie à machines qui en fut la conséquence a donné une grande impulsion à cette branche de la production, puisque, en 1890, la production totale de la soie à coudre et du cordonnet atteignait 1.119.225 *pounds*. D'ailleurs, les changements

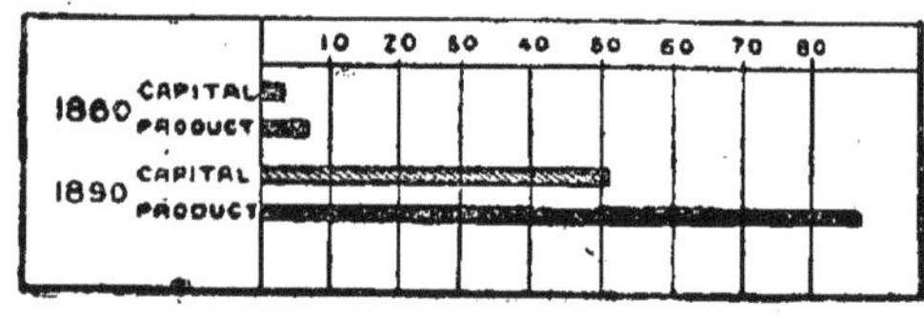

Industrie de la soie.
eu millions

incessants de la mode ont amené de fréquentes transformations et de nombreuses améliorations dans les machines employées à cette fabrication ; il en est résulté un perfectionnement considérable et une augmentation très sérieuse de la beauté et de la variété des types des différents produits achevés. Parmi ceux-ci les principales catégories étaient, en 1890, les rubans, évalués à 17.081.447 dollars et les soieries pour robes, unies ou brochées, d'une valeur de 15.183.134 dollars. Mais la classification des différents produits est en réalité illimitée. En 1860, les principaux centres d'établissement de cette industrie étaient situés dans le Connecticut, le Massachusetts, l'Etat de New-York et la Pensylvanie. Mais elle s'est étendue un peu partout, et des usines considérables sont maintenant réparties dans 15 Etats et territoires. En 1860, le produit total pour le New-Jersey seulement était évalué à 969.700 dollars : en 1890, il s'est élevé à 30.760.371 dollars.

Il est une autre branche de l'industrie textile digne de considération : c'est l'industrie de la teinture et de l'apprêt, en tant qu'elle est exercée dans des usines spéciales, montées et organisées exclusivement dans ce but. En 1860, il y avait 124 établissements de cette nature, avec un capital de 5.718.671 dollars, et un produit de 11.716.463 dollars. En 1890, le capital atteignait 38.450.800 dollars et la valeur du produit $ 28.900.560. Toute-

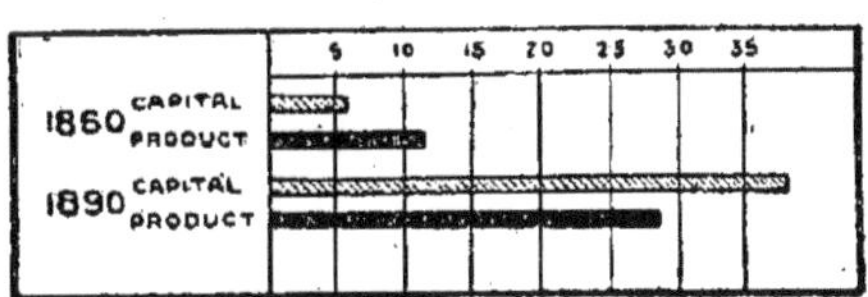

Teinture et apprêts.
en millions.

fois, si cette industrie s'est rapidement développée et conserve encore aujourd'hui son importance en tant qu'industrie séparée, il ne faut pas oublier non plus que de nombreuses fabriques de tissus se sont peu à peu organisées en vue de faire elle-mêmes la teinture et l'apprêt de leurs propres produits : c'est ainsi qu'en 1890 elles ont employé, dans ce but, pour une somme totale de 11.278.970 dollars de produits chimiques et de matières tinctoriales.

La révolution survenue dans l'industrie de la confection à la suite de l'invention de la machine à coudre, et qui eut pour conséquence le groupement des petits ateliers et l'organisation de vastes établissements pour la fabrication des vêtements ou la vente des confections, était, en fait, accomplie dès 1860. Malheureusement, aucune statistique autorisée ne nous donne de renseignements certains sur cette industrie à cette époque, au moins en tant qu'industrie distincte de celle des tailleurs sur mesure. On comptait alors environ 3.968 établissements se livrant à la fabrication des vêtements d'hommes et de femmes, avec un capital de 20.386.443 dollars et un produit de 80.758.344 dollars. En 1890, le nombre des établissements s'élevait à 19.882, le capital à $ 203.812.166 et la valeur du produit à $ 446.186.834. L'augmentation rapide de la demande de vêtements confectionnés pour hommes et pour enfants a stimulé la fabrication de ces articles à un tel point qu'en 1890 on l'a considérée comme une industrie à part, pratiquée dans 5.067 maisons, et donnant un produit de 251.803.664 dollars. En 1860, les quatre villes de Boston, de New-York, de Cincinnati et de Philadelphie confectionnaient à elles seules plus de la moitié des vêtements d'hommes fabriqués dans l'ensemble du pays. Bien que les centres les plus importants

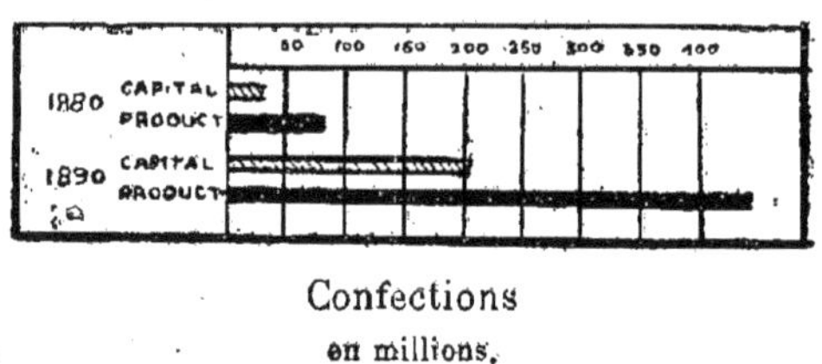

Confections
en millions.

de cette industrie soient nécessairement situés dans les grandes villes, puisque, en 1890, le montant de la production pour les 175 villes principales formait 37 0/0 du produit total, cependant elle s'est largement répandue dans ces dernières années, et des maisons de confection se rencontrent aujourd'hui dans presque tous les Etats et territoires.

La confection de vêtements pour dames et des différents

articles de toilette, à l'exception de la joaillerie et de la chaussure, a pris elle aussi d'énormes proportions, puisque le produit de toutes ces industries réunies a dépassé 700 millions de dollars lors du dernier *census*. L'une des plus importantes spécialités entre lesquelles cette industrie est partagée, est la confection des chemises, des cols et des manchettes. En 1860, 219 établissements se livraient à la fabrication de ces articles, avec un produit évalué à 7.218.790 dollars qui, en 1890, s'éleva à 63.509.539 dollars, le nombre des fabriques étant alors de 1455. Cette industrie, d'ailleurs, est presque entièrement concentrée dans les grands centres, les villes de 20.000 habitants et au-dessus donnant 89 0/0 de la production totale.

La fabrication des confections pour dames à l'exclusion des corsets, des crinolines et des tricots était concentrée, en 1860, dans 96 établissements, avec un capital de 473.400 dollars, et un produit de 2.261.546 dollars, celui-ci étant presque exclusivement formé par la confection des manteaux et des mantilles.

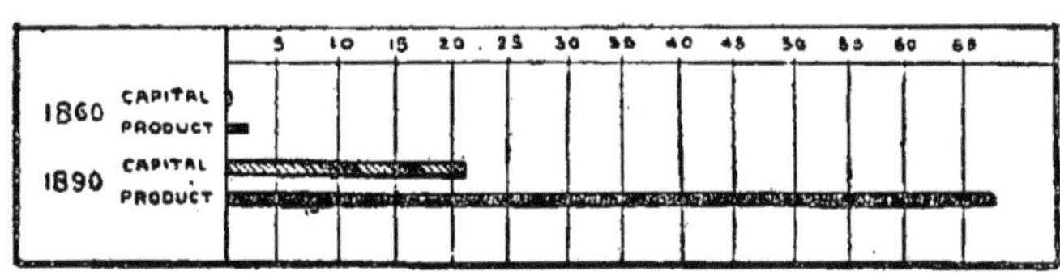

Confections pour dames.
en millions.

Les articles de lingerie confectionnée pour dames, à l'exception des articles tricotés, ont été également de plus en plus demandés et leur fabrication s'est largement développée. En 1890, on comptait 1.224 établissements fabriquant ces articles, avec un capital de 21.259.728 dollars et un produit évalué à 68.164.019 dollars.

La fabrication des chaussures est, après celle des vêtements, l'industrie qui constitue le stimulant le plus énergique de la recherche du bien-être ; c'est l'une de celles qui étaient le plus solidement établies dès 1860, car déjà le nombre des personnes qui y étaient employées à cette époque était plus élevé que dans n'importe quelle autre industrie, si l'on excepte l'agriculture : ceux qui s'y livraient formaient, en effet, plus du douzième de la population travaillant dans les différentes branches de la production. Il existait à cette date 12.487 fabriques, avec un capital de 23.358.527 dollars et un produit de 91.891.498 dollars.

Dans ces chiffres, toutefois, est compris le produit des petites boutiques faisant la chaussure sur mesure. Mais des statistiques relatives à la fabrication des chaussures

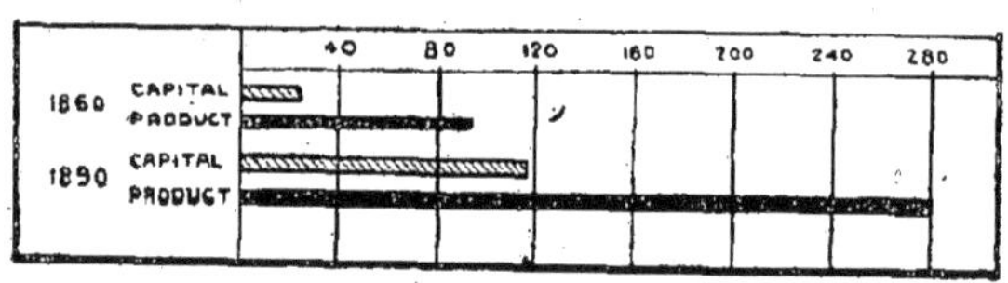

Fabrication des chaussures.
en millions.

à la machine dans tout le pays furent établies en 1880, date à laquelle on comptait 1.959 fabriques, avec un capital de 42.994.028 dollars, et un produit de 166.050.354 dollars ; le nombre total des bottines et des souliers de toute sorte fabriqués pendant l'année s'élevait alors à 125.478.511 paires. Aujourd'hui cette industrie s'est tout à fait spécialisée, et des usines distinctes se consacrent exclusivement à la fabrication des tiges et des empeignes, ou à celle des contreforts, des talons, des semelles, des œillettes, des bouts, des claques, des lacets, des boucles et autres articles divers rentrant sous la dénomination générale de « *Boot and shoe findings* ».

En 1890, toutes les branches de l'industrie, y compris

les petits ateliers, comprenaient au total 23.684 établissements, avec un capital de 117.923.375 dollars et un produit de $ 280.215.185. La fabrication mécanique était représentée par 2.082 usines, avec un capital de 95.282.311 dollars, et un produit évalué à 220.649.358 dollars, soit une augmentation de 33 0/0 dans la valeur du produit pendant les 10 années comprises entre 1880 et 1890. Le nombre total des bottines et des souliers fabriqués en 1890 s'élevait à 179.409.388 paires, en augmentation de 43 0/0 sur 1880. Le centre le plus ancien de l'industrie est situé dans le Massachusetts, et c'est cet Etat qui fournit aussi le plus gros chiffre de produits, puisqu'il a donné à lui seul 53 0/0 de la production totale du pays, en 1890.

Parmi les industries qui contribuent à la satisfaction des besoins personnels, la production des denrées alimentaires vient immédiatement après les industries textiles et la fabrication des vêtements, au point de vue de l'importance. D'après le *census* des Etats-Unis de 1860, il y avait 16.956 établissements, avec un capital de 104.927.586 dollars et un produit annuel évalué à 323.023.598 dollars, consacrés à la fabrication des différentes espèces de produits alimentaires.

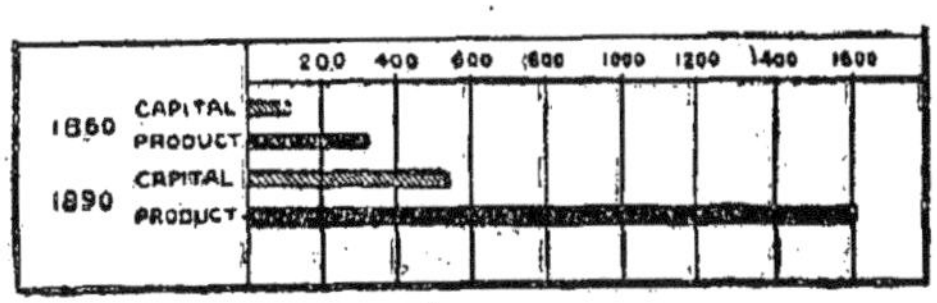

Denrées alimentaires.
en millions.

Encore, la fabrication du beurre n'était-elle pas considérée comme une industrie distincte de l'industrie agricole en général, et d'un autre côté la boucherie et le commerce de viande n'entraient en ligne de compte qu'en tant qu'il s'agissait d'évaluer le produit de la vente au détail. Les fabriques de sucre de canne qui, en 1890, étaient au nombre de 1328, avec un capital de 24.522.581 dollars, et un produit de 49.886.305 dollars, n'apparaissent pas non plus, en 1860, comme une industrie séparée, si bien que la production totale à cette date était extrêmement restreinte : presque tous les produits de cette nature étaient alors fabriqués à peu près exclusivement à domicile.

Les différentes variétés de produits alimentaires sont aujourd'hui, en fait, en nombre illimité ; de nouvelles et d'excellentes préparations apparaissant sans cesse sur le marché. Au reste, l'augmentation de la demande de ces articles a constamment accru la production et, en 1890, il existait en tout 41.608 usines, avec un capital de 524.669.429, et un produit de 1.647.477.291 dollars ; le produit annuel pour chacune des quatre branches principales de cette industrie, à savoir la fabrication du pain, des craquelins, et autres produits de la boulangerie ; la meunerie et les différents produits des moulins ; la boucherie et le commerce de viande ; enfin le sucre et la raffinerie dépassent cent millions de dollars.

La fabrication du pain, des craquelins et des autres produits de la boulangerie, en tant qu'elle se fait dans des établissements distincts, ne peut donner une idée exacte de l'importance de cette industrie. Le produit total évalué en 1860 s'élevait à 16.980.012 dollars ; en 1890, il montait à $ 128.421.535 ; mais ces deux chiffres réunis sont bien inférieurs à la valeur réelle de la production, puisque cette industrie existe non seulement dans tous les Etats et dans tous les territoires, mais encore dans chaque cité et dans chaque ville de quelque importance.

La production de la farine de blé, de maïs et des autres produits de la minoterie aux Etats-Unis s'est accrue parallèlement à l'augmentation de la population et au développement de l'agriculture. Le capital placé dans cette industrie, en 1860, s'élevait à 84.585.004 dollars,

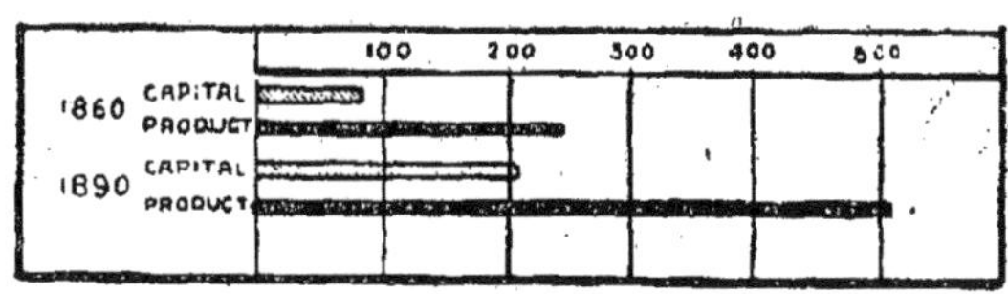

Farine de blé, maïs, etc.
en millions.

et le produit à 248.580.365. En 1890, le capital atteignait 208.473.500 dollars et le produit $ 513.971.574, soit une augmentation de 146 0/0 en capital, et de 107 0/0 en revenu. Bien que le nombre des minoteries en activité, en 1890, accuse une augmentation de 4.602 sur 1860, la tendance, dans ces dernières années, a été de centraliser la fabrication dans de plus grandes usines. Le nombre des minoteries a, par suite, baissé de 24.338 en 1880 à 18.470 en 1890, bien que le produit moyen par usine soit monté de 20.757 dollars à 27.827 dollars, et la moyenne de la consommation quotidienne de 194 à 298 *bushels*. Toutefois, comme ces chiffres comprennent même la production de tous les petits moulins, ils ne donnent point une idée exacte de la situation de la moyenne du commerce de minoterie. Un grand nombre de vastes minoteries, par exemple, se trouvent à Minnéapolis, dans le Minnesota, et, en 1890, la production annuelle pour cette seule ville était évaluée à 30.707.998 dollars. La moyenne du capital placé dans chaque établissement était de $ 431.490, et la production moyenne de $ 1.228.320. Ajoutons aussi que,. par suite de la baisse du prix des farines de blé et de maïs, et de l'augmentation considérable de la consommation journalière des minoteries, qui est montée de 4.730.106 *bushels* en 1880, à 5.495.562

bushels en 1890, l'augmentation de 107 0/0 en revenu, dont nous avons parlé plus haut, ne donne point une idée exacte de l'augmentation survenue dans le chiffre de la production pendant les trente dernières années.

CHAPITRE XIV

LE DÉVELOPPEMENT DES INDUSTRIES 1860-1890 (*fin*)

Les premiers renseignements authentiques concernant le commerce de la boucherie et des conserves de viande furent réunis lors du *census* de 1870 ; ce fut, en effet, de 1867 à 1870 qu'apparut pour la première fois cette industrie en tant qu'exercée dans des établissements spéciaux, organisés en vue de ce commerce. En 1870, on comptait 259 établissements de cette nature, avec un capital de 22.124.787 dollars et un produit de 62.140.439 dollars. En 1890, le nombre des établissements s'élevait à 1.118,

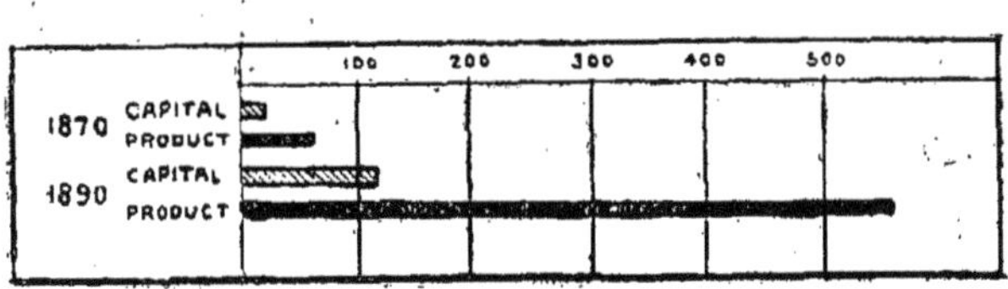

Boucherie et conserves de viande.
en millions.

le capital à 116.887.504 dollars et la production à 561.611.668 dollars. Les principaux centres de l'industrie se trouvaient à Chicago (Illinois) et à Kansas City (Kansas), la production de ces deux villes étant égale à 43 0/0 de la production totale des Etats-Unis.

Bien que s'étant établie de très bonne heure, l'industrie du beurre n'apparaît pas comme industrie distincte de l'industrie agricole en général avant 1860. La fabrication des fromages, en tant qu'industrie séparée, semble également avoir eu peu d'importance avant cette date. Cette année-là, la production des fromages s'éleva à 103.663.927 *pounds* (1), et celle du beurre à 459.681.372 *pounds*. Mais la fabrication du fromage dans des usines spéciales se développa rapidement pendant la période 1860 à 1870, puisque, dans la dernière année, on comptait 1.313 fromageries, avec un produit annuel évalué à 16.771.665 dollars et à 109.435.229 livres, sans compter d'autres produits variés, parmi lesquels le beurre entrait pour une somme considérable, et évalués dans l'ensemble à 16.096 dollars. En 1890, il existait 4.552 fabriques de fromages, de beurre et de lait condensé, avec une production s'élevant à 60.635.703 dollars, soit 238.035.065 livres de fromages et 181.284.916 livres de beurre. En réunissant ces chiffres à ceux du produit des laiteries et des fermes, on arrive à une somme globale de 256.761.883 livres de fromage et 1.205.568.384 livres de beurre fabriquées aux Etats-Unis en 1890. La fabrication du lait condensé, en particulier, est une des branches de cette industrie qui s'est développée presque entièrement depuis 1860, puisque, à cette date, le chiffre de la production n'atteignait pas 50.000 dollars. Les produits actuellement obtenus sont d'ailleurs tout à fait différents de ceux qu'on fabriquait en 1860, et sont vendus sous des formes très variées. Cette industrie domine dans les Etats de l'Illinois, du Massachusetts, du Michigan et de New-York, où, en 1890, la production totale atteignait 37.926.821 livres, d'une valeur de 3.586.927 dollars.

(1) Livres anglaises.

La fabrication de la margarine et de la *butterine* apparaît pour la première fois pendant la période décennale de 1870 à 1880 comme une conséquence de l'organisation du commerce de boucherie et de conserves de viande en industries séparées, les matières servant à la fabrication de la margarine étant obtenues principalement dans les boucheries. Cette industrie a rapidement progressé, car la production totale pour 1894 s'élevait à 69.622.246 livres. La production totale du 1er novembre 1886 au 30 juin 1894 a atteint 353.611.320 livres.

Toutefois, dans aucune branche de l'industrie, on n'a vu la forme, les caractères et la diversité des produits se développer, se spécialiser et s'améliorer autant que dans l'industrie du fer et de l'acier, pendant les trente dernières années. La transformation des différents produits bruts ou achevés des hauts-fourneaux, des lamineries, des aciéries et des forges est pour ainsi dire sans limites, allant des fers de construction et d'artillerie les plus lourds jusqu'aux instruments de chirurgie les plus perfectionnés.

La fabrication du fer et de l'acier figurait déjà parmi les industries les plus importantes en 1860 : on comptait alors, d'après le *census* de cette année, 652 usines se livrant à la fabrication de la fonte brute et affinée, du fer laminé et de l'acier. Mais depuis lors, l'augmentation rapide de la demande de toutes sortes de produits de fer et d'acier a beaucoup activé la fabrication ; aussi le capital engagé dans cette industrie est-il passé de 48.372.897 dollars, en 1860, à 414.044.844 dollars en 1890, tandis que le chiffre de la production montait de $ 57.160.243 à $ 478.687.519. De plus en plus, d'ailleurs, l'industrie tend à concentrer les différentes branches particulières de cette production dans des usines plus vastes et mieux montées, où les derniers perfectionnements des machines peuvent être facilement adoptés et où les procédés de fabrication peuvent être portés à leur plus haute perfection. L'augmentation de l'importance des usines ressort bien de ce fait qu'en 1870, le chiffre moyen de la production par établissement était de 225.446 dollars, tandis qu'en 1890 il s'est élevé à 665.768 dollars. Cette tendance a eu

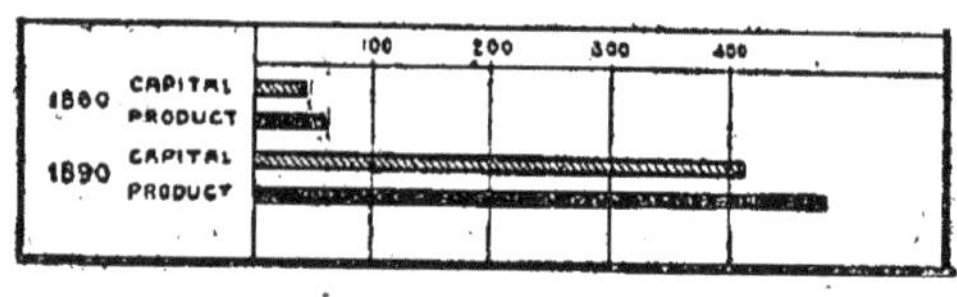

Fer et acier.
en millions.

pour conséquence d'activer la baisse du prix de vente des produits achevés, et largement accru la quantité de fer et d'acier fabriquée. La valeur des produits, en effet, s'est élevée de 207.208.696 dollars en 1870 à 296.557.685 en 1880, soit 43 0/0 d'augmentation, tandis que la quantité produite augmentait de 99 0/0. Pendant les dix années qui s'écoulèrent de 1880 à 1890, la valeur des produits monta de 296.557.685 dollars à 478.687.519, soit une augmentation de 61 0/0 et la quantité produite s'accrut de 151 0/0. L'introduction des procédés Bessemer et Siemens-Martin dans la fabrication de l'acier, et la substitution du coke au charbon de terre et de bois dans la fabrication des saumons de fer, sont les principales améliorations apportées dans cette industrie. Cette transformation des procédés de fabrication et l'augmentation de la demande pour cette catégorie de produits ont eu pour conséquence de rendre la production de l'acier plus considérable que celle du fer. En 1860, la production totale de l'acier s'élevait à onze mille huit cent trente-huit tonneaux : en 1890, elle atteignait cinq millions quarante-neuf mille six cent quatre-vingt-treize tonneaux. Toutefois, malgré ce développement considérable de sa rivale, l'industrie du fer n'a subi qu'un déclin relatif, puisque la production des hauts-fourneaux s'élevait à deux millions trois cent cinquante-trois mille deux cent quarante-huit tonneaux en 1880 et à trois millions deux cent vingt-cinq mille cent quarante en 1890, soit encore une augmentation de 37 0/0.

Ce fut en 1867 que, pour la première fois, on fabriqua l'acier Bessemer en grande quantité aux Etats-Unis : il en fut produit cette année-là environ deux mille six cent soixante dix-neuf tonnes de lingots. L'acier trempé apparut en 1869, année dans laquelle huit cent quatre-vingt-treize tonnes de lingots furent fabriqués. Les progrès de cette fabrication ont d'ailleurs été si rapides qu'en 1890 la production a dépassé celle de la Grande-Bretagne d'un million trois cent soixante-dix mille six cent cinquante tonneaux, le chiffre de la production aux Etats-Unis étant alors de cinq millions quarante-neuf mille six cent quatre-vingt-treize tonneaux et celui de l'Angleterre de trois millions six cent soixante-dix-neuf mille quarante-trois tonneaux seulement. Quant à la fabrication du fer, la cause principale de son développement a été l'expansion rapide de notre réseau de chemins de fer, qui a activé le développement de la fabrication des rails. En 1880, il existait 33.680 milles de voies ferrées à rails d'acier et 81.697 de voies à rails de fer en exploitation aux Etats-Unis. En 1890, la longueur des rails d'acier s'élevait à 167.606 milles, tandis que celle des rails de fer s'était abaissée à 40.697 milles, les premiers formant ainsi 81 0/0 de la longueur totale.

Au nombre des produits les plus importants de cette industrie, il faut compter les *wire-nails*, sortes de clous en fil de fer, fabriqués depuis 1860, mais qui ne parurent en grandes quantités qu'en 1884. La demande de ce produit s'est si régulièrement accrue qu'en 1890 la production s'élevait à 2.883.316 barils de cent livres, contre 2.139.086 barils de clous de fer faits à la machine et 3.717.944 barils de clous d'acier, la production totale des clous pendant cette année s'étant élevée à 8.750.346 barils de cent livres.

Faisant contraste avec la prospérité de l'industrie du fer et de l'acier, la production de la fonte affinée et du fer en barres est allée toujours en déclinant. Cette industrie avait atteint un développement considérable en 1860, date à laquelle la production annuelle s'élevait à trente mille tonneaux; mais en 1890 celle-ci ne dépassait pas huit mille tonneaux.

Bien que les différentes industries dans lesquelles le fer et l'acier, sous toutes leurs formes, entrent comme matière principale soient apparues, pour la première fois, au cours des trente dernières années, il est probable qu'aucune d'elles n'a attiré davantage l'attention que la fabrication des machines à imprimer, ainsi que celle des bicycles et des tricycles. La machine à typographier, dans sa forme actuelle, date de 1873, la première ayant été fabriquée à Ilion, dans l'Etat de New-York. En 1890, on comptait trente usines fabriquant des machines de cette nature et leurs accessoires, avec un capital de 1.421.783 dollars, et une production annuelle de 3.630.126 dollars.

La fabrication des modèles les plus récents de bicycles date de 1875, année où la première machine fut construite à Hartford, dans le Connecticut. Depuis lors, l'industrie s'est spécialisée, mais il n'existe pas de documents permettant de retracer avec exactitude toutes les phases de son histoire. En 1890, toutefois, on comptait 27 usines, avec un capital de 2.058.072 dollars et un produit total de 2.568.326 dollars, faisant la fabrication proprement dite, et 83 ateliers, faisant uniquement les travaux de réparation et réalisant un chiffre d'affaires de 301.709 dollars.

L'une des découvertes qui ont le plus contribué à cette rapide extension des industries du fer et de l'acier a été la transformation des procédés de production du coke. En dehors de la production des usines à gaz, la fabrication de ce combustible, en 1860, était presque entièrement concentrée dans les comtés d'Alléghanys, de Cambria, de Clarion et de La Fayette, en Pensylvanie. On comptait alors 21 usines, avec un capital de 62.300 dollars, et une production de 189.844 dollars. Mais le développement

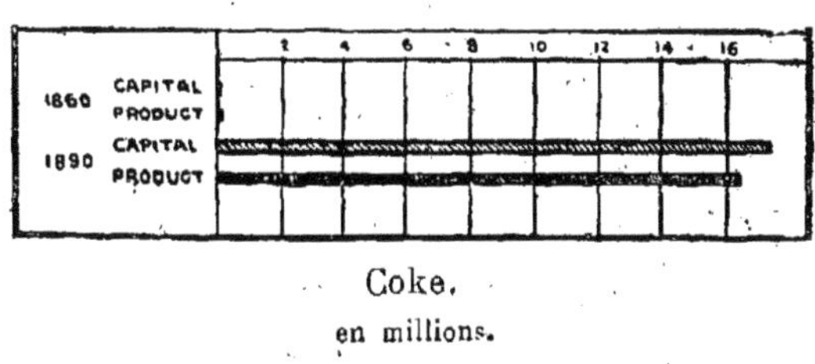

Coke.
en millions.

si rapide des industries du fer et de l'acier et la consommation par les hauts-fourneaux qui en fut la conséquence activèrent la production du coke, si bien qu'en 1889, il existait 218 usines, situées dans dix-huit Etats et territoires différents, possédant un capital global de 17.462.729 dollars, avec un chiffre de production égal à 16.497.345 dollars. Le capital placé dans cette industrie s'est accru de 206, 11 0/0 et le produit de 207, 83 0/0 pendant les années 1880 à 1890; pendant la même période, le nombre des fours en activité est passé de 10.116 à 33.906, soit une augmentation de 235,17 0/0. En 1880, on fabriqua deux millions sept cent cinquante-deux mille quatre cent soixante-quinze tonneaux de coke, dont les hauts-fourneaux du pays consommèrent 77,32 0/0. En 1890, la production atteignit dix millions huit mille cent soixante-neuf tonneaux, dont 92,30 0/0 furent consommés par les usines du pays. L'emploi du coke dans la fabrication des saumons de fer a, en effet, très rapidement remplacé le charbon de bois. Ainsi, en 1890, il n'a été fabriqué, avec du charbon de bois, que six cent soixante-quatre mille sept cent onze tonneaux de fonte de fer, soit 7 0/0 seulement du chiffre total de la production durant cette même année.

Le perfectionnement des procédés de préparation du charbon, l'emploi de fours mieux construits, et l'introduction de méthodes de travail plus économiques ont d'ailleurs graduellement accru le pourcentage du rendement du charbon en coke, puisque, en 1889, la moyenne générale de ce rendement, pour les Etats-Unis, était de 63, 36 0/0, la moyenne pour la Pensylvanie seule s'élevant même à 65, 03 0/0. La Pensylvanie, en effet, a toujours tenu la première place dans cette industrie, et sa production s'est élevée, en 1889, à 73, 67 0/0 de la production totale.

Parmi les industries qui se sont établies et qui ont pris le plus d'extension depuis 1860, il faut citer celle de l'extraction et de la raffinerie du pétrole. La production du pétrole en grande quantité aux Etats-Unis date de l'époque où un puits fut creusé par M. Drake (appelé colonel Drake) près de Titusville, en Pensylvanie, au mois d'août 1859. Toutefois, il est probable qu'en juin 1860, la production quotidienne de tous les puits ne dépassait pas encore 200 gallons (1); mais dès la fin de 1861, elle atteignait déjà 6 à 7 mille barils. On a, en effet, trouvé du pétrole dans presque tous les Etats ou territoires. Mais les principaux centres de production, ceux dans lesquels il en a été produit des quantités considérables, sont concentrés en Pensylvanie, dans l'Etat de New-York, dans la Virginie occidentale, l'Ohio, l'Indiana, le Colorado et la Californie. La production an-

(1) Un *gallon* vaut environ 5 litres. Un baril ou *barrell* contient en moyenne 36 gallons. (N. d. tr.)

nuelle s'est accrue dans des proportions variables, le maximum ayant été atteint en 1891, date à laquelle elle s'éleva à 54.291.980 barils. La production totale depuis 1859 monte à environ 607 millions de barils, et on estime que le produit total des Etats-Unis est égal à 57 0/0 de la production du monde entier.

En raison de la production du pétrole en quantités si considérables, des sociétés se sont formées pour la raffinerie de la matière brute ; mais, jusqu'en 1880, il n'a été dressé aucune statistique relativement à cette branche de l'industrie. A cette date, il existait 86 usines, possédant un capital de 27.325.746 et donnant un produit de 43.705.218 dollars. En 1889, le nombre des usines s'élevait à 94, le capital à 77.416.296 dollars et la valeur du produit à 85.001.198 dollars ; on comptait alors 106 raffineries séparées, réparties dans neuf Etats différents. Les

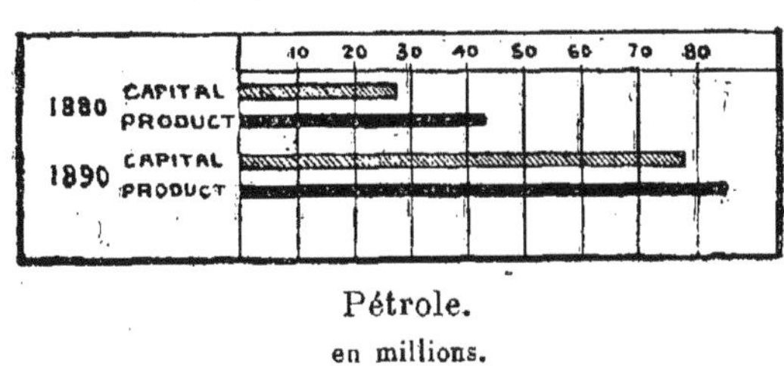

Pétrole.
en millions.

Etats de New-York, de New-Jersey et de Pensylvanie ont fourni les 76 0/0 de la production totale de cette année, l'industrie y étant, en fait, concentrée entre les mains de quelques vastes sociétés. Les produits des raffineries les plus importantes sont les huiles d'éclairage et la naphthe ; en 1889, par exemple, il est sorti des raffineries environ 17 millions de barils d'huile d'éclairage et plus de 3 millions de barils de naphthe.

Nous avons considéré jusqu'ici la part qui revient à quelques-unes des industries textiles ou métallurgiques et aux industries du vêtement et de l'alimentation dans le développement industriel de notre pays. Mais d'autres industries encore, d'une importance vitale pour la prospérité matérielle du pays, ont pris, elles aussi, une part considérable au développement prodigieux auquel nous avons assisté. Au premier rang de celles-là, il faut placer l'industrie du bois de construction ainsi que la fabrication des briques et des tuiles. Le produit des chantiers de bois de construction et des scieries mécaniques, joint à l'abattage du bois, en 1860, montait à 108.946.393 dollars ; en 1890, il s'élevait à 621.638.934 dollars. Les trois principaux centres de production, en 1860, étaient le Maine, l'Etat de New-York et la Pensylvanie ; en 1890, l'industrie était concentrée autour des Grands Lacs, dans les Etats du Michigan, du Minnesota et du Wisconsin. A cette dernière date, le produit global pour ces trois Etats s'élevait à 190.410.409 dollars de plus que le produit total des Etats-Unis en 1860.

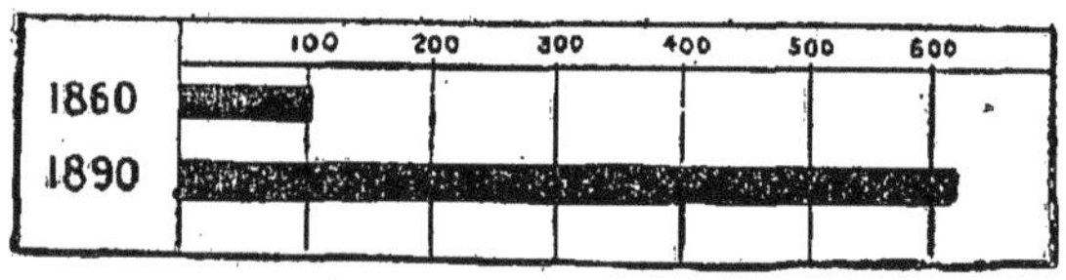

Bois de construction, etc.
en millions.

En 1860, également, on comptait 1.678 fabriques de briques et de tuiles, avec un capital de 7.994.428 dollars, et un produit de 11.263.147 dollars.

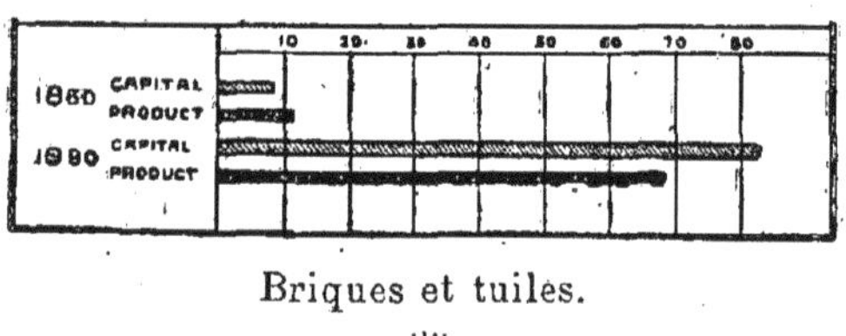

Briques et tuiles.
en millions.

En 1890, il existait 5.828 usines, possédant un capital de 82.578.566 dollars, et donnant un produit de

67.770.695 dollars, soit une augmentation de 502 0/0 dans la valeur du produit.

En 1860, 39 usines fabriquaient des articles de caoutchouc ou de gutta-percha, avec un capital de $ 3.634.000, et un produit de 5.768.750 dollars. Cette industrie était alors concentrée principalement dans le Connecticut, l'Etat de New-York et le New-Jersey : ces trois Etats donnaient à eux seuls 82 0/0 du produit total. En 1890, le nombre des usines s'élevait à 168, et le capital engagé à 36.804.261 dollars, en augmentation de 913 0/0, pendant que le produit était évalué à 42.887.017 dollars, soit une augmentation de 643 0/0. La production du seul Massachusetts montait à 19.492.831 dollars, soit plus de trois fois le produit total évalué en 1860 ; le Connecticut, le Massachusetts, le Rhode-Island et le New-Jersey réunis donnaient alors 87 0/0 du produit total des Etats-Unis. D'un autre côté, l'importation du caoutchouc brut montait de 2.125.561 livres en 1863 à 42.962.554 livres en 1893.

La seule industrie qui nous reste à considérer pour montrer le développement industriel de notre pays depuis 1860 est celle de la librairie et de l'imprimerie. Le développement de l'imprimerie et des industries connexes fournit toujours un critérium très exact des progrès de la civilisation et de la marche en avant d'un peuple dans tous les arts et dans toutes les industries. Or, aux Etats-Unis, ce développement est beaucoup plus considérable que dans n'importe quel autre pays, et il s'est produit parallèlement à l'accroissement rapide de la population, de la fortune publique et de la culture intellectuelle. En 1860, on comptait 1.666 imprimeurs et éditeurs, en comprenant les éditeurs de journaux, de périodiques et de publications diverses, avec un capital de 19.622.318 dollars et un produit de 31.063.898 dollars. En 1890, il existait, pour la même industrie, 16.576 établissements, avec un capital de 195.387.445 dollars, et un produit de 275.452.515 dollars. A cette date, on comptait 17.616 publications diverses sur lesquelles 14.901 étaient périodiques, avec un tirage moyen de 69.138.934 exem-

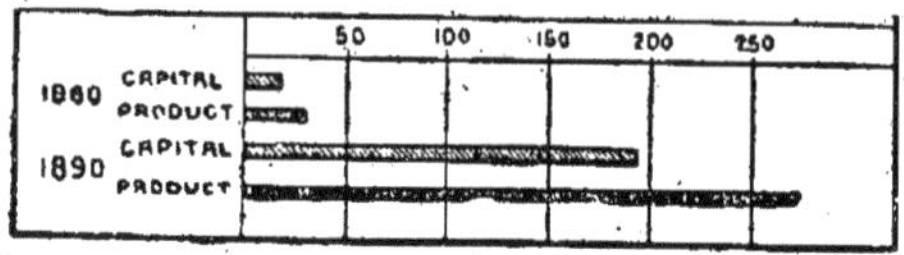

Imprimerie et librairie.
en millions.

plaires, le nombre total des exemplaires imprimés dans l'année s'élevant à 4.681.113.530.

Il est bon de rappeler ici que, dans tous les documents relatifs à la fixation de la valeur du produit total, qu'il s'agisse d'une période de recensement ou d'une autre, les évaluations données se rapportent uniquement, en règle générale, à la valeur des marchandises en fabrique ; autrement dit, le prix de la matière première, le montant des salaires et tous les frais de production, y compris un intérêt et un profit raisonnable pour le producteur, forment les différents éléments de cette évaluation. En aucun cas, il n'a été fait abstraction de la matière première, en sorte que dans l'évaluation du produit il y a un élément qui est toujours compté deux fois quand ce n'est pas trois, puisque la matière première employée par un industriel peut être un produit sorti tout achevé des usines d'un autre. Pour en donner un exemple topique, le fabricant de clous achète la matière avec laquelle il les fabrique au fondeur, qui lui-même achète le minerai. Le fondeur a établi le prix de sa marchandise d'après le coût de la matière première, c'est-à-dire principalement d'après le prix du minerai. Le fabricant de clous, à son tour, fixe le prix de ses clous d'après la valeur de la matière première qu'il a achetée au fondeur.

De son côté, l'entrepreneur qui emploie les clous dans les travaux de charpente et autres semblables évalue son œuvre d'après le prix de la matière première, qu'il s'agisse de clous ou de tout autre objet en fer. Or, ce prix lui-même a déjà été compris dans l'évaluation du fabricant de clous et dans celle du fondeur. Ce simple exemple montre la difficulté qu'il y a à donner une évaluation exacte du chiffre de la production dans une année quelconque, et aussi combien sont limités les moyens dont dispose la statistique pour fixer ce chiffre. Mais comme ces doubles et triples emplois se manifestent dans toutes les statistiques relatives à la valeur du produit total pour les différentes années, il est très légitime d'en tirer des conclusions d'ensemble au point de vue du développement général du pays. Et si l'on se représente bien ces choses, quand on constate que la production totale des Etats-Unis pendant toute la période constitutionnelle qui remplit tout un siècle s'est élevée de 20 millions de dollars, chiffre accusé par le premier *census* (1790) à 9.372.437.283 dollars en 1890, il n importe guère de savoir sur quelles bases les calculs ont été établis, du moment que le mode de calcul est uniformément le même pour toutes les périodes.

La répartition de cet énorme produit de 1890 entre les différents Etats montre que ceux qui marchaient en tête en 1860 sont encore les premiers aujourd'hui, l'Etat de New-York venant en première ligne avec une production de 1.711.577.671 dollars. La Pensylvanie vient au second rang avec 1.331.794.901 dollars. Puis vient l'Illinois avec 908.640.280 dollars. Toutefois, le Massachusetts qui était le troisième en 1860, ne vient plus qu'au quatrième rang, la valeur de ses produits manufacturés, en 1890, s'élevant seulement à 888.160.403 dollars. L'Ohio prend la cinquième place avec 641.688.064 dollars. Ce sont là les seuls Etats dont la production dépasse un demi-milliard de dollars chacun. Quelques autres produisent de cent à deux cent cinquante millions de dollars et au-dessus : le New-Jersey et le Missouri, notamment, dépassent trois cents millions de dollars. Le Wisconsin, le Connecticut, l'Indiana et le Michigan produisent environ deux cent cinquante millions de dollars chacun.

Dans le diagramme que nous avons donné au chapitre précédent, nous avons montré dans quelles contrées était placé le centre de la production industrielle de notre pays aux différentes périodes. Quant à l'influence des inventions sur cette merveilleuse expansion de notre industrie elle a été plus considérable depuis 1860 que dans la période précédente ; mais ces inventions ont été si nombreuses qu'il nous est impossible de parler de chacune d'elles d'une manière spéciale : nous nous réservons de montrer l'influence de quelques-unes des plus importantes au chapitre XXVIII, relatif aux effets produits par le machinisme sur le travail.

Le développement de l'industrie a été stimulé aussi de la façon la plus puissante par la guerre civile. La nécessité de fournir aux armées une grande quantité d'armes eut, en effet, pour résultat de porter nos manufactures au maximum de leur capacité productive. Le merveilleux développement des ressources naturelles, la découverte et le développement de nouveaux centres de production des métaux, le désir de donner satisfaction à la demande intérieure de plus en plus croissante par le fait de l'immigration, et d'envoyer en même temps nos produits manufacturés sur les marchés de l'étranger, tout cela a fait des hommes de la dernière génération les agents d'une étonnante expansion industrielle. Les encouragements donnés par les différentes législations douanières ont aussi produit leur effet. Mais toutes ces influences doivent être envisagées dans leur ensemble, lorsque l'on considère l'évolution des industries de notre pays. D'ailleurs, cette évolution a entraîné avec elle d'autres mouvements ayant une portée sociale et éthique plus considérable que la simple accumulation de la richesse, et c'est de ce côté que nous devons maintenant porter notre attention.

CHAPITRE XV

NOMBRE DES PERSONNES EMPLOYÉES DANS LES DIFFÉRENTES INDUSTRIES ET TOTAL DE LEURS SALAIRES

Les premières statistiques authentiques concernant le nombre total et la somme des salaires des personnes employées dans les différentes manufactures et industries mécaniques des Etats-Unis nous sont fournies par les rapports du septième *census* de 1850. On essaya alors, en effet, de fixer le nombre moyen des hommes et des femmes employés pendant l'année, avec le chiffre total des salaires payés pendant la même période : ce nombre fut évalué en moyenne à 957.059.

Lors du sixième *census*, qui eut lieu en 1840, le nombre des travailleurs ne fut calculé que pour certaines industries, le total ainsi obtenu s'élevant seulement à 564.617. Mais le montant des salaires ne fut point alors établi, et quant au chiffre d'ouvriers, il ne peut être accepté comme une indication suffisamment digne de confiance du nombre de personnes qui étaient à cette date employées dans les différentes industries. Le fait qu'un essai fut tenté plus tard pour établir une statistique exacte sur ce point, et que le nombre des travailleurs indiqué dans les rapports pour les établissements qui répondirent alors à la demande des enquêteurs, forme

3 0/0 de la population totale, montre bien l'importance de l'enquête qui fut alors ouverte.

Bien qu'avant 1850 les machines fussent de plus en plus employées dans un grand nombre d'industries, ce n'est pourtant que dans cette même année qu'il faut placer l'origine du développement si rapide du régime actuel de nos manufactures. Le nombre des personnes employées dans l'industrie, par rapport à la population totale, aux différentes époques de notre histoire, a été le suivant : en 1850, 4,13 0/0 ; en 1860, 4,17 0/0 ; en 1870, 5,33 0/0 ; en 1880, 5,45 0/0 ; en 1890, 7,53 0/0. Les chiffres pour 1870, 1880 et 1890 ne comprennent pas les individus employés dans les mines, les carrières, les pêcheries ; mais, malgré cela, la proportion a suivi régulièrement une marche ascendante. Les chiffres, à l'aide desquels ces pourcentages sont établis, représentent la moyenne du personnel effectivement employé par les différents établissements au cours d'une année moyenne indiquée par eux-mêmes dans leurs rapports. Si l'on y ajoutait le total des individus occupés aux différents travaux rentrant dans les opérations diverses des industries mécaniques et manufacturières, sans se préoccuper de savoir s'ils sont employés dans une usine, s'ils travaillent isolément à quelque besogne grossière, ou s'ils restent inoccupés, la proportion des ouvriers par rapport à la population totale serait alors modifiée de la manière suivante aux différentes périodes : en 1860, 5,91 0/0 ; en 1870, 6,36 0/0 ; en 1880, 6,81 0/0 ; en 1890 enfin 8,13 0/0. Bien entendu, c'est la population totale qui est prise ici en considération pour le calcul de ces pourcentages ; il ne faut donc pas la considérer comme indiquant la proportion qui existe entre le nombre des personnes effectivement employées dans l'industrie, et le nombre total de ceux qui pourraient y être employés. Ainsi, si l'on calcule le pourcentage pour 1890 en tenant compte seulement du nombre des habitants âgés de quinze ans et plus, on trouve que le nombre des individus travaillant dans les industries mécaniques et les manufactures forme 12,61 0/0 de la population totale.

Les documents relatifs au taux effectif et moyen des salaires de toutes les classes d'industries mécaniques, ont été réunis et discutés dans un des chapitres suivants ; quant à ceux qui nous donnent le montant global des sommes payées à titre de salaires, ils concernent l'ensemble de toutes les branches de la production. Jamais, en effet, on n'a essayé d'établir ce total général des salaires pour toutes les personnes employées dans les seules industries mécaniques et les manufactures.

L'augmentation du nombre des travailleurs, l'accroissement du chiffre total et de la moyenne des salaires, la diminution de la quantité proportionnelle du produit des manufactures attribuée au travail, l'accroissement de la capacité productive des travailleurs, tels sont les principaux effets que le développement du machinisme et de la grande industrie a produits sur les ouvriers et sur les salaires.

Ce qui accuse bien d'abord l'augmentation survenue dans le nombre des ouvriers et le montant global des salaires, c'est ce fait que, tandis qu'en 1850 on comptait en moyenne 957.059 ouvriers, gagnant ensemble 236.755.464 dollars, en 1890 le nombre des travailleurs s'élevait à 4.712.622, et l'ensemble des salaires à $ 2.283.216.529. Il est vrai que, grâce aux perfectionnements des statistiques, les chiffres établis pour 1890 comprennent certains éléments dont il n'avait point été tenu compte ou qui n'avaient point été pris suffisamment en considération dans les années précédentes. Mais même en réduisant ces chiffres de manière à rendre la comparaison aussi exacte que possible, on arrive, en 1890, à 4.286.523 ouvriers, et à 1.911.137.838 dollars pour le

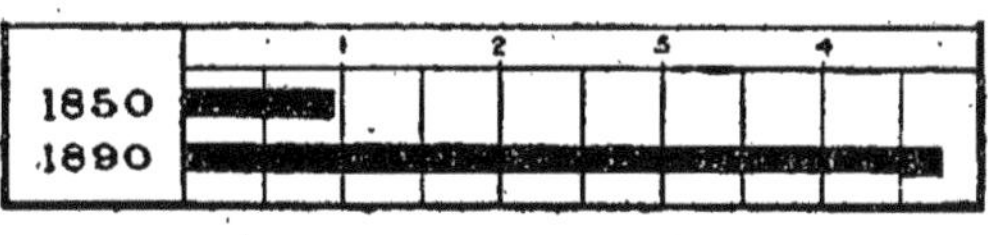

Nombre des ouvriers employés.
en millions.

montant global des salaires, soit une augmentation sur 1850 de 3.329.464 ouvriers, ou de 347,88 0/0, et de 1.674.382.374 dollars, ou de 707,22 0/0 sur le total des salaires. Pendant la même période, la moyenne annuelle des salaires par ouvrier s'est élevée de $ 247,38 à $ 445,85, soit une augmentation de $ 198,47, ou de 82,22 0/0.

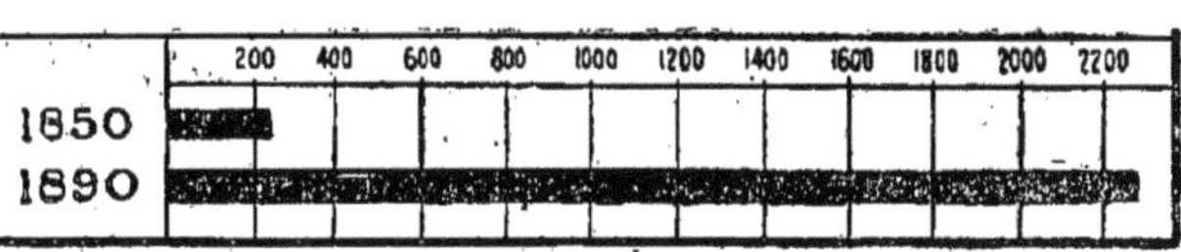

Total des salaires.
en millions.

Faisant contraste avec cet accroissement du montant et de la moyenne des salaires, la quantité proportionnelle de la valeur nette du produit attribuée au travail a diminué. Il faut entendre par valeur nette du produit la valeur restant après déduction du prix de la matière première, cette valeur pouvant dès lors être considérée comme égale à la valeur ajoutée au prix de la matière par l'opération combinée du capital et du travail. Or, le total de la production de toutes les industries des Etats-Unis montre qu'en 1850 51 0/0 de la valeur nette était attribué au travail, tandis qu'en 1890 il en recevait 45 0/0 seulement. Cette diminution, toutefois, est compensée, dans une large mesure, par l'augmentation de la somme d'intérêts payés également sur le produit net, puisque la moyenne du capital exigé pour un produit de 100 dollars est montée de 52,32 en 1850 à $ 69,62 en 1890.

Parmi les causes très nombreuses qui ont contribué à amener l'augmentation générale du nombre des ouvriers et du montant global des salaires et la diminution de la part proportionnelle du produit net attribuée au travail, l'adoption des machines et de tous les procédés de nature à épargner le travail humain est, en somme, la plus importante : c'est celle, du moins, dont il est le plus facile de démontrer pratiquement l'influence.

Le coût de la matière première est, en général, le principal élément de dépense de l'industrie, et comme ce prix est compris dans la valeur brute des produits, les industries qui, en apparence, produisent la plus grande valeur, ne sont pas nécessairement celles qui emploient le plus grand nombre d'ouvriers. Si l'on excepte les industries dans lesquelles on emploie surtout le travail à la main, comme l'industrie des maçons, des forgerons, des charpentiers, on trouve que celles qui emploient le plus grand nombre d'ouvriers sont aussi celles dans lesquelles on a davantage recours aux machines, comme l'industrie textile, la fabrication des chaussures, des vêtements, les différentes industries métallurgiques ou travaillant le bois.

A l'appui de ce fait, nous voyons qu'en 1850 les Etats de la Nouvelle-Angleterre, de New-York, de Pensylvanie et de New-Jersey comptaient à eux seuls 73 0/0 du nombre total des ouvriers, et donnaient 70 0/0 de tout le produit brut. L'application très large du régime de la grande industrie depuis 1850 n'a point suffi à contrebalancer cette disproportion, le pourcentage, en 1890, s'élevant encore respectivement à 54 et 52 0/0. Pendant la même période, le nombre des ouvriers travaillant dans ces Etats s'est accru de 233 0/0, et le produit brut de 584 0/0. Si le pourcentage de l'augmentation réalisée dans l'ensemble des Etats-Unis, à l'exclusion des Etats que nous venons de nommer, a été plus considérable, puisque le nombre des ouvriers s'est accru de 643 0/0, et le produit brut de 1.376 0/0, la disproportion entre l'accroissement du nombre des ouvriers et l'augmentation de la valeur du produit est également plus grande. En d'autres termes, l'accroissement du nombre des ouvriers dans les manufactures primitivement établies a été en harmonie plus complète avec l'augmentation de la valeur du produit que dans les contrées dont le développement a été comparativement plus récent.

Il faut, en moyenne, 1,12 d'ouvrier pour donner un produit net d'une valeur de 1.000 dollars, si l'on prend pour base les chiffres fournis par les Etats de la Nouvelle-Angleterre, de New-York, de Pensylvanie et de New-Jersey, et 0,9 d'ouvrier pour produire la même valeur si l'on s'en tient aux chiffres obtenus dans les Etats de l'Ouest. Pour la Nouvelle-Angleterre, 57 0/0 du produit net sont attribués au travail, contre 52 0/0 dans le reste du pays, la proportion s'abaissant même à 51 0/0 dans les Etats du Sud, en comprenant, dans tous les cas, dans les salaires les traitements des directeurs et des employés de bureau. Il ne faudrait pas conclure de ces chiffres que l'introduction des machines, dans une industrie quelconque, a dû être invariablement suivie de l'emploi d'un plus grand nombre d'ouvriers pour produire une valeur donnée. Ils montrent seulement que, dans les régions où les machines ont été progressivement introduites et où les produits, dans l'ensemble, sont le plus perfectionnés, il faut plus d'ouvriers pour produire une valeur déterminée que dans les contrées où ces conditions ne se rencontrent pas.

Ainsi, l'augmentation du nombre des ouvriers et du montant des salaires dans les industries textiles et dans les fabriques de chaussures, deux industries où le machinisme a atteint la plus grande perfection, se traduit par les chiffres suivants : L'industrie textile occupait 194.082 personnes en 1860, recevant 40.353.462 dollars de salaires, contre 501.718 ouvriers, et 163.516.593 dollars de salaires en 1890. La moyenne annuelle des salaires par personne employée s'élevait, en 1860, à $ 207,92, et en 1890 à $ 325,91, soit une augmentation de 56.75 0/0, pendant cette période de trente ans.

L'application progressive des machines dans les fabriques de chaussures date de la période 1850-1860. Pendant ces dix années, la part proportionnelle du produit net attribuée au travail a baissé de 72 0/0 à 63 0/0 ; la moyenne annuelle des salaires s'est élevée de $ 205,43 à $ 251,48 ; le produit net s'est accru de 63 0/0, et le capital nécessaire pour chaque dollar de produit net a augmenté de 43 à 48 cents. Dans les trente années écoulées de 1860 à 1890, la part proportionnelle de produit net revenant au travail a diminué de 53 0/0 ; la moyenne annuelle des salaires s'est élevée à $ 447,44, le produit net s'est accru de 171 0/0, et le capital nécessaire pour chaque dollar de produit net a atteint 88 cents.

Quant à l'augmentation de la capacité productive des travailleurs, elle ressort très bien de ce fait qu'en 1830 il fallait un ouvrier par 25 broches dans les filatures de coton, tandis que, grâce au perfectionnement des machines et des méthodes de travail, grâce aussi au développement de l'habileté professionnelle, le nombre des broches surveillées par une seule et même personne en 1890 s'élevait à 64,82.

Non seulement, en effet, l'adoption des machines a eu pour conséquence le développement de notre richesse industrielle, mais de plus, le nombre et la capacité productive des ouvriers en ont été accrus, en même temps qu'il s'est produit une augmentation du taux des salaires et une réduction de la durée du travail. En outre, le coût de production et la part proportionnelle du produit net attribuée au travail ont diminué, tandis que le capital et les intérêts ont matériellement augmenté.

Etant données ces conclusions générales, qui résultent des différents changements survenus dans la condition des ouvriers au cours du développement de notre régime industriel, il ne sera pas inutile de nous arrêter quelques instants sur les renseignements que le *census* de 1890 nous fournit relativement au nombre des ouvriers et au total général des salaires.

Les statistiques prouvent que c'est dans les Etats de l'Ouest que les salaires sont le plus élevés, c'est-à-dire là où la vie coûte relativement le plus cher.

Le Wyoming vient en tête, avec un salaire annuel moyen de 806 dollars pour les ouvriers mâles, de toute catégorie, ouvriers d'art et simples manœuvres, mais non compris ceux qui travaillent aux pièces ; le Colorado vient ensuite, avec une moyenne de 685 dollars. L'industrie qui paie les salaires moyens les plus élevés pour une même catégorie d'ouvriers est celle de la fabrication des patrons en papier, dont le salaire moyen est de 773 dollars. Il y a, toutefois, relativement peu d'établissements et d'ouvriers qui aient été l'objet de statistiques détaillées dans les Etats et les industries où les salaires sont le plus élevés. Ces moyennes ne peuvent donc pas être prises comme un critérium exact de la moyenne générale pour tous les Etats-Unis.

D'autre part, la concentration des principales industries dans un petit nombre de vastes usines a eu pour conséquence l'organisation d'un nombre relativement restreint d'établissements occupant une grande partie de l'ensemble des ouvriers. C'est ainsi que 905 filatures de coton, par exemple, occupent à elles seules, en moyenne, 221.585 personnes chaque jour de l'année, tandis que 11 fabriques de chaussures de caoutchouc en emploient plus de 9.000, soit 842 par usine; c'est, du reste, la moyenne la plus élevée qui ait été constatée dans n'importe quelle industrie pendant l'année 1890. La concentration des manufactures dans les villes de 20.000 habitants et au-dessus, qui renferment 24 0/0 de la population, a procuré un emploi à 62 0/0 des ouvriers travaillant dans les différentes industries de production.

Les rapports constatent que 418.081 hommes et 42.928 femmes remplissent les fonctions de directeurs, de surveillants, de comptables et de gérants, auxquels 391.988.908 dollars sont attribués comme salaires, soit une moyenne annuelle de $ 850,28 contre $ 444,83 attribuée aux autres ouvriers. On trouve donc, en moyenne, un contre-maître ou un surveillant ou un gérant pour 9,22 ouvriers, le service de surveillance et de direction englobant ainsi environ un dixième du personnel.

L'augmentation constante de la complexité des opérations industrielles, la nécessité d'établir avec soin le compte de la dépense totale et les différents éléments du coût de production à chacune des étapes de la fabrication, enfin les changements incessants de la mode qui exigent constamment des modèles nouveaux et de bon goût tendent d'ailleurs à augmenter l'importance de ces fonctions. La plus grande habileté, des connaissances scientifiques sérieuses, jointes à une longue pratique expérimentale sont ici nécessaires. Il en est ainsi, notamment, et là probablement plus que partout ailleurs, dans l'industrie des produits chimiques telle qu'elle est maintenant organisée. La science du chimiste est ici l'un des facteurs importants dans la mise en œuvre des machines très coûteuses nécessaires à cette industrie et dans la direction des nombreuses opérations qui fournissent l'immense variété de ses produits, tandis que le laboratoire, avec son groupe de travailleurs d'élite, donne l'impulsion à l'établissement tout entier. Et avec la concentration des industries et l'augmentation du nombre des usines l'importance et la variété des différentes fonctions de direction et de surveillance doit encore naturellement s'accroître.

La tendance, dans toutes les industries, est de régler le salaire des ouvriers travaillant aux pièces d'après celui que reçoivent les ouvriers à la journée employés au même genre de travail ; et des chiffres relatifs aux salaires payés en 1890, par toutes les classes d'industries, il résulte que, tandis que le salaire annuel des ouvriers mâles de toute catégorie s'élevait à 498 dollars, ceux des ouvriers travaillant aux pièces montait à 500 dollars. Pour les femmes, la moyenne des salaires était, à la même date, de 276 dollars pour les ouvrières à la journée, et de 255 dollars pour celles qui travaillaient à la pièce. Les ouvriers de cette catégorie forment 16 0/0 du total de la population ouvrière, et l'on en compte environ un pour 4 ouvriers à la journée. C'est principalement dans la confection des vêtements qu'ils sont le plus employés, et dans certaines branches de cette industrie leur nombre dépasse même celui des ouvriers employés régulièrement. Cela vient de ce que beaucoup de travaux de confection peuvent être facilement exécutés à domicile. Il arrive souvent, en effet, qu'un industriel engage un certain nombre d'ouvriers indépendants, qui, à leur tour, emploient de nombreuses personnes à travailler à la pièce. D'ailleurs, la très grande variété des branches de cette industrie fait qu'il est, en réalité, impossible de connaître le nombre exact d'ouvriers de cette catégorie qui y sont actuellement employés. On a bien évalué à 145.640 leur nombre moyen, contre 159.392 ouvriers à la journée. Mais ce nombre doit être quelque peu dépassé aujourd'hui.

On divise d'ailleurs en deux catégories distinctes le plus grand nombre des ouvriers employés dans les industries mécaniques et les manufactures : ce sont les ouvriers d'art et les simples manœuvres, *skilled and unskilled operatives*. Le nombre moyen des hommes, des femmes, et des enfants de la seconde classe, occupés chaque jour dans ces industries en 1890, était de 3.492.029, recevant un salaire total de 1.590.516.997 dollars, soit 74 0/0 de la population ouvrière totale, et un salaire égal à 70 0/0 du montant global des salaires. Les hommes étaient au nombre de 2.881.795, recevant un salaire de 1.436.432.387 dollars, les femmes au nombre de 505.712 avec un salaire total de 139.239.719 dollars ; enfin on comptait 104.522 enfants, recevant 14.704.891 dollars de salaires.

Au surplus, le développement de la grande industrie, dans presque toutes les branches de la production, tend à la concentration du travail dans de vastes usines. Si l'introduction des machines et l'augmentation de l'habileté des ouvriers ont considérablement accru le chiffre de la production, tout en réduisant le prix de revient, la concurrence croissante, dans toutes les branches, a rendu de plus en plus indispensable une production plus considérable à meilleur marché ; or, l'emploi du travail aux pièces, sous le régime et la discipline de la grande industrie, permet précisément d'atteindre ce résultat. Par là, en effet, on obtient une plus grande somme d'efforts, tout en protégeant l'ouvrier contre le surtravail par la réglementation de la durée du travail et en procurant au travailleur l'avantage d'un milieu très sain. Aussi, le nombre des ouvriers à la pièce ainsi employés s'est-il rapidementaccru, et ceux-ci se sont si bien identifiés avec les ouvriers payés à la journée que, dans un rapport général sur l'ensemble de l'industrie, il n'y a pas lieu de distinguer entre les deux catégories. Le nombre total des ouvriers ne peut donc être considéré comme comprenant exclusivement les individus payés à la journée. Toutefois, cette dernière classe représente encore la majorité des travailleurs dans les différentes industries, et c'est leur salaire qui nous donne le véritable critérium du salaire réel. Ainsi, en 1890, le taux moyen des salaires annuels pour les hommes de cette catégorie était de 498 dollars, pour les femmes de 276 dollars et pour les enfants de 141 dollars. Pourtant, à la même date, si l'on s'en tient aux seuls chiffres recueillis dans les 165 villes qui possèdent une population de 20.000 habitants et au-dessus, les hommes recevaient en moyenne $ 567,54, les femmes $ 291,80 et les enfants de $ 152,23. Dans les districts en dehors des villes, la moyenne était pour les hommes de $ 401,34, pour les femmes de $ 239,88 et pour les enfants de $ 120,87. Cet excédent de la moyenne générale du salaire dans les villes sur celle du salaire dans l'ensemble des Etats-Unis ou dans les districts ruraux est dû à des causes multiples, dont la plus importante est la différence existant entre les diverses localités dans le prix moyen de la vie.

CHAPITRE XVI

LES FEMMES ET LES ENFANTS DANS L'INDUSTRIE

On ne peut pas dire que les femmes et les enfants aient constitué un facteur économique pendant la période coloniale. On ne recherchait guère alors leur travail, sauf au point de vue des services domestiques. Sans doute, le filage et le tissage, qui se faisaient à domicile, étaient confiés aux femmes ; mais il serait inexact de dire qu'elles étaient, à ce titre, admises dans les industries qui employaient alors des machines, car, en règle générale, elles n'étaient pas louées pour faire ces travaux qui rentraient directement dans leurs fonctions de ménagères ; ce fut seulement vers la fin de la période coloniale que les femmes et les enfants furent employés à quelques besognes spéciales, notamment à placer des dents de fer aux métiers à peigner la laine et à carder le coton dont on se servait alors. La fabrication des machines à carder avait, en effet, pris une grande extension dès 1784, puisqu'on affirme qu'une seule usine occupait à ce titre environ 1.200 personnes, principalement des femmes et des enfants. Dans les premières années de la création de cette industrie particulière, les femmes étaient occupées à poser des dents, non moins qu'à tricoter : elles emportaient la planche et les dents chez elles et même en dehors de chez elles, quand elles allaient passer une après-midi chez une voisine. M. Hamilton, dans son rapport sur les manufactures présenté au Congrès en 1791 et que nous avons déjà cité, parle du « vaste théâtre de l'industrie à domicile, qui contribue à l'approvisionnement de la collectivité dans une mesure plus large qu'on ne pourrait l'imaginer, si l'on n'en a pas fait l'objet d'une enquête particulière. De grandes quantités de draps grossiers, de toiles, de serges et de flanelles, de tiretaines, de bas de laine, de coton et de fil, de futaines, de coutils et de mousselines, d'articles de coton et de lin, à carreaux ou à raies, de toiles à matelas, de couvrepieds et de courtes-pointes, de toiles de lin, de shirtings, de toiles pour draps de lit, de serviettes et de linge de table et toutes sortes d'étoffes variées, de coton et de laines mélangés, ou de coton et de lin mélangés sont faites à domicile dans les ménages et, dans beaucoup de cas, non pas seulement dans la mesure nécessaire pour subvenir aux besoins de la famille qui les fait, mais encore en vue de la vente et quelquefois même en vue de l'exportation. On estime que, dans certaines régions, les 2/3 et les 3/4 et même les 4/5 de tous les vêtements des habitants sont ainsi fabriqués par eux-mêmes ». Ainsi il résulte de ce court aperçu historique que, dès 1790, le travail incessant des femmes fut le facteur principal dans le développement d'une industrie qui contribua sans doute plus qu'aucune autre, à cette époque, à assurer le bien-être matériel et la prospérité des habitants. Etant donnée son importance, la grande majorité des femmes qui y étaient employées la considéraient, nous l'avons vu, comme une sorte d'annexe à leurs fonctions de ménagères et non comme une occupation lucrative — c'est-à-dire comme un travail pour lequel elles avaient droit à une rémunération particulière — car la plus grande partie du produit de leur travail était consommée par la famille qui l'avait fabriqué.

Avec l'établissement du régime de la grande industrie, l'emploi des femmes et des enfants se généralisa ; mais on était prévenu contre les femmes qui prenaient place aux métiers et aux machines à filer dans les usines de l'industrie textile. Lorsque les machines à filer et à tisser eurent été inventées en Angleterre, et que l'industrie textile mécanique fut devenue, dans ce pays, un élément fixe de la production, les femmes de la campagne y furent admises, et le travail des enfants pris dans les hospices fut utilisé. De ce fait, les industriels furent mis à même de donner à leurs ouvriers une rémunération très minime. Aussi, lorsque la grande industrie fut organisée en Amérique, et qu'on eut recours au travail des femmes et des enfants, on conçut tout d'abord de grandes préventions contre cet état de choses, et, pendant les dix ou vingt premières années après l'établissement définitif du régime nouveau, les propriétaires d'usine furent obligés d'offrir de véritables primes d'encouragement pour décider les femmes à entrer à leur service.

Dès 1815, l'industrie textile avait, en fait, complètement adopté le régime de la grande industrie, et, depuis 1830, l'industrie à domicile primitive avait rapidement disparu. Sans doute, avant 1815, les femmes et les enfants, dans une large mesure, étaient employés à des travaux à raison desquels ils recevaient de l'argent ou quelque équivalent comme rémunération de leurs services. Mais ce ne fut, en fait, qu'à dater de la période comprise entre 1815 et 1830 qu'on commença à les employer sur une plus grande échelle, et qu'ils s'élevèrent définitivement à la situation de salariés indépendants. Ils suivirent les industries textiles dans les grandes usines, et lorsque celles-ci eurent remplacé définitivement les petits ateliers, les femmes trouvèrent l'occasion de se faire admettre dans des fonctions indépendantes et lucratives, dont elles se chargèrent avec joie : toutefois, même à cette époque, elles ne furent encore employées qu'à un très petit nombre de travaux. Harriet Martineau, une Anglaise qui visita l'Amérique en 1840, rapporte qu'elle ne trouva que sept emplois différents qui fussent alors ouverts aux femmes : l'enseignement, la couture, le travail dans les filatures de coton, la composition d'imprimerie, la reliure, les fonctions de maîtresse de pension et le service domestique. En étudiant les conditions industrielles de notre époque, on arrive à se convaincre, au contraire, qu'aujourd'hui il n'y a que très peu d'emplois rémunérateurs qui ne soient pas, dans une large mesure, occupés par des femmes. On les trouve dans presque toutes les branches de l'administration, et c'est à peine s'il existe une carrière d'où elles soient exclues. Cette invasion générale des femmes dans le domaine de l'industrie fut, il est vrai, rendue inévitable le jour où la grande usine remplaça le petit atelier, car cette substitution fut, en réalité, le résultat de la tendance universelle à l'association qui est inhérente à notre nature, et grâce au développement de laquelle ont été accomplis tous les progrès réalisés dans la voie de l'amélioration des conditions de la vie et du bonheur de l'homme.

Le siècle des inventions doit être tenu pour responsable de cette invasion des femmes dans un domaine resté complètement étranger et inconnu à celles des siècles précédents. Car, sous le régime du travail à la main et à domicile, la femme était seulement employée aux occupations du ménage, aux travaux domestiques et à tous les travaux manuels dans lesquels il lui fallait aider son mari ou son père : elle menait alors une vie saine, régulière, mais quelque peu mesquine, dans les sphères inférieures de l'industrie, et on l'ignorait ou l'on feignait de ne pas la connaître dans les sphères plus élevées. Comme facteur économique, soit dans l'art, soit dans la littérature ou dans l'industrie, elle était à peine reconnaissable; mais, avec l'établissement du régime nouveau, le désir de la femme de s'instruire plus qu'elle n'aurait pu le faire dans le service domestique ou dans certains emplois de l'industrie agricole, voire même de s'initier à certains travaux qui ne lui avaient pas été accessibles jusque-là, fit d'elle une véritable force économique, et cette transformation eut pour résultat de lui permettre de prendre place dans le monde industriel, mais de l'obliger par là même à se soumettre à toutes les conditions qui s'imposent à un facteur économique nouveau. On peut dire hardiment, tout au moins, que dans les emplois les plus simples de l'activité industrielle, les femmes ont pris la place des hommes. D'autre part, il est vrai, elles ont ajouté leur travail à celui des hommes, et les besoins de la population auxquels le nouveau régime industriel permit de subvenir leur a fourni l'occasion de compléter l'œuvre des hommes. Leur salaire, d'ailleurs, fut toujours inférieur à celui des hommes; sans doute, par suite de leur entrée en ligne comme facteurs économiques, les hommes ont été parfois obligés d'accepter en fait la même rétribution pour un travail identique; mais pourtant ces salaires ne sont jamais descendus à un taux aussi bas qu'on l'a souvent supposé, à égalité d'emploi.

Il y a eu des variations constantes dans les emplois successivement occupés par les femmes. Du rang de simples ouvrières d'usine, elles se sont élevées à des fonctions plus importantes, comme celles de maîtresses d'école, de teneurs de livres, de télégraphistes, et comme on s'est aperçu très vite qu'elles s'acquittaient fort bien de leur mission, elles ont été naturellement de plus en plus recherchées ; mais, en même temps, il s'est produit une absorption correspondante et compensatrice du travail des hommes dans les grandes entreprises nouvelles qui se développaient alors en Amérique (1).

Malheureusement, pour qui étudie ce point particulier, les statistiques concernant le nombre exact des femmes et des enfants employés à toutes les catégories de travaux rémunérateurs dans notre pays ne remontent pas au delà de 1870 : nous possédons seulement des renseignements très complets sur leurs salaires depuis 1831. Il est intéressant, toutefois, de noter les changements survenus dans la situation à cet égard, à l'aide des chiffres qui peuvent être relevés pour toutes les périodes décennales depuis 1830. A cette date, on comptait, d'après les chiffres mêmes du *census*, 225.298 femmes contre 741.671 hommes travaillant dans les manufactures du pays, ce qui donne 1 femme pour 3,29 hommes. Toutefois, dans beaucoup d'industries, qui se développèrent rapidement, un travail manuel pénible et une endurance physique considérable, plutôt qu'une grande habileté, étaient nécessaires. Bien entendu, dans ces industries, les femmes ne pouvaient trouver d'emploi ; aussi, ne doit-on pas regarder comme extrêmement faible le nombre proportionnel des femmes dans le total de toutes les industries existant en 1850. Ce qui est vrai, au contraire, c'est que dans toutes les branches dans lesquelles les femmes pouvaient être et furent effectivement engagées, dès le début de l'organisation des grandes usines, elles tinrent une large place, quant au nombre tout au moins. Dans l'industrie lainière, par exemple, on comptait une femme pour 1,4 homme, et dans celle du coton comme dans la bonneterie on comptait seulement un homme pour

(1) Cf. Carroll D. Wright, *Why Women are Paid Less than Men*, dans *The Forum*, juillet 1892.

1,8 femme, soit pour deux femmes environ. Et même dans certaines industries, comme celle des tailleurs, dans la fabrication des chapeaux, des casquettes, des gants, des articles de caoutchouc, dans les magasins de modes, de parapluies et autres métiers dans lesquels il est indispensable de travailler vite et avec une certaine délicatesse de touche que ne pouvait remplacer le travail mécanique, le nombre des femmes dépassait celui des hommes.

En somme, en 1850, les femmes formaient 23 0/0 du total des personnes employées dans les manufactures. Cette proportion, il est vrai, a été constamment en décroissant, et elle n'était plus que de 17,21 0/0 en 1890. Leur nombre absolu, toutefois, a augmenté dans une proportion quelque peu supérieure à la diminution du nombre relatif. Pendant les quarante années écoulées de 1850 à 1890, le total effectif des femmes employées dans les manufactures a, en effet, augmenté de 531.765, soit de 235 0/0.

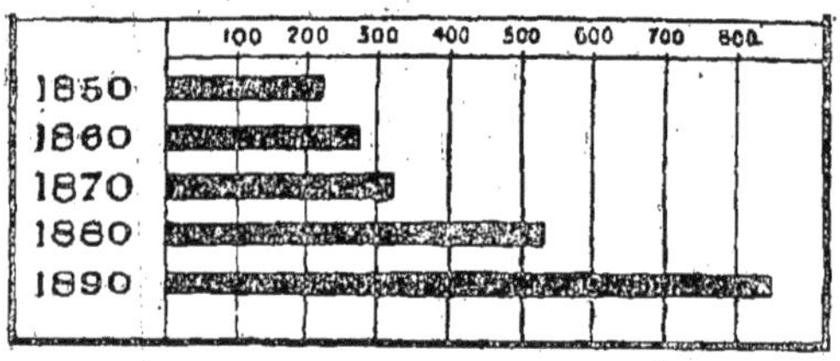

Femmes employées dans l'industrie.
en milliers.

Quant au nombre des enfants, il fut calculé pour la première fois en 1870, époque à laquelle on en comptait 114.628 des deux sexes, soit 5,58 0/0 du total des ouvriers.

De même que pour les femmes, d'ailleurs, la proportion des enfants a constamment diminué, puisqu'en 1890 ils ne formaient plus que 2,57 0/0 du total; et même ici la diminution a été non seulement relative, mais même absolue, en raison surtout des lois spéciales en vigueur dans plusieurs Etats, interdisant l'emploi des enfants au-dessous d'un certain âge dans aucune usine, manufacture ou maison de commerce. Les lois relatives à cette matière seront, d'ailleurs, étudiées dans les chapitres consacrés à la législation ouvrière.

Pendant les dix années comprises entre 1870 et 1880, pourtant, on constate une forte augmentation dans le nombre des femmes et des enfants employés dans l'industrie, qui ne s'éleva pas à moins de 58,21 0/0 pour les femmes et de 54,39 0/0 pour les enfants ; pendant les dix années suivantes, au contraire, le nombre des enfants diminua de 34,09 0/0, tandis que le nombre des femmes, s'accrut, pendant la même période, de 47,91 0/0, nous l'avons vu. Bien entendu, ces pourcentages montrent l'importance de l'augmentation du nombre des femmes et de la diminution du nombre des enfants employés dans les manufactures et les usines des Etats-Unis, en prenant pour base le chiffre total de l'effectif de toutes les branches de l'industrie, y compris celles dans lesquelles le travail des femmes ne peut être utilisé, du moins dans une mesure appréciable.

Pendant l'année 1890, il y a eu, en moyenne, 3.745.123 hommes, 846.614 femmes et 120.885 enfants employés dans les industries mécaniques et manufacturières, soit une femme pour 4,4 hommes et un enfant pour sept femmes. Le nombre des femmes et des enfants employés dans les manufactures, dans une localité quelconque, dépend du caractère des industries dominantes et de la proportion des femmes et des enfants par rapport à la population totale. Ainsi, cette proportion, en ce qui concerne les femmes, est plus forte dans la Nouvelle-Angleterre et les Etats du Centre que dans les autres régions, et les industries qui prédominent dans ces contrées sont précisément celles dans lesquelles le travail des femmes peut être utilisé. C'est pourquoi nous trouvons que la proportion des femmes employées dans l'industrie y est plus élevée que dans n'importe quelle autre région. D'un autre côté, les lois interdisant l'emploi des enfants sont généralement plus restrictives dans la Nouvelle-Angleterre que partout ailleurs, et, par suite, le nombre de ceux qui travaillent est proportionnellement moins élevé que dans les autres Etats. Voici, d'ailleurs, ce que disent les chiffres à l'appui de cette assertion.

Les femmes employées dans la Nouvelle-Angleterre et les Etats du Centre, en 1890, formaient 69 0/0 du total des Etats-Unis, tandis que les enfants travaillant dans l'industrie ne formaient que 52 0/0 du total des enfants. On comptait alors 3,3 hommes pour chaque ouvrière

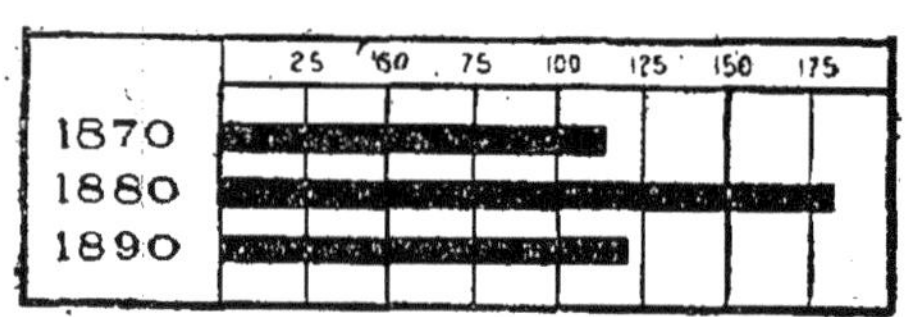

Enfants employés dans l'industrie.
en milliers.

et 9,2 femmes pour chaque enfant employé. Par contre, dans l'ensemble des Etats-Unis, non compris la Nouvelle-Angleterre et les Etats du Centre, il y avait 7 hommes pour une femme, et 4,6 femmes pour un enfant. Au reste, près des 3/4 des femmes et seulement un peu plus de la moitié des enfants employés dans les industries mécaniques et manufacturières du pays sont placés dans les usines de la Nouvelle-Angleterre et des Etats du Centre. Aussi, la proportion des hommes par rapport aux femmes est plus de deux fois plus forte et celle des femmes par rapport aux enfants près de moitié plus considérable dans les autres

Etats que dans ces contrées. Et si nous considérons quelle a été l'augmentation survenue à cet égard dans les vingt années écoulées de 1870 à 1890, nous trouvons que le nombre des femmes employées dans la Nouvelle-Angleterre et les Etats du Centre s'est accru de 314.251, tandis que celui des enfants a diminué de 14.585 ; dans les autres Etats, au contraire, le nombre des femmes a augmenté de 208.593, et celui des enfants de 20.842.

Les mêmes raisons font que l'emploi des femmes est plus général et celui des enfants proportionnellement moindre dans les manufactures des villes qu'à la campagne. Dans les principales villes, en effet, les femmes formaient 20.49 0/0 du total de la population ouvrière en 1890, et 13.89 0/0 seulementdans les districts ruraux, la proportion dans les villes étant ainsi de 6.60 0/0 plus élevée. Quant aux enfants, ils formaient 2.10 0/0 du total des ouvriers dans les villes et 3.31 0/0 à la campagne.

Au reste, les industries textiles et la fabrication des chaussures sont au rang des industries les plus vieilles des Etats-Unis, et l'augmentation du nombre des femmes qui y sont employées peut être considérée comme un critérium exact du taux de l'augmentation survenue dans l'ensemble des industries où leur travail peut être utilisé dans une mesure appréciable. Or, si nous prenons les chiffres concernant l'industrie de la laine, la bonneterie et l'industrie du coton, nous trouvons qu'en 1850 les femmes formaient 57 0/0 de la population ouvrière totale, ce qui donnait un homme pour 1,3 femme. En 1890, elles ne formaient plus que 48 0/0 du total, et l'on comptait un homme pour 1,1 femme. Pendant ces quarante années, le nombre des hommes s'était accru de 129.366 ou de 214 0/0, celui des femmes de 133.177 ou de 168 0/0. En 1890, les femmes formaient 41 0/0 du total dans l'industrie de la laine, 67 0/0 dans la bonneterie, 48 0/0 dans l'industrie du coton. De même, on comptait 32.949 femmes et 72.305 hommes dans les fabriques de chaussures en 1850, y compris, sans doute, les personnes employées dans un grand nombre de petits ateliers. Au contraire, en 1890, la grande industrie à elle seule occupait 96.233 hommes, 43.213 femmes et 2.839 enfants, les femmes formant alors 30 0/0 du total au lieu de 31 0/0 en 1850, ce qui donnait environ deux hommes pour une femme à ces deux époques; mais, pendant ces quarante années, le nombre absolu des hommes s'était accru de 33 0/0 et celui des femmes de 31 0/0.

Il est vrai que lorsqu'on commença à employer les femmes dans ces deux industries des tissus et des chaussures, ce fut dans des conditions différentes à beaucoup d'égards. Dans l'industrie textile, en effet, elles occupaient déjà de nombreux emplois quand on organisa la grande industrie, et elles trouvèrent naturellement leur place dans les usines. On les avait, au contraire, moins largement mises à contribution dans la fabrication des chaussures, et lorsque celle-ci adopta le régime de la grande industrie, elle leur ouvrit en quelque sorte un champ d'action presque entièrement nouveau. Mais, les statistiques montrent que si le pourcentage de l'augmentation survenue dans le nombre des femmes employées dans l'industrie textile est beaucoup plus élevé que dans la fabrication des chaussures, en raison même de ce que le nombre total des femmes employées y était beaucoup plus grand, leur nombre proportionnel a diminué beaucoup plus rapidement dans la première de ces industries que dans la seconde. En d'autres termes, la mesure dans laquelle le travail des femmes peut remplacer celui des hommes dans l'industrie textile ayant été plus complètement atteinte, dans la période 1850-1890, que dans l'industrie des chaussures, le nombre proportionnel a commencé à baisser.

Ainsi, le nombre des femmes placées dans les industries où leur travail était déjà utilisé lorsque s'organisa le régime de la grande industrie s'est constamment accru ; mais il est intéressant de remarquer aussi, pour bien montrer comment elles envahirent peu à peu de nouveaux emplois, que, pendant les années 1880 à 1890, ce fut dans les industries et les Etats où l'on comptait un nombre relativement peu élevé de femmes que l'augmentation de la proportion fut le plus accentuée ; et, de plus, ce fut là aussi qu'on vit s'élever davantage leur nombre relatif.

Toutes les industries aux Etats-Unis, et leur variété est pour ainsi dire illimitée, ont été classées dans l'un des 369 groupes généraux établis par le *census* de 1890. Or, en examinant les résultats numériques obtenus par chacun de ces groupes, on découvre que neuf d'entre eux seulement ne comportent ni femmes ni enfants. On peut donc dire qu'ils trouvent place partout, soit comme employés soit comme ouvriers ou comme apprentis. En fait, le nombre des professions dans lesquelles les femmes ne peuvent trouver d'emploi va toujours en diminuant, et aujourd'hui il est relativement très petit.

Quant à la question du salaire réel et relatif des femmes, elle prend plus d'importance à mesure qu'augmente le nombre de celles qui trouvent emploi dans les industries mécaniques et manufacturières, et que s'élargit le domaine dans lequel leur travail peut remplacer celui des hommes. L'accroissement rapide du nombre des ouvrières employées dans certaines branches d'industrie, la diminution du nombre des enfants et l'augmentation simplement normale du total des hommes occupés à des travaux identiques montrent que les femmes prennent, dans une large mesure, la place des enfants et louent leurs services pour les travaux les moins rémunérés. Malgré cela, c'est au profit des femmes que, dans l'industrie du coton, s'est produite l'augmentation proportionnelle du salaire la plus forte. En effet, le salaire moyen hebdomadaire des femmes dans les filatures et tissages de la Nouvelle-Angleterre, en 1831, variait de $ 2,20 à $ 2,60, celui des hommes de $ 4,50 à 7 dollars, celui des enfants de $ 1,50 à 2 dollars. En 1880, le salaire moyen des femmes atteignait $ 6,37, celui des hommes $ 9,05, et celui des enfants $ 3,30. De 1831 à 1880 le salaire des hommes s'était donc élevé de 38 0/0, celui des femmes de 149 0/0, et celui des enfants de 115 0/0. Ces moyennes, calculées d'après les statistiques des cinq Etats dans lesquels l'industrie du coton est le plus développée, donnent un critérium exact de l'augmentation relative dans l'ensemble du pays. Par contre, en 1890, la moyenne des salaires dans la même industrie, pour l'ensemble des Etats-Unis était, pour les femmes, de $ 5,53, variant de $ 3,31 à $ 6,42, pour les hommes de $ 7,75, variant entre $ 5,17 et $ 10,44, et pour les enfants de $ 2,65. Les salaires les plus élevés pour toutes les catégories de travailleurs étaient payés dans la Nouvelle-Angleterre et les Etats du Centre, et les plus faibles dans les Etats du Sud.

D'un autre côté, si l'on prend l'ensemble des industries, le salaire moyen *annuel* des femmes employées aux écritures pendant l'année 1890 a été de 462 dollars et celui des hommes de même catégorie de 890 dollars. A la même date, les ouvrières proprement dites recevaient 276 dollars et les ouvriers 498 dollars, la moyenne pour les enfants de la même catégorie étant de 141 dollars. La disproportion existant entre les salaires des travailleurs des deux sexes est encore accentuée par ce fait que les hommes formaient 82.53 0/0 du total de la population ouvrière et prélevaient 90.32 0/0 du total des salaires, tandis que les femmes ne formaient que 14.48 0/0 de tous les travailleurs, et recevaient seulement 8.75 0/0 des salaires. La proportion des salaires, en ce qui concerne les hommes, dépasse donc de 7.79 0/0 la proportion par rapport au total des ouvriers, tandis que pour les femmes elle est inférieure de 5.72 0/0. Cependant un examen attentif des salaires réels des femmes fait découvrir que, dans beaucoup d'industries, la moyenne égale ou même dépasse celle du salaire des hommes. Ceci est particulièrement vrai pour les ouvrières travaillant aux pièces.

Il ne faut pas oublier d'ailleurs, que, dès que les hommes se furent élevés aux emplois les plus importants, correspondant à de nouveaux métiers, ils reçurent une compensation comparativement plus élevée que celle des femmes occupées dans les professions anciennes. Celles-ci se sont emparées des fonctions de teneurs de livres, de télégraphistes et de beaucoup d'autres ; mais dès qu'elles eurent pris ces places, les hommes furent admis dans des emplois plus élevés ; ils sont devenus ingénieurs, électriciens, mécaniciens, et ont occupé toutes sortes de fonctions qui n'étaient point encore connues lorsque les femmes envahirent pour la première fois le domaine industriel. Et à mesure que les femmes passèrent de l'absence complète d'emploi à des occupations leur procurant un salaire de plusieurs dollars par semaine, les hommes, eux aussi, montèrent en quelque sorte en grade et prirent seuls possession de nouveaux champs d'action inconnus auparavant. Ainsi les faits démontrent avec certitude que les femmes, au lieu de peser sur la situation des hommes autant qu'on le suppose généralement, ont vite pris la place des garçons et des filles en faisant elles-mêmes les travaux dont ceux-ci étaient primitivement chargés dans nos usines. L'élévation croissante de la proportion des hommes le prouve déjà, mais si l'on ajoute à cela la diminution constante du nombre des enfants, le fait devient tout à fait évident. Il faut espérer du reste, que la législation des différents Etats fera assez de progrès pour maintenir les enfants au-dessous de 14 ou 15 ans en dehors des établissements industriels. Beaucoup d'Etats le font déjà, en interdisant aux enfants au-dessous de 10 ans de travailler dans les usines et les manufactures, et l'on a plaisir à constater que non-seulement la proportion des enfants employés dans l'industrie a diminué pendant les 10 ou 15 dernières années, mais qu'elle diminue encore régulièrement et avec rapidité.

L'emploi des femmes dans les industries mécaniques soulève beaucoup de problèmes de morale, dont l'un des principaux est la question des femmes mariées. Il n'existe pas, sur ce point, de statistiques très générales ou très dignes de foi, mais, autant qu'il est permis de s'en rendre compte, on peut poser en principe, avec une exactitude suffisante, qu'environ 10 0/0 des femmes employées dans les différentes industries du pays sont dans ce cas.

Une autre question non moins intéressante serait de savoir pourquoi les femmes sont payées moins que les hommes dans certains cas, c'est-à-dire, en fait, presque toujours, nous l'avons déjà montré. Les raisons principales de cette différence sont surtout économiques. La femme est sortie de son asservissement et a envahi le domaine industriel comme un facteur économique entièrement nouveau. A défaut d'autres raisons, celle-ci seule suffirait pour maintenir ses salaires à un taux peu élevé, et les empêcher de suivre une marche ascendante très rapide ; mais il y a d'autres causes qui, avec celle-là, l'obligent à travailler moyennant une rémunération relativement minime. Elle occupe, en effet, les emplois les moins importants en raison de l'infériorité de sa condition, tant au point de vue physique qu'au point de vue intellectuel. Elle est, de plus, la victime de l'influence de l'assistance qu'elle reçoit, dans un grand nombre de cas, de sa famille et de ses amis. Ce fait tend réellement à abaisser le niveau de sa condition économique et de sa productivité industrielle, et la force à se placer à un étage moins élevé que celui de l'homme. Tout cela influe sur la quantité et sur la qualité du travail qu'elle exécute. Puis aussi, elle pénètre rarement dans le champ d'activité industrielle avec des ressources suffisantes pour vivre de son travail. Ceci n'est point la conséquence de quelque incapacité de son esprit ou de son défaut d'adresse, c'est dû, en grande partie, à l'espérance qu'elle nourrit que la continuité de son travail sera un jour interrompue par le mariage. Elle souffre, en outre, du défaut de préparation technique, et elle ne sait point se garantir contre la perte des années employées à s'armer en vue d'obtenir les meilleures places. Enfin, si l'esprit de rivalité a eu beaucoup de peine à admettre la situation industrielle des femmes à notre époque comme un fait reçu, il n'a pas peu contribué non plus à maintenir leur salaire à un taux peu élevé ; car, en raison de ce qu'elles étaient entrées dans l'industrie comme un facteur économique nouveau, le besoin de s'assurer un emploi a fait naître, de leur part, une offre artificielle de travail hors de proportion avec la demande et tous les postes que la femme peut occuper sont toujours convoités par un grand nombre, ce qui donne à l'employeur toute facilité pour fixer les salaires à son gré (1).

(1) Pour une discussion plus complète de cet aspect de la question de l'emploi des femmes dans l'industrie, voir l'article déjà cité du *Forum*, n° de juillet 1892.

Il est cependant agréable de constater, d'après tous les renseignements que nous possédons, que la condition de la femme va toujours en s'améliorant. Certainement, les femmes employées dans l'industrie, en tant qu'elles forment une classe à part, commencent à comprendre la puissance et la force qu'on acquiert en s'organisant. Des cercles de jeunes ouvrières se sont ouverts un peu partout et de ces cercles sortira dans l'avenir le redressement de quelques-unes des injustices que les femmes ont eu à subir dans l'industrie. Peu à peu, leur puissance sociale et économique augmentera et se fera respecter grâce à l'association. Toutefois, ce travail d'organisation a surtout un caractère moral. Sans doute, les femmes ne font pas la guerre au capital, et ne considèrent point que l'élévation de leurs salaires doit être la conséquence immédiate de cette organisation ; mais, par l'association d'intérêts, en attirant l'attention publique sur leur situation, elles ont l'assurance de faire reconnaître peu à peu leur véritable valeur comme facteur économique. L'influence de cette organisation se fera bientôt sentir dans une foule de directions. Déjà, la législation tend à restreindre de plus en plus les limites dans lesquelles elles peuvent être employées. Elles ont été, jusqu'ici, classées avec les enfants, et les législateurs ont compris qu'il leur appartenait de régler, en ce qui les concerne, la durée et les conditions du travail. Les hommes, d'ailleurs, ont bénéficié de cette intervention législative dans la question du travail des femmes ; car s'il n'a jamais paru sage de légiférer relativement au travail des hommes, ceux-ci, du moins, ont vu leur situation réglée, dans une certaine mesure, par les lois portées à l'égard des femmes et des enfants. C'est même un fait digne de remarque que la durée du travail des hommes a été diminuée, il y a déjà longtemps, sans l'intervention de la loi, tandis que celle du travail des femmes et des enfants n'a été réduite qu'au moyen de dispositions légales positives. Mais désormais, les femmes viendront elles-mêmes dépeindre leur situation et présenter leurs doléances, et les restrictions législatives, en ce qui les concerne, deviendront de plus en plus nombreuses et conformes à la raison. Et à mesure que tout ce qui touche à la question du travail des femmes sera mieux et plus connu, le public pourra lui aussi comprendre, dans toute son étendue, l'importance morale, sociale et politique de leur introduction dans les usines et les manufactures.

CHAPITRE XVII

LA MAIN D'ŒUVRE ET LE TAUX DES SALAIRES, 1790-1880(1)

La statistique des salaires effectifs ou moyens, dans une période ou une localité déterminée, surtout quand elle doit servir de point de comparaison, n'est complète que si elle est accompagnée de renseignements sur la durée du travail, sur les règlements relatifs aux rémunérations supplémentaires, sur le marchandage et sur les autres procédés de paiement propres à cette période ou à cette localité. Il faudrait, aussi, prendre en considération le prix de la vie et la valeur des principaux articles de consommation, puisque ce n'est pas le montant du salaire en argent qui intéresse le plus l'ouvrier, mais bien la quantité de subsistances qu'il peut se procurer à un moment donné pour une somme déterminée. Ce chapitre, cependant, est consacré principalement à l'évaluation des salaires, les prix des différentes denrées n'étant indiqués que d'une manière incidente. Les chiffres choisis sont tantôt ceux des salaires effectifs, tantôt ceux de la moyenne payée dans un certain nombre d'usines, dans différentes localités, et nous pensons qu'ainsi les salaires payés aux différentes

(1) Les graphiques contenus dans ce chapitre montrent les variations du salaire dans les différentes industries de 1830 à 1890.

catégories de travailleurs sont indiqués avec une suffisante exactitude. Si, en effet, le taux des salaires, pour une même catégorie d'ouvriers, dans des établissements différents, et dans une région déterminée, peut varier, il y a toujours tendance à l'égalité.

En donnant le chiffre des salaires et des prix pour les cent dernières années, spécialement pour la première moitié du XIXe siècle, nous avons principalement en vue les Etats de l'Est et du Centre. Nous y avons été contraint par le défaut de renseignements en ce qui concerne les autres parties de notre pays ; mais nous croyons cependant que les chiffres rapportés ici donnent bien l'idée des différentes variations survenues dans toutes les régions industrielles du pays considéré dans son ensemble, en dépit des différences sensibles qui existent entre telle région et telle autre.

Au commencement de la période constitutionnelle, comme nous l'avons montré dans le chapitre relatif aux salaires dans la période de colonisation, il ne se produisit pas de grandes modifications dans le taux des salaires payés dans les différentes industries. Mais entre 1790 et 1830, lorsque le régime de la grande industrie fut partout appliqué, et que la main-d'œuvre dut être payée plus cher parce qu'elle était plus recherchée, il y eut naturellement une augmentation sensible. Ainsi les charpentiers qui, en 1790, étaient payés moins de 60 cents par jour, touchaient, en 1800, plus de 70 cents, en 1810, 1[d],09 en moyenne, en 1820, 1[d],13, en 1830 environ 1[d],13, et dans le nord du pays 1[d],40 par jour, de 1830 à 1840 ; puis leur situation ne changea guère jusqu'en 1860. D'un autre côté, si nous prenons les simples manœuvres, dont le salaire nous donne une idée assez exacte de la situation de l'ensemble des ouvriers, nous voyons qu'en 1790 ils étaient payés environ 43 cents par jour, en moyenne ; en 1800, 62 cents et demi ; de 1800 à 1810, environ 82 cents ; de 1810 à 1820, quelquefois plus de 90 cents, tandis que 1840 à 1860 leur salaire varia de 87 cents et demi à 1 dollar. Les imprimeurs recevaient, au commencement du siècle, environ un dollar par jour, et, dès 1860, leur salaire s'élevait à 1d,75. Les cordonniers étaient payés 73 cents 1/3, en moyenne, de 1790 à 1860, tandis que la moyenne s'élevait à 1d,06 de 1820 à 1830, pour atteindre 1d,70 en 1860. Quant aux ouvriers de l'industrie du coton, dont les salaires ne sont pas très connus avant 1820, nous trouvons qu'ils gagnaient 44 cents par jour en moyenne, entre 1820 et 1830, et près de 90 cents de 1830 à 1840. Ce dernier taux se maintint, avec une légère augmentation en 1850, tandis que la moyenne fut de 1d,03 dans les dix années qui suivirent. Enfin les ouvriers de l'industrie lainière étaient, pour la plupart, dans une situation meilleure, étant payés, dans la première partie de la période de la grande industrie, c'est-à-dire pendant les dix années antérieures à 1830, 1d,12 : toutefois, ils atteignirent rarement de nouveau ce haut salaire avant 1880.

Le calcul des salaires, après 1830, est beaucoup plus exact, et le cours de leurs variations peut être alors plus facilement suivi. En 1831, les salaires quotidiens des ouvriers ruraux variaient de 57,5 cents à un dollar. Les forgerons gagnaient de un dollar à 1d,25. La moyenne journalière pour les charpentiers était de 1d,07, mais ils atteignaient jusqu'à 1d,50, tandis que les maçons recevaient 1d,26. Toutefois, depuis 1873, les salaires, dans ces principaux métiers, ont plus que doublé, mais la spécialisation des métiers et des travaux de toute espèce et leur répartition en catégories distinctes a fait aussi de rapides progrès, si bien que la moyenne calculée pour un groupe aussi étendu ne donne aucune idée du taux des salaires pour les différentes catégories. La moyenne journalière, pour les ouvriers de l'industrie du papier, en 1831, était de 66,6 cents, celle du salaire des imprimeurs de 1^{d},25, des cordonniers de 1^{d},06, des ouvriers du coton de 88,6 cents, des ouvriers de la laine de 94,6, des verriers de 1^{d},12 et des constructeurs de moulins de 1^{d},21.

Pendant les trente années comprises entre 1830 et 1860, deux violentes crises commerciales sévirent, l'une en 1837 et l'autre en 1857. L'excès des importations, la spéculation et l'abus du crédit en furent les principales causes ; toutes deux eurent pour effet de réduire temporairement les salaires dans certaines industries. En 1860,

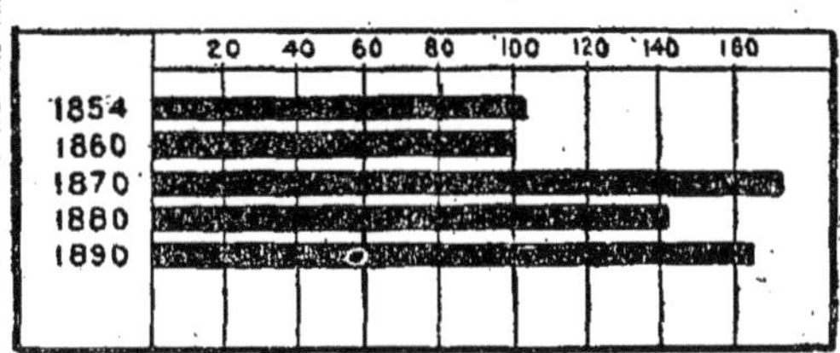

Travaux publics des villes.
pourcentage.

on ne s'était même pas encore remis de la panique de 1857. Pourtant, la moyenne, pour la décade finissant en 1860, accuse un progrès sensible sur 1830. Pendant cette période, les ouvriers ruraux gagnaient 1^{d},01 par jour, les forgerons 1^{d},69, les charpentiers 2^{d},03 et les maçons 1^{d},53 ; les ouvriers de l'industrie du papier recevaient 1^{d},17, les imprimeurs 1^{d},75, les cordonniers 1^{d},70, les ouvriers du coton 1^{d},03, ceux de la laine 87,3 cents, les verriers 2^{d},96 et les constructeurs de moulins 1^{d},66. Ainsi, dans toutes ces professions, sauf en ce qui concerne les ouvriers de l'industrie lainière, les salaires sont en progrès sur ceux de 1830. Le pourcentage de l'augmentation va de 16,3 pour les ouvriers du coton à 161,9 pour les verriers. En faisant la même comparaison pour les salaires payés dans 20 métiers différents, on constate que dans un cas seulement il n'y a pas augmentation dans la moyenne du salaire quotidien.

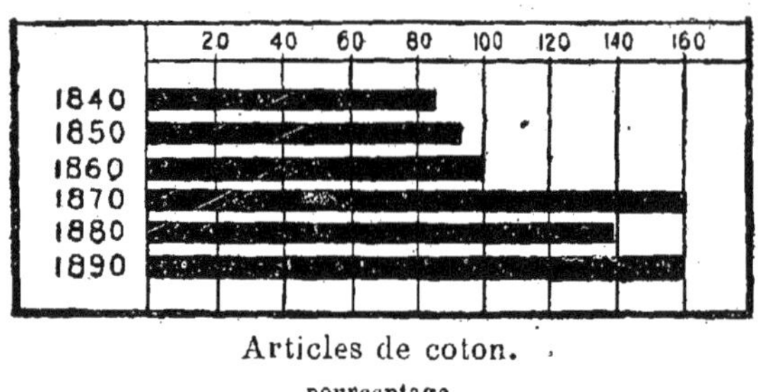

Articles de coton.

pourcentage.

Sans parler des effets que la guerre, les fluctuations de la valeur du papier monnaie ou la crise financière de 1873 peuvent avoir eu sur les salaires pendant la période de vingt années comprise entre 1860 et 1880, nous pouvons du moins comparer les moyennes de 1860 avec celles de 1880. En 1880, les ouvriers ruraux gagnaient 1[d],31 par jour, les forgerons 2[d],28, les charpentiers 2[d],42, les maçons 2[d],79, les ouvriers du papier 2[d],79, les imprimeurs 2[d],18, les cordonniers 1[d],76, les ouvriers du coton 1[d],40, ceux de la laine 1[d],24 et les verriers 1[d],79. Ces différentes moyennes, calculées pour les industries principales, montrent quelle a été l'augmentation générale des salaires dans tous les métiers pendant 50 ans, de 1830 à 1880. Mais une moyenne générale pour les ouvriers de l'industrie du coton, de la laine ou de toute autre branche de l'industrie dans laquelle il existe de nombreuses catégories de travailleurs, chaque catégorie formant un degré différent et recevant un salaire proportionné à son importance dans le résultat général, au degré d'habileté et aux soins exigés des ouvriers, ne donne point une idée exacte des salaires effectifs. Par exemple, le salaire quotidien des surveillants des travaux de cardage, dans une filature de coton du Massachusetts, a varié de

2 dollars pour 13 heures de travail en 1842 à 5 dollars pour 10 heures de travail en 1891. De même, le salaire des surveillants dans la section du tissage de la même usine s'est élevée de 1d,75 en 1843 à 5 dollars en 1891. Mais si, par contre, nous prenons les dernières catégories d'ouvriers dans la même usine, nous trouvons que la moyenne du salaire des trieurs et des éplucheurs s'est élevée de 71,5 cents et de 59, 5 cents respectivement, en 1842, à 1d,03 et à 1d,64 en 1891, tandis que la durée du travail s'abaissait de treize à dix heures.

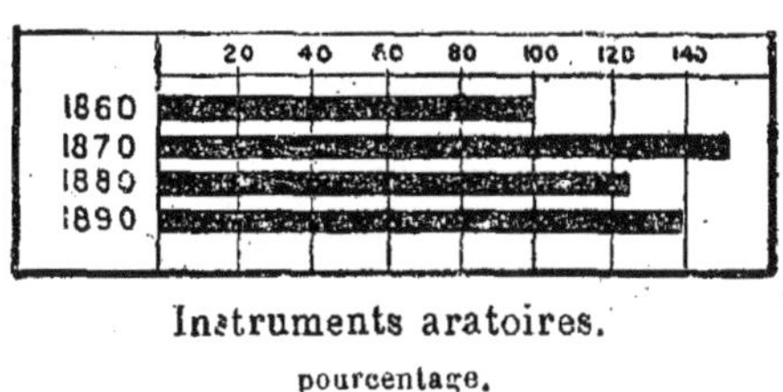

Instruments aratoires.
pourcentage.

Appliquant cette comparaison du salaire effectif pour les différentes classes de métier à l'industrie du bâtiment, un entrepreneur de New-York fixe le salaire des charpentiers en 1843 à 1d,30 par jour et en 1891 à 3d,50, malgré une réduction de la journée de travail de dix à huit heures. Quant au salaire des maçons et de leurs aides, il est passé de 1d,75 et 1 dollar en 1851 à 4 dollars et 2d,50 en 1891, avec une réduction de deux heures sur la durée du travail. De même, le salaire quotidien

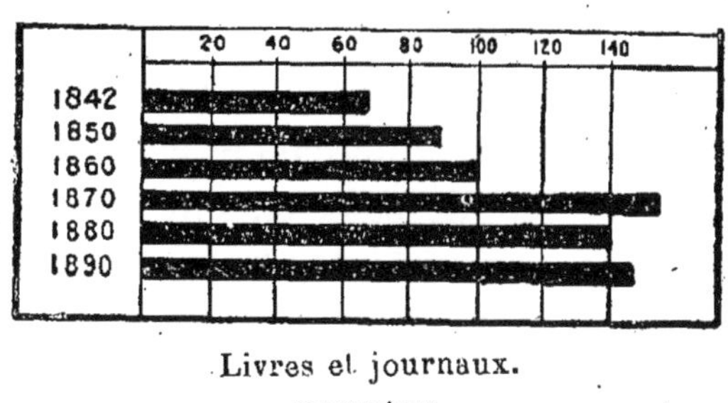

Livres et journaux.
pourcentage.

des forgerons dessinateurs et chefs d'atelier, deux classes

d'ouvriers très distinctes, quoique très dépendantes l'une de l'autre, d'après les chiffres fournis par une usine de fabrication d'articles de métal de New-York, s'est élevé de 1d,75 et 2d,50 en 1848 à 5d,31 et 5d,83 en 1891. Enfin, si nous faisons la même comparaison pour une catégorie de salariés tout à fait différente, celle des employés de chemins de fer, nous trouvons que le salaire des mécaniciens et des chauffeurs s'est élevé de 2d,14 et 1d,06 en

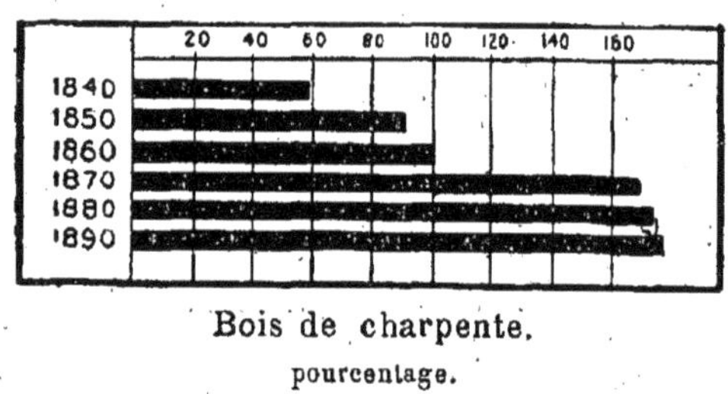

Bois de charpente.

pourcentage.

1840 à 3d,77 et 1d,96 en 1891 ; et pendant la même période, le salaire des conducteurs de trains de voyageurs montait de 2d,11 à 3d,84.

Les chiffres que nous donnons ici sont extraits des livres mêmes de paye des établissements intéressés, et montrent quel a été l'accroissement du taux des salaires dans des professions déterminées ; mais, considérés en eux-mêmes, ils ne donnent encore qu'une idée inexacte de la moyenne des salaires. Si, en effet, la rémunération accordée aux surveillants dans les sections du cardage et du tissage dans les filatures de coton, ne s'élevait pas à moins de 5 dollars par jour en 1891, nous trouvons, par l'examen des chiffres de soixante-quatre filatures de laine et de coton, répandues dans vingt Etats différents, et employant 31.657 ouvriers, que 21.338 de ceux-ci, soit 67 0/0 du total, gagnaient de 41 cents à 1d,20 par jour, tandis que 24 seulement étaient payés 5 dollars ou plus. La moyenne quotidienne pour cette industrie était donc plus près de un dollar que de cinq. Pour la même raison, le salaire quotidien, dans la fabrication du fer et de l'acier, varie entre un dollar et deux, bien que le taux varie lui-même

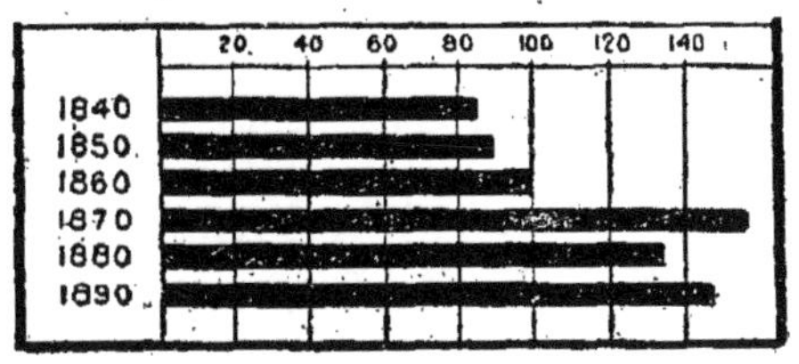

Métaux et objets en métal.
pourcentage.

de 41 cents à 19^{d},40 par jour. En groupant un certain nombre d'établissements types des principales industries manufacturières, employant à cette date un total de 59.784 ouvriers, on trouve que 20.969 individus, soit 35 0/0 du total, recevaient seulement de un dollar à 1^{d},60 par jour. La moyenne quotidienne du salaire pour toutes les classes d'ouvriers dans les usines des différentes catégories envisagées peut donc être considérée comme se fixant entre un dollar et deux, bien que la proportion de ceux qui gagnent plus de deux dollars par jour dépassât quelque peu la proportion de ceux qui recevaient moins d'un dollar.

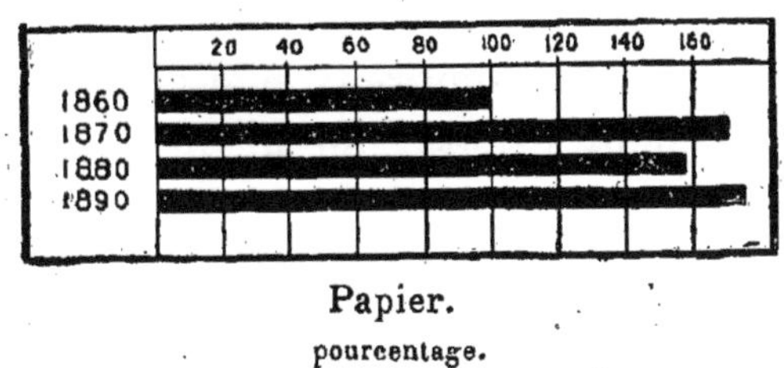

Papier.
pourcentage.

Si maintenant on examine les salaires de la grande masse des ouvriers, c'est-à-dire des journaliers ordinaires et des ouvriers ruraux, pendant toute la période écoulée depuis 1633, on voit que les meilleurs d'entre eux étaient payés de 25 cents à 33,3 cents dans les années qui précédèrent la Révolution, puis 42,5 cents immédiatement après ; or, en juin 1891, le salaire des journaliers ordinaires variait de 2^d,50 dans le Montana à 75 cents dans les Carolines et à 1^d,25 dans l'Etat de New-York. Les ouvriers ruraux recevaient, à la même époque, 30 à 40 dollars par mois, plus la nourriture et le logement, dans le Montana et la Californie, 9 et 10 dollars dans les Carolines et la Virginie, et 15 à 20 dollars dans l'Etat de New-York. Les maîtres maçons gagnaient 33,3 cents par jour en 1633, et un dollar en 1790, tandis que, pendant la saison occupée de 1891, leurs salaires varièrent de 4^d,50 à 5 dollars en Californie et dans le Colorado, et atteignaient 2^d,50 dans la Caroline du Nord et 2^d,50 et 3^d,36 en Pensylvanie et dans l'Etat de New-York.

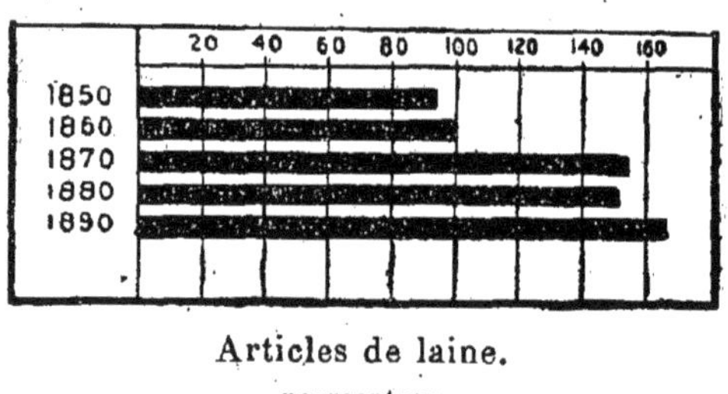

Articles de laine.
pourcentage.

On peut comparer ainsi les salaires payés à différentes époques dans de nombreux métiers, et partout l'on retrouve le même progrès ou un progrès analogue. Mais

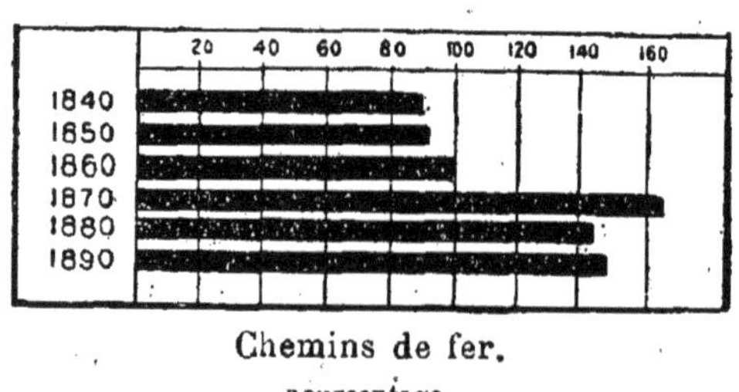

Chemins de fer.
pourcentage.

les chiffres que nous avons donnés suffisent, avec ceux que nous avons rapportés au chapitre IX, pour donner une idée de l'augmentation survenue dans les salaires en argent de toutes les catégories d'ouvriers pendant cette période de deux cent cinquante-huit ans. Ce qu'on constate, c'est que si le nombre effectif des ouvriers occupés augmente ou diminue suivant que les affaires prospèrent ou languissent, une demande abondante de main-d'œuvre ou des chômages plus nombreux n'ont que peu d'influence sur le taux des salaires. Aussi, pendant presque toute la période que nous avons étudiée, les salaires ont-ils eu une tendance à la hausse ; la baisse a toujours été l'exception et n'a généralement été que de courte durée.

Si maintenant nous laissons de côté cette question du taux des salaires dans quelques-uns des principaux métiers, il est intéressant de rechercher quel a été le pourcentage relatif de l'augmentation des salaires considérés en général. Cette étude peut être faite en partant de ce principe que, à une époque donnée, les salaires peuvent être représentés par le nombre 100, et en calculant ensuite, d'après les faits, quelle a été l'augmentation ou la diminution survenue en dessus ou en dessous de ce chiffre (1). Quels qu'aient été les salaires en 1860, par exemple, ils peuvent être évalués à cent. Partant de là,

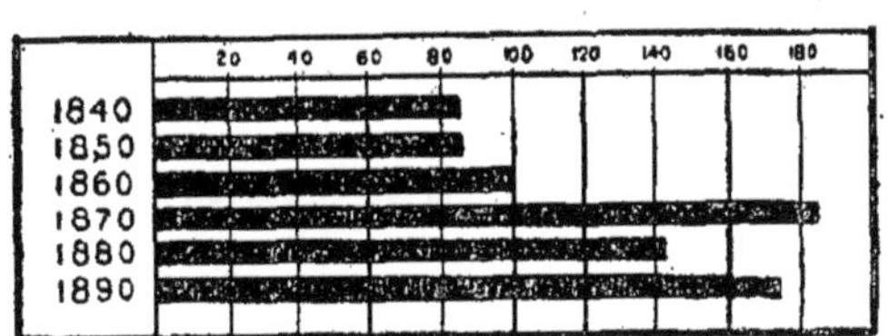

Industries de construction.

pourcentage.

on a trouvé que, en prenant les salaires payés dans vingt-deux industries et dans près de cent établisse-

(1) Cette méthode fut adoptée par la commission des Finances du Sénat, dans son Rapport sur les prix et les salaires (Rapport n° 1394, 52e congrès, 2e session).

ments différents (d'après les livres de paye de ces établissements), et, en faisant la moyenne, on obtient 87,7 en 1840; 152,4 en 1866, et 160,7 en 1891. On peut objecter, il est vrai, qu'une moyenne ainsi comprise ne donne pas le pourcentage général de l'accroissement ou de la diminution ; mais on peut aussi établir ces chiffres d'après l'importance relative de l'industrie prise en considération par rapport à toutes les autres industries, importance calculée d'après le nombre des ouvriers employés. Dans ce cas, si l'on prend toujours pour base le chiffre 100, en 1860, on trouve que la moyenne générale des salaires, en 1840, est représentée par le nombre 82,5, en 1866 par 155,6, et en 1891 par 168,6, soit une augmentation générale de 68,6 0/0 depuis 1860, chiffre qui montre bien la marche des variations du taux des salaires depuis cette date. En même temps, nous constatons que la moyenne est passée de 82,5 en 1840 à 168,6 en 1891, dernière année de la période examinée.

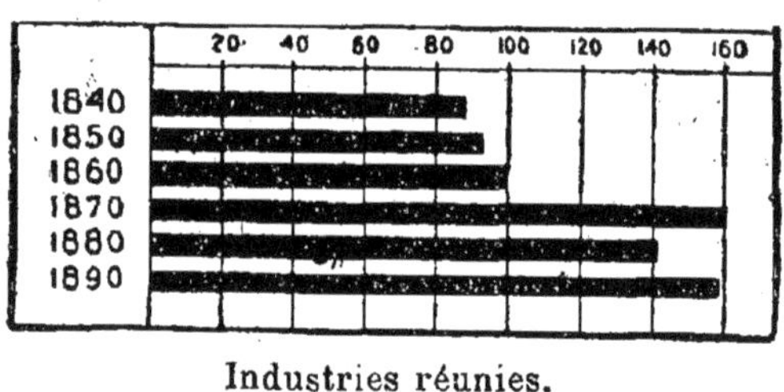

Industries réunies.

pourcentage.

Il est toujours difficile de dresser, pour une période de temps de quelque étendue, une statistique des prix et de leurs variations qui satisfasse pleinement tous ceux que cette question préoccupe. Le prix réel des différentes marchandises, en effet, ne suffit pas à lui seul à faire connaître ces variations, parce que si tel article dont le prix peut varier beaucoup entre pour une quantité minime dans la consommation du peuple, il en est tel autre, au contraire, dont la consommation est abondante et qui, cependant, peut être représenté par un prix tout à fait constant ; aussi y a-t-il toujours controverse sur le point de savoir si les prix, calculés d'après la consommation de chaque catégorie d'articles, se sont élevés ou abaissés.

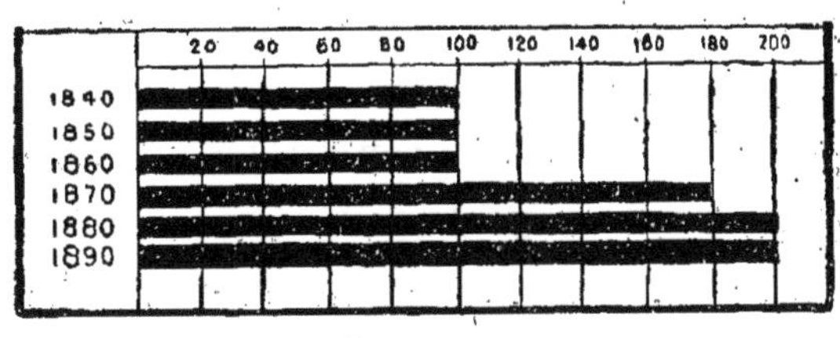

Voitures et wagons.
pourcentage.

Dans le seizième rapport annuel du Bureau de la Statistique du Travail du Massachusetts, on trouve de nombreuses statistisques de prix de différentes denrées pendant la période comprise entre 1752 et 1883, avec des comparaisons pour les années 1830 à 1860. Sans entrer dans le détail de ces comparaisons, on voit que de 1830 à 1860 le prix des produits agricoles a augmenté de 62,0 0/0, l'huile à brûler de 29 0/0 ; la bougie et le savon de 42,6 0/0 ; les produits de la laiterie de 38,8 0/0 ; le poisson de 9,8 0/0 ; le blé et la farine de 26 0/0 ; le combustible, en prenant le bois seulement, de 55,4 0/0 ; la viande, y compris la volaille, de 53 0/0. D'un autre côté, il y a eu diminution de 38,9 0/0 sur les chaussures, de 24,7 0/0 sur les vêtements et autres articles d'habillement, de 30,9 0/0 sur la mercerie, de 17,5 0/0 sur les préparations alimentaires, de 35,1 0/0 sur le papier à lettres, de 36,5 0/0 sur les épices et les condiments.

En prenant la moyenne des pourcentages de hausse ou de baisse des prix pour les quatorze catégories d'articles que nous venons d'énumérer, on obtient un pourcentage général d'augmentation de 9,6 0/0. Si, d'autre part, on prend en considération les moyennes pour les mêmes catégories de produits et non plus les pourcentages obtenus pour chaque classe, on trouve que la hausse générale des prix a été de 15,7 0/0. La moyenne de ces deux pourcentages est elle-même de 12,7 0/0, et c'est ce dernier chiffre qui, très probablement, indique la situation exacte des quatorze catégories d'articles énumérés, dans leur tendance générale entre 1830 et 1860.

D'un autre côté si, prenant les salaires, pendant la même période, tels qu'ils sont donnés pour les différents métiers énumérés dans le rapport précité, nous en faisons le total pour en calculer la moyenne, nous voyons que la hausse générale moyenne, pour la période finissant en 1860, comparée à celle qui prit fin en 1830, est de 52,3 0/0. Il est donc bien évident que, pendant ces trente années, les salaires ont augmenté dans une proportion beaucoup plus forte que les prix.

Il est heureux qu'aujourd'hui le public puisse se reporter au rapport du Comité des finances du Sénat, dont nous avons précédemment parlé. Car ce rapport donne

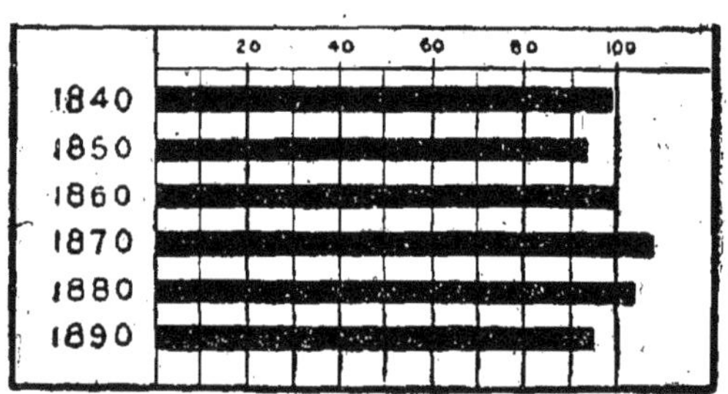

Moyenne des prix des objets de toute nature d'après leur importance. pourcentage.

les prix généraux de 223 des principaux articles de consommation de 1840 à 1890, et si l'on prend ces prix dans leur ensemble, en partant d'un point de départ analogue à celui qui nous a servi à déterminer les salaires, c'est-à-dire en supposant qu'en 1860 ils équivalaient à 100, on trouve, en 1840, 97,7, en 1866, 187,7 et en 1891, 94,4 0/0 seulement : en d'autres termes, les prix, en ce qui concerne les 223 principaux articles considérés, sont tombés de 100 en 1860 à 94,4 en 1891.

Si, maintenant faisant une comparaison générale, nous mettons les salaires et les prix en regard les uns des autres, nous trouvons que les salaires, calculés d'après l'importance relative d'une industrie donnée vis-à-vis de toutes les autres, se sont élevés à 168,6 en 1891 contre 100 en 1860, tandis que les prix de 223 produits entrant dans la consommation générale, en prenant pour base l'importance de chaque article vis-à-vis de tous les autres, au point de vue de la consommation, sont tombés de 100 en 1860 à 94,4 en 1891. La conclusion, par suite, est certaine et absolue ; c'est que si le pourcentage de la hausse des prix s'élevait, en 1866, à un niveau bien supérieur à celui de l'augmentation des salaires, dès 1891, les prix étaient, dans l'ensemble, tombés beaucoup plus bas qu'en 1840, tandis que les salaires montaient alors bien au-dessus du taux déjà très élevé qu'ils avaient atteint en 1866.

Il faut remarquer que, dans ces pourcentages, nous ne nous sommes point occupés du taux des loyers. Eux aussi ont beaucoup augmenté, mais, même en tenant compte de cette hausse ainsi que de celle du prix des produits alimentaires et de différents autres articles essentiels pour en tirer une conclusion générale relativement au salaire réel, on peut tenir pour généralement établies, en fait, les conclusions que nous venons de poser.

Ces quelques exemples — et ce sont les seuls que nous puissions donner dans cet ouvrage — indiquent très clairement quel est le salaire réel des travailleurs en face de leur salaire nominal, et ils nous amènent à cette constatation que, toutes les fois que les prix des denrées s'élèvent, ils s'élèvent relativement plus que le prix de la main-d'œuvre ; qu'au contraire, toutes les fois qu'ils baissent, ils tombent relativement beaucoup plus bas que le prix de la main-d'œuvre, lequel, ordinairement du moins, ne se maintient pas moins, à peu près, au niveau élevé qu'il a déjà atteint. Ainsi, par exemple, en 1890 et 1891, les salaires étaient presque aussi élevés et, même, dans certains cas, exactement aussi élevés que dans la période de hausse des prix de 1860 à 1870. Cette constatation est encore mieux établie par ce fait qu'un charpentier qui gagnait 3d,50 par jour en 1866, au moment même où les prix furent le plus élevés, recevait exactement le même salaire, soit 3d,50, en 1891. Au contraire, pour les prix, en 1840, on payait le calicot 12 cents le yard, tandis qu'en 1866, dans la période de hausse, le même article valait 21 cents le yard et, en 1891, 6 cents seulement. Aussi ne nous a-t-il point paru nécessaire, pour aucune des comparaisons données dans ce chapitre, de ramener à l'étalon d'or les prix et les salaires envisagés.

TROISIÈME PARTIE

Le mouvement ouvrier.

CHAPITRE XVIII

LES ORIGINES DU MOUVEMENT OUVRIER

Nous nous occuperons dans cette troisième partie de l'histoire de ce qu'on appelle généralement le *mouvement ouvrier*. Sous ce nom sont comprises toutes les tentatives faites par les ouvriers pour s'assurer du travail et pour s'organiser, réformes de la législation ouvrière, grèves, locks-outs et boycottages.

La question ouvrière a toujours existé au cours de l'histoire de l'humanité. Jadis il existait des *guildes*, des associations et différentes organisations établies dans des buts très variés. Mais depuis que l'industrie s'est organisée et que la grande industrie surtout est devenue un régime définitif, le mouvement ouvrier a pris un caractère entièrement nouveau, et il embrasse maintenant une foule de questions économiques et morales. Le mouvement ouvrier, en effet, c'est la question ouvrière tout entière, et celle-ci, envisagée d'une manière concrète, c'est l'effort fait par les travailleurs pour s'assurer un *standard of life* plus élevé. C'est la lutte qu'ils soutiennent pour s'élever à une condition meilleure. Quels sont les moyens d'atteindre le but en vue duquel cette lutte a été entreprise, telle est, sans conteste, la grande question du jour. Contemporain du développement de l'industrie aux Etats-Unis, ce mouvement s'est produit et s'est accéléré à mesure que le développement industriel s'accentuait. Toute histoire de l'évolution industrielle des Etats-Unis doit donc tout naturellement comprendre celle du mouvement ouvrier dans sa totalité, avec le tableau de ses différents aspects et des complications résultant de la lutte ininterrompue qui le constitue.

Avant l'établissement du régime de la grande industrie, il n'y avait pour ainsi dire pas d'organisation ouvrière. Les colonies du Sud, ayant conservé l'esclavage dans l'industrie, n'offraient aux travailleurs qu'un champ stérile pour soulever les questions qui les intéressaient. Quant aux colonies du Nord, bien que jouissant d'un régime industriel différent, elles n'offraient, elles aussi, que peu de place à ces agitations, parce que l'industrie y était encore à l'état primitif, que la terre était abondante, la main-d'œuvre recherchée, les habitudes et les besoins de la population très simples. Et cependant le mouvement ouvrier chez nous, entendu dans le sens le plus large, a pris naissance à la fois dans la Virginie et à Plymouth, en raison de la coexistence et de la rivalité des deux systèmes industriels opposés, coexistence qui eut, pour la prospérité générale du pays, les plus heureuses conséquences, puisque l'antagonisme entre les deux régimes atteignit son maximum d'intensité en 1861 dans la grande guerre civile.

Les deux régimes du travail libre et de l'esclavage eurent des influences diverses et agirent dans des directions variées, à la fois sur l'économie de la production et sur les rapports des travailleurs avec la société. Nous les avons, dans le chapitre spécial que nous leur avons consacré comparés l'un à l'autre, mais il faut noter ici que la situation des esclaves ne leur permettait pas de s'organiser : en fait, on ne trouve, dans le Sud, aucune trace d'un mouvement ouvrier quelconque avant la guerre civile. Les travailleurs libres, au contraire, avaient plus d'occasions et de moyens pour provoquer une agitation et des mouvements divers : cependant, en raison des conditions spéciales dont nous avons déjà parlé, l'histoire ne mentionne aucun mouvement de quelque importance pendant la période coloniale, si ce n'est peut-être, à l'origine même de cette période, dans le Massachusetts, où les calfats, qui étaient des politiciens, organisèrent l'association connue sous le nom de *Calkers Club* (Club des calfats), dont le but était de « dresser des plans pour parvenir à introduire certaines personnes dans les postes de confiance et d'autorité ». Le père de Samuel Adam, dès 1724, prit une part active aux travaux de ce club, et c'est du nom de cette association, dit-on, que le mot *caucus* (1) est dérivé. — Mais les éléments d'une organisation définitive manquaient encore, si l'on entend par là l'association générale des travailleurs dans les centres industriels. L'association, toutefois, est le principe vital de l'industrie, aussi bien que de tous les efforts tentés vers le progrès : aussi, est-il très probable qu'il se forma, dès l'origine, des associations de marchands de différentes catégories, ayant des motifs très variés pour s'associer. Mais le régime du travail à domicile, qui maintenait les travailleurs dans les ateliers particuliers et dans leurs maisons, faisait obstacle à l'extension de l'organisation des ouvriers, et ce ne fut qu'au commencement du XIXe siècle que les associations ouvrières commencèrent à avoir quelque influence

(1) Nom donné en Amérique aux réunions de citoyens ayant pour but de s'entendre sur les candidats à porter aux élections. (N. D. Tr.)

dans la direction des affaires. Encore n'exercèrent-elles aucune action sérieuse pendant le premier quart de ce siècle.

Les tailleurs, qui ont toujours pris une part active aux mouvements politiques, établirent une *Trade-Union*, dès 1806. Cette association était due, probablement, à l'influence exercée par les membres de la corporation venus d'Angleterre, qui conservaient leur fidélité aux *Journeymen Tailors' Unions* du Vieux Monde. Une association analogue fut organisée par les chapeliers en 1819 ; puis les charpentiers de navires et les calfats établirent leur ordre en 1822, sous le nom de *Columbian Charitable Society of Shipwrights and Calkers of Boston and Charlestown* (Association américaine de bienfaisance des charpentiers de navires et des calfats de Boston et de Charlestown), association à laquelle la législature du Massachusetts concéda une charte en 1823. Le 3 avril 1803, on enregistra, dans la ville de New-York, une association appelée *New-York Society of Journeymen Shipwrights* (Association des ouvriers charpentiers de navires), tandis qu'une autre société était créée en 1806 sous le nom de *House Carpenters of the City of New-York*. Les typographes de cette ville s'organisèrent probablement aussi dès les premières années du XIXe siècle, car l'histoire nous apprend que Thurlow Weed fut élu représentant dès 1817. Leur société était connue sous le nom de *New-York Typographical Society*, et avait pour président Peter Force. Chose assez curieuse, bien que la résidence de M. Weed, à Albany, lui eût permis d'obtenir l'incorporation de la Société, il y eut une grève dans ses ateliers en 1821, qui eut pour cause ce fait que l'un de ses compositeurs était un *rat*, c'est-à-dire un individu ne faisant pas partie de l'association.

Avec l'année 1825, de nouveaux éléments et de nouvelles tendances apparurent, et la voie fut ouverte au développement du mouvement ouvrier. Il serait difficile d'assigner une cause unique prépondérante aux tendances nouvelles qui se manifestèrent alors, car nombreuses sont les raisons qu'on peut donner de cette transformation. Il est possible que la demande de réduction de la durée du travail et d'élévation des salaires, en même temps que les essais de coopération récemment tentés, aient fortement influé sur l'origine de ce mouvement. Par ailleurs, l'esprit d'association était alors en voie de développement rapide sous l'influence des prédications altruistes de Robert Owen, qui vint dans notre pays en 1824. Owen avait fait dans le Vieux Monde les tentatives les plus sérieuses en vue de l'amélioration des conditions défectueuses des classes ouvrières, notamment à New-Lanark, en Ecosse. Sa principale expérience fut réalisée en 1819, et il réussit si bien dans ses différents essais qu'il mérita le respect de tous et acquit une réputation universelle.

La principale cause de son succès vint de la manière dont il sut améliorer la condition des ouvriers travaillant sous ses ordres d'abord comme directeur, puis comme propriétaire des filatures de coton de New-Lanark. Il avait vu autour de lui régner la malpropreté et la pauvreté, l'intempérance et le crime. Il construisit donc des habitations saines, contiguës à des jardins, et les loua à prix coûtant aux ouvriers. Il ouvrit aussi des boutiques où l'on pouvait se procurer des denrées de bonne qualité et de tout prix, et contribua ainsi à écarter les pernicieux effets de ce qu'on appelle le *truck-system*. Il établit la première classe enfantine de la Grande Bretagne, excluant de ses ateliers tous les enfants au-dessous de dix ans, prenant un soin particulier du bien-être physique et moral des jeunes ouvriers. Il prit enfin des mesures pour faire disparaître l'ivrognerie et pour encourager l'épargne du peuple. Naturellement, les ouvriers s'attachèrent à leur patron, prenant personnellement intérêt au succès de son entreprise, travaillant avec habileté et consciencieusement à assurer le succès financier des filatures de New-Lanark. Un voyageur américain, M. Griscom, visita les établissements d'Owen en 1819, et, dans son rapport, il écrivait ce qui suit :

« On ne saurait, je le crains, trouver nulle part dans le monde un village manufacturier dans lequel se rencontre autant d'ordre, de bon gouvernement, de tranquillité, de bonheur. Il nous donne un remarquable et instructif exemple du bien que peuvent faire des efforts bien dirigés pour assurer le bien-être matériel et, je puis l'ajouter, la moralité des classes laborieuses. »

Et Kaufmann, dans son ouvrage sur le socialisme, parle de New-Lanark comme de l'une des plus belles de ces vallées de la Clyde que Sir Walter Scott a décrites avec tant de charme poétique, et comme ayant été transformées en paradis terrestre, au point de vue social tout au moins, par Robert Owen. Il n'est donc point étonnant que lorsqu'Owen vint en Amérique, en 1824, sa renommée l'ait suivi et que les ouvriers aient puisé, dans cette visite, un nouvel esprit et une ardeur nouvelle pour travailler à l'amélioration des conditions au milieu desquelles ils vivaient. Il fut très bien reçu par le peuple américain et il est probable que ce fut lui qui jeta le premier les bases sur lesquelles le Fouriérisme devait s'établir et se développer rapidement par tout le pays : plus de deux cents villages communistes, en effet, se fondèrent vers cette époque aux Etats-Unis pour mettre en pratique les théories de Charles Fourier (1). Quelques-uns de ces villages existent encore, mais la prospérité dont ils jouirent jadis fut en grande partie due à ce qu'ils étaient en relations d'affaires avec le reste du monde et que le monde n'était pas lui-même sous le régime du communisme. Il n'est pas nécessaire de décrire ici leurs particularités et leurs traits caractéristiques, mais il est bon, peut-être, de remarquer qu'Horace Greeley, Albert Brisbane, Charles A. Dana et d'autres personnalités bien connues s'intéressèrent à ce mouvement et contribuèrent à l'établissement de quelques-unes des plus célèbres associations Fouriéristes, dont la plus remarquable fut celle de Brook-Farm, dans le Massachusetts. La plupart de ces entreprises disparurent après quelques années d'une existence fiévreuse, mais elles eurent une immense influence pendant 20 ou 30 ans, en appelant l'attention sur les essais pratiques de socialisme et même de communisme.

La période de 1825 à 1850 peut, avec raison, être appelée la période des mouvements de réforme ; un grand nombre de ces mouvements sans doute n'eurent qu'une courte durée, mais d'autres enracinèrent solidement dans les esprits les idées de transformation sociale et firent sentir leur influence au milieu des associations qui propageaient les doctrines nouvelles, et qui, pour la plupart, exercent encore de nos jours et exerceront longtemps sans doute dans l'avenir leur puissante action.

Une autre raison, peut-être, de la concentration des efforts des travailleurs se trouve dans le développement rapide du régime de la grande industrie, dont le principe essentiel est celui de l'association. L'agglomération des populations dans les grands centres industriels, nous l'avons déjà remarqué, hâta, en effet, l'organisation des

(1) Pour l'histoire de ces communautés, voir John Humphrey Noyes, *History of American Socialism.*

classes laborieuses. Tout cela, et d'autres raisons encore pourraient être invoquées, suffit à expliquer les progrès du mouvement ouvrier depuis 1825. Il est certain que des associations ouvrières commencèrent dès lors à se former de tous côtés dans les Etats du Nord, et que l'agitation en vue d'obtenir une législation ouvrière spéciale se continua plus particulièrement dans cette contrée. Boston et New-York furent les villes les plus importantes au milieu desquelles ce mouvement se manifesta. Ce fut là que la littérature traitant de questions ouvrières apparut pour la première fois, puisque, dès 1825, le *Working Man's Advocate* était publié à New-York City. Le Dr Richard Ely, dans son excellent ouvrage sur le « *Mouvement ouvrier en Amérique* », croit qu'il est probable que ce fut là le premier représentant de la presse ouvrière aux Etats-Unis. Cette publication fut suivie du *Daily Sentinel* et du *Young America*, tous deux publiés par des Anglais, George Henry Evans et Frédéric Evans, qui débarquèrent en Amérique en 1820. Le premier se déclarait partisan de la réforme du régime de la propriété foncière. Plus de six cents journaux du pays adhérèrent au programme que ces deux hommes développaient dans leurs propres feuilles, et qui comprenait le droit de tous à la propriété du sol, l'abolition des monopoles, la libre jouissance des terres publiques, l'inaliénabilité des *homesteads* et réclamait l'abrogation de toutes les lois relatives aux poursuites pour dettes, ainsi que l'adoption d'une loi générale sur les faillites. Ils demandaient, en outre, qu'un droit de gage fût accordé aux ouvriers sur le produit de leur travail en paiement de leurs salaires, la suppression de l'emprisonnement pour dettes, l'égalité des droits pour les femmes comme pour les hommes à tous les points de vue, et l'abolition de la saisie des meubles et des salaires.

L'autobiographie de Thurlow Weed nous apprend qu'un « Congrès des Travailleurs » se tint à Syracuse, dans l'Etat de New-York, en 1830, dans lequel Ezekiel Williams fut choisi comme gouverneur. Toutefois, dans l'élection qui suivit, M. Williams recueillit moins de 3.000 voix ; mais l'année suivante les meneurs, sous le nom de *Workingmen's Party*, s'allièrent aux Whigs et réussirent à faire élire trois ou quatre membres du Parlement. Ce fut de ce mouvement que naquit le *Loco-Foco Party*.

Un grand Congrès fut tenu à Boston le 16 février 1831, comprenant des ouvriers ruraux, des ouvriers d'usine et d'autres travailleurs encore (1). Ce Congrès nomma une commission qui se réunit l'année suivante, le 6 septembre, à Boston et dont firent partie beaucoup d'hommes qui, dans la suite, jouèrent un rôle prépondérant dans la politique et dans les affaires. On y discuta les questions relatives aux intérêts de la culture, à l'impôt et à la coopération. Dix réformes principales y furent étudiées ; ce furent : l'organisation d'un comité central pour chaque Etat, l'établissement de lycées ou d'instituts, la réforme du service dans la milice, l'utilité de la réunion d'un Congrès national des travailleurs, la question des dix heures, l'effet des institutions de banque et des autres monopoles sur la condition des classes laborieuses, l'amélioration du système d'éducation et l'adoption de mesures législatives sur le régime intérieur des usines, de manière à assurer aux ouvriers un degré convenable d'instruction, l'abolition de l'emprisonnement pour dettes, l'adoption d'une loi nationale sur les faillites, l'extension du droit de vote et des lois sur le gage.

(1) V. le premier rapport annuel du Bureau de la Statistique du travail du Massachusetts, 1870.

Toutes ces réformes étaient, sur beaucoup de points, analogues à celles que les frères Evans avaient eux-mêmes inscrites dans le programme dont nous avons parlé précédemment. L'honorable Edward Everett recommanda l'organisation du parti ouvrier dans un mémoire présenté au *Charlestown Lyceum*, dans le Massachusetts. D'autres meetings furent tenus dans la ville de Boston, dans lesquels on exprima le vœu que les ouvriers de tous les métiers tinssent eux-mêmes des réunions pour se concerter et pour faire tout leur possible en vue de se mettre d'accord sur la question des heures de travail. Dans différents meetings et par différents Congrès, les questions qui, aujourd'hui, sont le plus discutées par les associations ouvrières furent étudiées avec soin ; le problème des rapports des ouvriers avec les patrons, la question de savoir si le système des dix heures est ou non un bienfait et autres sujets importants étaient les points principaux qu'on se plaisait à envisager. On discutait aussi beaucoup sur le droit des ouvriers de s'associer dans le but de garantir et de protéger leurs intérêts, et sur la question de savoir si l'organisation d'une *Trade-Union* générale ferait ou non diminuer le nombre des grèves et des locks-outs. Dans les meetings de 1831 et de 1832, à Boston, la *General Trade's Union of the City of New-York* se montra particulièrement empressée à examiner tous ces problèmes. Ce fut là, aussi loin que les renseignements que nous possédons nous permettent de remonter, le premier essai tenté, dans notre pays, pour grouper les travailleurs des différents métiers dans une organisation unique. Plus tard, ceci est devenu la règle.

Le mouvement, d'ailleurs, prit, dans les années suivantes, des formes très variées, les patrons y prenant à leur tour une part active dans leur propre intérêt. Les commerçants et les armateurs de Boston, dans un meeting tenu aux *Exchange Coffee Rooms*, le 15 mai 1832, s'engagèrent « à décourager et à empêcher les coalitions illégales formées pour entraver la liberté des individus quant aux heures de travail et pour contrarier et embarrasser ceux qui les emploient et les paient généreusement ». Le compte-rendu de ce meeting fait ressortir en outre « les tendances pernicieuses et démoralisantes de ces ententes et le caractère déraisonnable de ces tentatives, spécialement lorsque les ouvriers sont tenus en si haute estime, et que leur habileté professionnelle est si libéralement récompensée ». Les membres de ce meeting considéraient que le travail doit toujours être laissé libre de se régler lui-même et que ni le patron ni l'ouvrier n'ont le droit de se surveiller l'un l'autre ; ils voyaient avec un regret profond la voie suivie par leurs concitoyens, les ouvriers, pour adopter et défendre un ensemble de mesures de nature à empêcher les individus de faire de leur métier un usage sans limites et à déterminer la durée et le mode du travail. Les patrons soutenaient que l'association ouvrière ainsi comprise éloignerait le commerce de la ville, et dans leurs conclusions, ils prenaient la résolution suivante : « Nous n'emploierons, ni les uns ni les autres, aucun ouvrier appartenant à l'heure actuelle à cette coalition, et nous ne donnerons point de travail à aucun chef d'atelier qui les emploierait tant qu'ils resteront ainsi liés les uns vis-à-vis des autres et refuseront de travailler pendant le temps qu'il a été et qu'il est toujours d'usage de consacrer au travail dans les usines. » Cette résolution fut signée par les représentants de 106 établissements.

Le mouvement en faveur des dix heures ne réussit pas alors, quelque succès qu'il ait eu au moment où il commença, mais il est vraisemblable qu'il eut pour conséquence une augmentation du nombre des membres des associations et qu'il ne fit que rendre l'agitation plus intense. Les ouvriers, pourtant, ne manquaient pas d'amis influents. Dans le Massachusetts, des hommes comme William Ellery Channing, Robert Rantoul, Horace Mann et James Carter plaidaient leur cause. On proclamait que le plus sûr moyen d'atteindre le but poursuivi par les associations ouvrières était de travailler à l'éducation du peuple à tous les degrés. C'était là, notamment, tout le sujet des leçons de Channing sur la « culture du moi » et les classes laborieuses. Il avait grande confiance dans celles-ci, il croyait à leur sagesse et à leur intégrité et les considérait comme tout à fait capables de développer leurs facultés morales et intellectuelles, de manière à pouvoir aborder les grands problèmes de notre époque.

Mais l'histoire des associations ouvrières, leurs tendances, leurs succès, leurs revers, la philosophie qui les dirigeait, l'influence qu'elles ont exercée à des points de vue très divers, tout cela suffirait à remplir plusieurs volumes. Il suffit de dire ici que, en dépit de l'opposition qu'elles rencontrèrent à certains moments et du caractère qu'elles revêtirent, en dépit des rivalités intérieures qui, parfois, les troublèrent, malgré les défections qui réduisirent leurs rangs et des jalousies qui retardèrent leur succès immédiat, les associations ouvrières, depuis 1825, ont continué, à travers les succès et les revers, leur active propagande, s'étendant tout d'abord dans les grandes villes, puis, en dernier lieu, dans toutes les parties du pays.

CHAPITRE XIX

LES ASSOCIATIONS OUVRIÈRES

L'histoire des associations ouvrières fait partie intégrante de l'histoire de notre pays et leur développement à notre époque constitue l'un des traits essentiels de notre évolution industrielle. Leurs relations avec les grèves, leurs plaidoyers en faveur de toutes les méthodes d'éducation, leur influence conservatrice ont parfois compensé le radicalisme qui les conduisit en même temps à des actes imprudents. Pendant les années écoulées de 1825 à nos jours, leur histoire a été progressive, et en raconter les détails serait faire l'histoire de presque toutes les industries du pays. Ce fut d'elles que naquirent les grandes organisations qui se développèrent alors, acquirent de l'influence et attirèrent l'attention du pays sur les réformes nécessaires et sur la puissance morale indispensable pour assurer leur réalisation (1).

Les événements d'Europe avaient eu plus ou moins

(1) Pour une excellente histoire de ces associations et un tableau détaillé de leurs origines, de leurs revendications et de leurs doctrines voyez : « *The labor movement : The problem of to day*, publié par G. E. Mac Neill, Boston, 188⁷ ; — *The Story of Manual Labor* » par John Cameron Simonds, Chicago, 1886 ; *Thirty Years of Labor*, par T. V. Powderly, Columbus, Ohio.

d'influence sur le développement de ces associations; la révolution de 1848 en France, notamment, avait contribué pour une large part à la renaissance de l'agitation du socialisme américain et de la question ouvrière. L'exode de l'Irlande après la famine, en venant accroître le volume de l'immigration aux Etats-Unis, eut aussi sa part d'action sur ce mouvement qui fut encore favorisé par la crise dont souffrait alors notre pays. L'une des principales questions soulevées fut celle de la durée du travail. La journée de travail était jusque-là excessivement longue. Douze, treize et quatorze heures de travail par jour n'étaient pas rares dans l'industrie textile et dans quelques autres, et parfois même seize heures constituaient une journée normale. Les salariés protestaient contre cet abus, et leurs protestations se produisirent même de très bonne heure, à tel point qu'on peut dire que l'agitation en faveur des dix heures coïncida avec le début même du mouvement ouvrier. A l'heure actuelle, cette question constitue encore un élément important de l'agitation ouvrière, bien que, dans beaucoup d'endroits, le but même que se proposaient les associations à cet égard ait été atteint. Au moment où l'agitation était dans toute sa force et l'issue encore indécise, un des présidents des Etats-Unis, M. Van Buren, lança une proclamation ou mieux une ordonnance générale, datée du 10 avril 1840, introduisant le système des dix heures dans les chantiers de construction de la marine de Washington et dans tous les établissements publics. Le principe avait d'ailleurs été admis, quelque temps avant cette proclamation du président Van Buren, dans la ville de Baltimore, où les ouvriers avaient soutenu que dix heures doivent suffire à constituer une journée de travail. On avait fini par leur donner raison et toujours, depuis lors, la journée de dix heures a été la règle dans cette ville. En 1845, l'agitation gagna les industries textiles du Massachusetts; toutefois, ce ne fut qu'en 1874 qu'une loi fut promulguée dans cet Etat pour déclarer que la journée de dix heures devait être la journée normale pour les femmes et pour les enfants. William Claflin, un des gouverneurs de cet Etat, fut l'un des défenseurs avoués de ce système qui, aujourd'hui, prévaut presque partout dans le pays. Dans quelques Etats, la loi a même établi, sous certaines conditions, une journée de travail plus courte encore : nous en reparlerons plus longuement à propos de la législation ouvrière.

Nous ne saurions quitter cette esquisse de l'histoire des associations ouvrières, nécessairement très générale et très courte, sans parler des Unions principales actuellement existantes, et qui exercent une influence sérieuse sur les affaires du pays. L'une des plus importantes est l'*International Typographical Union*. Presque tous les Etats et tous les territoires sont aujourd'hui représentés dans les sessions annuelles de cette société, qui a eu pour amis des personnages d'élite, notamment feu Georges Childs, du *Public Ledger* de Philadelphie, M. Antony J. Drexel, l'un des grands banquiers de cette ville, et beaucoup d'autres personnages aujourd'hui disparus, ainsi qu'un grand nombre d'hommes éminents dans la politique et dans les affaires encore vivants. Autant qu'on puisse l'affirmer, cette union remonte à 1850, époque à laquelle un Congrès national des employés de l'imprimerie se réunit à New-York. L'année suivante un *meeting* fut tenu à Baltimore. Toutefois, aucune organisation permanente ne fut établie avant 1852, lors de la réunion des délégués à Cincinnati. Le nom de *National Typographical Union* fut alors adopté, mais il fut changé en *International Typographical Union* à l'assemblée annuelle d'Albany, en 1869. Ce nom d'*International* fut introduit afin de pouvoir faire entrer dans l'association les imprimeurs canadiens. Le docteur Ely, dans son ouvrage déjà cité, affirme que le mot *International* adjoint au nom des *Trades-Unions* américaines n'a d'autre but que de permettre l'introduction de membres non-seulement des Etats-Unis mais encore du Canada, et même quelquefois d'Européens. Quoiqu'il en soit, l'*International Typographical Union* est l'une des plus vieilles *Trades-Unions* de l'Amérique. A cet égard, le mouvement ouvrier américain ressemble à celui de toutes les autres nations ; car généralement on trouve toujours les imprimeurs parmi les pionniers de l'organisation des travailleurs. Ceci est vrai pour l'Italie, pour la France et pour l'Allemagne, où les associations d'imprimeurs sont les plus vieilles et les plus solides de toutes les organisations ouvrières existantes (1).

Après l'association des imprimeurs, les chapeliers, à leur tour, organisèrent leur grande *Trade-Union*. Ce fut en 1854 que fut créée la *National Trade Association of Hat Finishers of the United States of America*. En 1868, cette société se divisa en deux sections, l'une conservant le nom primitif, l'autre prenant le nom de *Silk and Fur Hat Finishers' Trade Association of the United States of America*.

Une des associations les plus célèbres est la *Iron-Molders' Union of North America*, fondée le 5 juillet 1859 ; quant à la *Machinists and Blacksmiths Union of North America* (Union des mécaniciens et des forgerons de l'Amérique du Nord) fondée la même année et incorporée à la même date par le Congrès, elle fut, elle aussi, une association puissante et influente. Aujour-

(1) RICHARD T. ELY, *The Labor Movement in America.*

d'hui, cependant, elle n'exerce plus aucune action, et il est même douteux qu'elle existe encore.

La corporation des mécaniciens de chemin de fer s'établit sous le nom de *Brotherhood of the Foot-Board*, le 17 août 1863 ; mais à la même date, l'année suivante, elle fut réorganisée sous le nom de *Grand International Brotherhood of Locomotive Engineers*. La *Cigar Makers National Union*, fondée en 1864 ; la *Bricklayers' and Masons' International Union*, établie le 17 octobre 1865 ; l'*Order of Railway Conductors*, organisée comme la *Conductors Brotherhood* en 1868 ; l'*United States Wool Hat Finishers Association*, fondée en 1869 ; la *Brotherhood of Locomotive Firemen*, créée la même année ; la *National Union of Horseshoers of the United States*, qui date de 1875 ; l'*Amalgamated Association of Iron and Steel Workers*, l'une des plus fortes *Trades-Unions* des Etats-Unis, établie en 1876 ; la *Granite Cutters' National Union of the United States*, organisée en 1877 ; la *Brotherhood of Carpenters and Joiners*, établie en 1881 ; la *Railroad Brakemen*, en 1884 ; la *Journeymen Bakers' National Union*, en 1886, etc., etc., constituent les principales *Trades-Unions* du pays ; beaucoup d'entre elles ont des journaux hebdomadaires plus ou moins influents.

Les trois grands ordres qui exercent aujourd'hui l'action la plus considérable dans le pays sont les « *Chevaliers du Travail* », la « *Fédération Américaine du Travail* », et l'« *Union Américaine des Chemins de fer* » ; leur prépondérance est telle qu'elle nous autorise à faire le récit de quelques-uns des faits principaux qui sont en rapports étroits avec leur histoire et leurs principes. Ces trois grandes sociétés sont fondées sur deux idées très distinctes mais fondamentales, dont l'une sert de base à l'association des Chevaliers du Travail et à l'Union américaine des Chemins de fer, l'autre à la Fédération Américaine du Travail. Le principe essentiel des deux premières c'est, avant tout, qu'il faut grouper les ouvriers d'une seule et même profession ; et ce principe découle lui-même d'un autre, à savoir que les hommes qui pensent de même doivent agir d'un commun accord. Ça été là le principe fondamental, la base même de toutes les associations tant civiles et politiques qu'industrielles et professionnelles. Les Trades-Unions en Angleterre et chez nous sont basées sur cette idée, et il semble bien que ce soit là une base solide, si l'on en juge par l'expérience faite dans notre pays.

Un autre principe sert de fondement au second système, c'est qu'il ne faut tenir aucun compte des métiers et chercher à faire l'union de tous les intérêts individuels ou séparés, dans l'intérêt de tous. Ce principe est la base de la société elle-même. Mais il n'en a point été fait d'application importante aux associations ouvrières, sauf dans les 50 ou 60 dernières années. Depuis 1830, en effet, il a été fait quelques tentatives, en France et dans quelques autres pays du continent, pour grouper les travailleurs soit d'une nation, soit de plusieurs pays dans une association bien coordonnée, dont chaque membre chercherait par-dessus tout le bien de tous. Le principal exemple d'association ouvrière basée sur ce principe très large fut l'Association internationale des travailleurs, communément appelée l'Internationale, organisée à Londres en 1864. Cette association cherchait à réunir tous les travailleurs en un seul groupement, partout où l'industrie avait pris pied d'une manière quelque peu importante. Elle grandit pendant quelque temps, mais jamais, à aucune époque, elle ne compta plus de cent mille membres. Elle ne s'étendit pas dans les Etats-Unis avec une force suffisante pour englober un nombre quelque peu important de travailleurs, et jusqu'en 1870 ou 1871 elle n'eut chez nous aucune section organisée. La part qu'elle prit à la Commune de Paris, en 1871, fut la cause de sa mort en Amérique, et même, en fait, fut la cause de la perte de l'association tout entière. Elle eut une existence agitée et fut finalement ruinée par le contrôle qu'exercèrent sur elle les socialistes radicaux d'Europe ; elle a néanmoins jeté quelques semences, mais c'est surtout à l'esprit large de ses fondateurs et non à ses actes qu'elle le doit.

Le second essai important d'organisation du travail sur cette base très large, aussi large que celle de la société elle-même, fut la création du grand ordre des Chevaliers du Travail, institué en 1869 à Philadelphie et qui fut le résultat des efforts de Uriah Stephens, son premier chef, et de six associés, tous ouvriers tailleurs. Déjà quelques années auparavant, les tailleurs de Philadelphie s'étaient organisés en Trade-Union, mais ils n'avaient pas réussi à obtenir un taux de salaire satisfaisant. Il en était résulté un grand mécontentement, et, en 1869, l'Union avait été dissoute. Mais Stephens, prévoyant le résultat, avait de lui-même préparé l'esquisse d'une organisation qui embrasserait toutes les branches de la corporation et qui, fondée sur l'éducation, au moyen de la coopération et d'un usage intelligent du droit de vote, devrait obtenir peu à peu l'abolition du régime actuel du salariat. M. Stephens était franc-maçon et il apporta dans les rites du nouvel ordre beaucoup d'usages maçonniques, notamment dans toutes les formalités et les cérémonies. Les engagements étaient pris sous serment prêté avec toutes sortes de formalités sur la Bible. Les membres de l'association étaient tenus au secret le plus rigoureux. Le nom même de l'ordre ne devait pas être divulgué, et pendant longtemps, dans les livres des Chevaliers du Travail, dans leurs circulaires, leurs meetings, leurs rapports et leurs conversations, ils ne parlèrent que des 5 étoiles (en raison de ce que 5 étoiles figuraient sur tous les imprimés et les écrits publiés par l'ordre). Beaucoup d'expressions classiques furent tirées du grec et introduites dans le rituel. Les instructions données à toutes personnes admises dans l'ordre étaient les suivantes : « Le travail est noble et sain. L'empêcher d'être avili, protéger l'ouvrier contre les maux du corps et de l'esprit que l'ignorance et l'avidité des hommes lui ont fait subir, le délivrer des griffes de l'égoïsme est une œuvre digne des plus nobles et des meilleurs d'entre nous. Dans toutes les branches si variées de l'industrie, le capital a ses organisations, et, qu'il le veuille ou non, il anéantit les nobles espérances du travailleur et traîne la pauvre humanité dans la poussière. Nous ne voulons ni conflit avec les entreprises légitimes, ni antagonisme avec le capital nécessaire. Mais certains hommes, dans leur emportement et leur cupidité, aveuglés par l'intérêt personnel, méprisent les intérêts des autres et parfois violent les droits de ceux qu'ils laissent sans assistance. Nous voulons élever la dignité du travail, affirmer la noblesse de tous ceux qui gagnent leur pain à la sueur de leur front ; nous voulons former, dans l'opinion, un courant d'idées saines sur la situation du travailleur, seul créateur de valeur, et faire comprendre qu'en justice il doit recevoir toute la part de valeur ou de capital qu'il a créée. Nous appuierons de toute notre force les lois faites pour harmoniser les intérêts du travail et du capital, et aussi celles qui tendent à alléger le lourd fardeau du travailleur. S'interrompre dans son travail, se consacrer à la défense de ses propres intérêts, acquérir une connaissance parfaite du commerce et du monde, s'unir et coopérer aux efforts de la grande armée de la paix et de l'industrie, entretenir et orner, construire et agrandir le temple dans lequel il vit, c'est le devoir le plus haut et le plus impérieux de l'homme envers ses semblables et envers son Créateur.»

Aucune loi générale, aucun règlement de détail sur le régime et le gouvernement de l'ordre ne paraît avoir été adopté avant la réunion de la première assemblée locale en 1873 ; toutefois le plan d'organisation présenté au meeting de 1869 fut hautement approuvé et adopté par les associés de M. Stephens. Le nombre des assemblées locales s'accrut bientôt, et l'Ordre grandit rapidement : bien que le premier rapport trimestriel n'accuse encore que 28 membres, on en compta, à une certaine époque, près d'un million. L'Ordre comprend des assemblées locales et de districts, et une convention générale de délégués. Son histoire, considérée dans tous ses détails, est intéressante, car elle nous fait assister à toutes les alternatives habituelles de prospérité et de crise des associations ouvrières. Peu à peu les opinions religieuses s'y firent place et finalement l'œuvre changea de caractère. Aujourd'hui, les formalités d'initiation, copiées sur le rituel maçonnique, n'existent plus et il n'y a plus de degrés ni d'organisation secrète.

Le développement de l'ordre fut extrêmement rapide, si rapide que le comité exécutif, *Executive Board*, fut contraint, à un certain moment, d'arrêter les initiations de membres nouveaux, qui s'élevèrent à près de 400.000 en une seule année. M. Powderly, dans sa déposition du 21 avril 1886 devant la commission d'enquête du Congrès sur les grèves, a déclaré ce qui suit : «Le nombre actuel des membres de notre association ne dépasse pas 500.000, bien qu'on nous en ait attribué 5 millions». Diverses causes ont fait que, pendant les trois ou quatre dernières années, il s'est produit une diminution sensible, et aujourd'hui le nombre des associés est évalué à environ 150.000. L'ordre est d'ailleurs représenté dans presque tous les Etats et territoires par ses assemblées locales et de district.

Mais l'histoire intellectuelle de cette association est beaucoup plus intéressante pour le public que son histoire matérielle, et pour la connaître il faut se reporter à sa déclaration de principes, à sa constitution et à ses règlements. Avant 1878, aucune déclaration de principes ne fut faite. La loi non écrite de l'ordre était fidèlement observée, les associés étant peu nombreux ainsi que les assemblées locales ; mais à mesure que le nombre des membres s'accrut et que l'ordre étendit son influence sur un territoire plus vaste, des lois et des règles écrites devinrent non seulement indispensables pour la prospérité de l'association, mais encore nécessaires à son organisation. Avant qu'on eût renoncé au secret des travaux, c'est-à-dire en 1881, date à laquelle les engagements pris sous serment furent abolis et remplacés par une simple promesse, une déclaration de principes fut adoptée par l'assemblée générale de Reading (Pensylvanie), en janvier 1878. Différentes additions ont été faites à plusieurs reprises à ce programme, auquel les Chevaliers du Travail sont encore actuellement soumis et qui est la règle fondamentale de leurs travaux. Dans un préambule, après avoir parlé de ce qu'ils appellent « le développement alarmant et le caractère aggressif de la puissance de l'or et des corporations sous le régime actuel de l'industrie et de la politique » et déclaré que « ce développement conduira inévitablement à la dégradation définitive du peuple », les Chevaliers du Travail affirment que leur ordre n'est point une association politique, mais qu'il est davantage, puisque c'est en lui que se résument les aspirations susceptibles de bénéficier au corps politique tout entier et que lui seul saura les réaliser ». La déclaration invite tous ceux qui croient devoir assurer la plus grande somme de bonheur au plus grand nombre d'hommes à joindre leurs efforts à ceux des Chevaliers du Travail pour faire de la valeur industrielle et morale et non de la richesse la véritable mesure de la grandeur individuelle et nationale.

Le but de l'ordre est d'assurer aux travailleurs la jouissance pleine et entière de la richesse qu'ils créent, des loisirs pour le développement de leurs facultés intellectuelles, morales et sociales, et tous les avantages, les distractions et les jouissances que procure l'association ; en un mot, les Chevaliers du Travail se déclarent prêts à s'unir à tout mouvement de nature à mettre les ouvriers en mesure de partager les bénéfices et les honneurs d'une civilisation avancée. Pour atteindre ce résultat, ils demandent aux assemblées délibérantes des municipalités, des Etats et de la nation, d'établir le *referendum* pour l'élaboration des lois, et de créer un Bureau du travail chargé de centraliser les renseignements ; de décider que la terre, ainsi que toutes les sources naturelles de richesse, étant la propriété de la nation entière, ne doivent pas être un objet de spéculation ni d'échange ; que les impôts mis sur la terre doivent être prélevés sur sa valeur d'usage pleine et entière, déduction faite des améliorations, et que la collectivité doit être mise en possession de toute la plus value, de tout l'*unearned increment* ; d'abroger toutes les lois qui font que le fardeau des capitalistes n'est pas égal à celui des travailleurs, et d'adopter des mesures de protection pour assurer la santé et la sécurité des ouvriers employés dans les usines, les manufactures et dans l'industrie du bâtiment. Ils déclarent, en outre, que l'ouvrier doit recevoir une juste indemnité à raison des blessures dues à l'absence des mesures de sûreté nécessaires. L'incorporation des associations ouvrières devrait, dans l'opinion de l'Ordre, être autorisée, et des lois devraient être votées pour garantir le paiement hebdomadaire des salaires. Enfin, l'Ordre entonne le vieux refrain qui, dès l'origine, servit de programme au mouvement ouvrier dans notre pays et, d'après lequel, les artisans et les travailleurs doivent jouir d'un droit de gage sur le produit de leur travail à concurrence du montant de leurs salaires.

L'Ordre se déclare, en outre, opposé au système des adjudications en matière de travaux publics nationaux ou municipaux, et favorable au vote de lois établissant l'arbitrage entre les patrons et les ouvriers, et l'obligation de se soumettre à la décision des arbitres. Dans les congrès, cependant, les résolutions prises ont été, dans plusieurs cas, contraires à ces principes. Les Chevaliers du Travail sont également favorables à l'instruction obligatoire des enfants de sept à quinze ans et à la fourniture gratuite par l'Etat des livres classiques. Ils veulent un impôt progressif sur les revenus et sur les successions. Ils sont opposés à l'emploi du travail des condamnés. Ils ont également un programme financier demandant l'établissement d'un système monétaire national, dans lequel un instrument de circulation serait émis en quantité convenable et versé directement au public, sans l'intervention des banquiers ; ils se déclarent adversaires des bons à intérêts, des billets de banque et de crédit, mais ils voudraient que, lorsqu'une crise survient, on en profite pour émettre une monnaie fiduciaire légale, ne portant point intérêt ; ils sont partisans des caisses d'épargne postales et vont jusqu'à déclarer que le Gouvernement devrait prendre possession, en vertu de son domaine éminent, de tous les télégraphes, téléphones et chemins de fer. Enfin, pour terminer la déclaration, ils s'engagent à unir leurs efforts pour fonder des institutions coopératives en tant qu'elles tendent à remplacer le salariat; pour assurer aux individus des deux sexes l'égalité des droits; pour obtenir quelques-uns des avantages résultant de l'emploi des machines qui épargnent le travail par une réduction graduelle de la journée de travail jusqu'à huit heures par jour; pour conseiller aux ouvriers de consentir à l'arbitrage dans tous les différends qui peuvent s'élever entre eux et leurs patrons, afin, disent-ils en terminant, que les liens de sympathie qui les unissent puissent être fortifiés et que les grèves puissent être rendues inutiles.

L'ordre possède une constitution systématique et méthodique, comprenant treize articles et ressemblant, en beaucoup de points, à celles de toutes les associations, sauf en ce qu'elle est tout à fait achevée. Le mot d'ordre est celui-ci : « Le Gouvernement le plus parfait est celui dans lequel l'offense faite à l'un est l'affaire de tous. »

Depuis la réunion de l'Assemblée générale (composée de délégués de toutes les assemblées de district), de 1878 jusqu'en 1883, l'ordre fut un auxiliaire puissant dans l'organisation et le soutien des grèves; des fonds furent même réunis dans ce but à l'aide de taxes imposées aux membres de l'association. Mais, en même temps, les membres les plus avancés s'efforçaient d'apprendre à leurs co-associés à se servir de tous les moyens pacifiques de solution des conflits; ils réussirent si bien qu'à la cession de Cincinnati, en 1883, les règlements de l'Ordre sur les grèves furent rendus très sévères, au point qu'ils équivalaient, en fait, à la prohibition des grèves dans la mesure du moins où l'Ordre serait appelé à y prêter son appui. Et les statuts, actuellement en vigueur, ne permettent pas que l'association entière se concerte et s'unisse pour soutenir une grève quelle qu'elle soit.

La presse des Chevaliers du travail n'est pas très importante. Le « *Journal des Chevaliers du Travail* » est l'organe officiel de l'Ordre. Le premier numéro de ce journal parut le 15 mai 1880, sous le nom de « *Journal des travailleurs réunis* », et fut d'abord publié une fois par mois. Il est maintenant hebdomadaire.

On peut dire que le développement de l'Ordre date, en réalité, de la session de Détroit de 1881, où le secret rigoureux des travaux fut aboli, et où il fut déclaré qu'à l'avenir le nom et l'objet de l'association seraient rendus publics (1).

(1) L'auteur de ce livre a publié dans le *Quaterly Journal of Economics*, janvier 1887, une esquisse historique assez complète des Chevaliers du Travail.

CHAPITRE XX

LES ASSOCIATIONS OUVRIÈRES (*fin*)

La « Fédération Américaine du Travail » est, comme son nom l'indique, une fédération de corporations et d'associations de moindre importance. Elle est issue d'un appel lancé tout à la fois par les « Chevaliers de l'industrie » et par une société connue sous le nom de « Union des travailleurs réunis » (cette dernière étant une section de l'ordre des Chevaliers du travail composée des membres de cette société qui, par suite de mécontentements, s'était séparés du tronc principal) ; à la suite de cet appel, un Congrès se réunit le 2 août 1881 à Terre-Haute, dans l'Indiana. Les Chevaliers de l'Industrie étaient une société dont les membres se recrutaient dans les Etats de l'Illinois et du Missouri. Les membres de l'Union des travailleurs réunis, organisée en 1878, venaient au contraire de l'Indiana et de l'Ohio. L'objet du Congrès était de remplacer, par un nouvel ordre secret, les Chevaliers du Travail. En dépit de l'esprit plus large qui avait présidé à cette assemblée préliminaire, la société nouvelle n'en avait pas moins le caractère d'une Trade-Union nettement opposée à l'augmentation du nombre des sociétés ouvrières déjà existantes, si bien que l'organisation secrète projetée ne fut pas cette fois réalisée. Mais un second appel fut lancé et un nouveau Congrès se réunit à Pittsburg, le 19 novembre 1881, dont le programme contenait ce qui suit :

« Nous avons un très grand nombre de *Trades-Unions,* d'associations ouvrières ou de conseils, d'ordres, comme les Chevaliers du Travail, et beaucoup d'autres unions locales, nationales et internationales, qui tous ont assumé la noble tâche d'élever et d'améliorer la condition des classes laborieuses. Mais quelque grande qu'ait été l'œuvre accomplie par ces sociétés, il peut être fait beaucoup plus encore en groupant toutes les organisations en une vaste fédération de toutes les Unions ouvrières ».

Au Congrès, 262.000 travailleurs furent représentés qui envoyèrent 107 délégués ; les délibérations eurent pour résultat la création d'une organisation permanente sous le nom de *Federation of Organized Trades and Labor Unions of The United States and Canada* (1).

La Fédération Américaine du Travail, sous son nom et sa forme actuels, fut organisée définitivement le 8 décembre 1886, à Columbus, dans l'Ohio ; deux ans après il fut décidé que, puisque l'association était issue directement de la fédération formée à Pittsburg en 1881, ses Congrès dateraient de cette époque.

Malgré tout, le premier Congrès de Terre-Haute fut, en somme, l'étape préliminaire qui conduisit à l'organisation définitive. Avant 1881, il avait été fait déjà quelques tentatives pour organiser une union nationale qui représentât, sous forme de fédération, les différentes

(1) Pour une histoire détaillée de l'organisation de la Fédération Américaine du Travail, voyez un chapitre de P. J. Mac Guire, dans le pamphlet intitulé *Trades-Unions*, par William TRANT, publié par la Fédération Américaine du Travail, en 1888, à New-York.

Trades-Unions nationales et internationales existant aux États-Unis ; la première de ces tentatives remonte à 1866, date à laquelle les Trades-Unions de New-York et de Baltimore lancèrent un appel en vue d'un Congrès national du travail, qui aboutit à la réunion d'une centaine de délégués, représentant une soixantaine d'associations ouvertes et secrètes de tous les points de l'Union. Ce Congrès eut lieu le 20 août. Un second se tint à Chicago l'année suivante, dont le but était d'imiter les *Trades-Unions* d'Angleterre, où les associations locales, qui, dans leurs meetings, n'ont pas le droit de discuter les questions politiques, peuvent du moins envoyer des délégués au Comité central pour étudier toutes les questions de cette nature, et exercent ainsi une certaine influence sur la législation nationale en faveur des classes ouvrières (1).

D'un autre côté, en 1868, l'*Union Nationale des Travailleurs* tint deux Congrès, l'un en mai, l'autre en septembre, et un troisième en 1869, à Chicago. En 1870, elle se réunit à Boston, en 1871, à Philadelphie et, en 1890, à Columbus, dans l'Ohio. Ce dernier meeting fut aussi le dernier Congrès de l'association.

Beaucoup de Trades-Unions disparurent en 1873, par suite de la crise industrielle. Elles n'avaient en elles rien de particulier qui pût maintenir leurs membres associés.

En 1874, quelques-uns des leaders du mouvement trade-unioniste de notre pays lancèrent une invitation à un Congrès de l'industrie qui devait se tenir à Rochester, au mois d'avril, et qui se réunit, en fait, le 14 de ce mois, représentant une organisation secrète, alors connue sous le nom de « *Souverains de l'Industrie* ». Le but qu'on se proposait était de reprendre l'œuvre ancienne de l'Union

(1) Voir le chapitre de Mac Guire précité.

nationale du travail. L'*Association fraternelle de l'Industrie,* autre société secrète, ressemblant par beaucoup de points à celle des Chevaliers du travail, prit part à cette réunion dont la conséquence naturelle fut de mettre en conflit les intérêts ou, pour mieux dire, les deux principes opposés, celui d'après lequel les Chevaliers du travail étaient organisés et le principe déjà formulé qui servait de base aux *Trades-Unions* ; toutefois, un programme fut composé qui adoptait la plupart des revendications contenues dans la déclaration des Chevaliers du travail. Mais on ne poussa pas plus loin l'œuvre en vue de laquelle le Congrès s'était réuni et le mouvement prit fin avec le meeting de Rochester. D'autres tentatives furent faites en 1875 et 1876 ; mais elles eurent surtout un caractère politique ; et une fois engagées dans cette voie, toutes les organisations se dispersèrent tout naturellement. Enfin, dans les dernières années qui précédèrent 1881, époque à laquelle fut créée la *Fédération des Trades-Unions* et des *Unions de Travailleurs des Etats-Unis et du Canada,* on assista encore à d'autres essais de fédération, mais qui furent essentiellement éphémères.

L'organisation permanente établie à Pittsburg, le 19 novembre 1881, sous le nom que nous avons déjà cité, adopta un programme plus large que celui des Chevaliers du travail, bien qu'il n'en différât pas essentiellement. Il réclamait la journée de huit heures, l'incorporation des Trades-Unions tant par l'Etat fédéral que par chaque Etat particulier, et se déclarait favorable à l'éducation obligatoire de tous les enfants et à l'interdiction de leur travail au-dessous de 14 ans ; il demandait le vote d'une loi générale sur l'apprentissage et s'opposait énergiquement à tout emploi de la main-d'œuvre pénale et au *truck-system* pour le paiement des salaires ; il réclamait également des lois accordant au travailleur un droit de gage sur l'objet sur lequel son travail s'est exercé ; il insistait sur la nécessité d'abroger toutes les lois dites de coalition et d'établir un bureau national de la statistique du travail, ainsi que sur la nécessité de s'opposer à l'importation de la main-d'œuvre étrangère ; il se déclarait opposé aux adjudications en matière de travaux publics et favorable à l'adoption par les Etats d'une loi sur la responsabilité des patrons, et invitait enfin toutes les associations ouvrières à n'élire pour représentants que des travailleurs.

Avec le premier Congrès de Pittsburg, l'Ordre nouveau sembla renaître à la vie et, à partir de ce moment, il poursuivit rigoureusement son œuvre. Lors de son second Congrès tenu à Cléveland (Ohio) le 21 novembre 1882, l'association s'efforça de prévenir le retour du sort de celle qui l'avait précédée et lança un manifeste désapprouvant l'action politique et rappelant que la Fédération avait été organisée comme société purement industrielle et qu'elle devait continuer à conserver ce caractère. Ce manifeste mérite d'être cité dans une histoire du mouvement ouvrier, et voici ce qu'il contenait :

« Nous soutenons cette Fédération parce qu'elle est la forme la plus naturelle et la plus efficace de l'union de toutes les *Trades-Unions*. Elle maintient l'autonomie industrielle et le caractère distinctif de chaque association, et, sans faire violence à leur foi et à leurs traditions, elle les mélange toutes dans un harmonieux ensemble. Une telle association tend à l'organisation des classes laborieuses, en considérant leurs membres comme des travailleurs et non comme des soldats « au sens méprisé que ce mot a de nos jours » ou comme des politiciens. Elle considère les qualités d'un homme comme travailleur comme une preuve suffisante de sa capacité et ne se préoccupe point de mettre en relief la valeur politique ou religieuse de ses membres. Elle lutte pour l'union de tous les travailleurs, non point en les groupant de force dans une association de principes différents et de méthodes nettement séparées, non point en leur imposant un plan uniforme d'organisation, sans souci de leur expérience ou de leurs intérêts, non point enfin en luttant contre les organisations existantes et en cherchant à les détruire, mais en conservant tout ce qu'il y a de sincère et de bon en elles et en élargissant leur but de manière que chacune d'elles, sans perdre son caractère individuel, puisse travailler au bien commun de toutes. Les Trades-Unions ouvertes, nationales et internationales, peuvent et doivent travailler côte à côte avec les Chevaliers du Travail, et il en serait ainsi s'il n'y avait pas des hommes trop zélés ou trop ambitieux qui s'occupent à essayer de détruire les unions existantes pour servir leurs propres caprices et leurs mauvais instincts de destruction. Il faut que cela cesse et que chacun connaisse la place qu'il doit occuper et l'œuvre qu'il doit accomplir dans cette sphère, et si l'on veut, dans l'intérêt de tous, se grouper autour d'une direction unique, que toutes les sociétés ouvrières et toutes les Trades-Unions privées ou publiques soient représentées dans la Fédération des Trades-Unions ».

Pendant les années qui suivirent, le nouvel Ordre eut à régler beaucoup de questions délicates. De très bonne heure, en effet, de graves conflits s'élevèrent entre la Fédération et les Chevaliers du Travail, et les essais de propagande en faveur du socialisme et les doctrines anarchistes absorbèrent une bonne partie de l'attention et des préoccupations de ses membres.

L'Ordre eut une constitution dès son origine ; mais lors

du congrès de Baltimore, le 16 décembre 1896, on en adopta une autre et l'association s'organisa alors sous le nom de « *Fédération Américaine du Travail* », sous lequel elle est actuellement connue. Le préambule de cette constitution est ainsi conçu : « Considérant qu'une lutte existe, dans toutes les nations du monde civilisé, entre les oppresseurs et les opprimés de tous les pays, entre les capitalistes et les travailleurs, lutte qui augmente d'intensité d'années en années et qui amènera de désastreuses conséquences pour les millions de travailleurs qui ne savent pas s'unir pour leur protection mutuelle et dans leur intérêt commun ; qu'il appartient donc aux représentants de toutes les Trades-Unions de l'Amérique réunis en Congrès d'adopter telles mesures et de répandre parmi les artisans et les travailleurs de notre pays tels principes qui assurent leur union permanente pour arriver à la reconnaissance de tous les droits qui leur appartiennent en toute justice :

« Nous nous déclarons donc partisans de la formation d'une Fédération générale, embrassant toutes les organisations ouvrières de l'Amérique, sous le système des *Trades-Unions.* »

La Fédération n'est nullement un ordre secret ni même un ordre exigeant l'obéissance individuelle de ses membres ; elle comprend uniquement les Trades-Unions ou les Associations nationales et internationales qui y sont affiliées : c'est donc une organisation purement démocratique et représentative. C'est une fédération composée des principales Trades-Unions du pays. Elle a pour adhérents les associations les plus vieilles et les plus influentes, comme l'Union internationale des typographes, l'Association des ouvriers du fer et de l'acier réunis, l'Union des ouvriers des mines, l'Union internationale des fabricants de cigares d'Amérique, l'Association fraternelle des charpentiers et des menuisiers, etc., etc.

Comme le déclarent les statuts de la Fédération, son objet est de former des Trades-Unions locales et de grouper plus étroitement toutes ces sociétés par l'organisation de Trades-Unions centrales dans chaque Etat, pour arriver ensuite à l'union de ces associations en groupes d'Etats, de territoires ou de provinces, de manière à assurer le vote d'une législation favorable aux intérêts des classes laborieuses. Les Chevaliers du Travail, on s'en souvient, sont un ordre composé d'assemblées locales et de districts indépendants, et si ces assemblées locales peuvent être et sont, en fait, les représentants des différentes Trades-Unions et des différents métiers, elles ne sont pas moins reliées les unes aux autres par un système uniforme de lois et de règlements, leurs rites et leurs manières d'agir étant les mêmes dans tout le pays ; la Fédération du Travail, au contraire, est une fédération de divers ordres qui diffèrent par leur mode d'organisation et n'ont aucune constitution commune ni aucune loi uniformément applicable à tous. L'Assemblée générale des Chevaliers du Travail est composée de délégués de toutes les branches de l'Association, et le Congrès national annuel de la Fédération américaine du Travail comprend des délégués des diverses sociétés affiliées ; mais chaque société adhérente a sa direction propre, distincte de celle du Congrès national. Celui-ci, par exemple, n'a aucun pouvoir pour ordonner les grèves, cette matière étant abandonnée à la libre appréciation de chacune des sociétés affiliées. Il n'a, sur ce point, que voix consultative, mais ne peut prendre aucune part directe à l'action. Son prestige lui vient tout à la fois de lui-même et du caractère et de la situation de quelques-unes des plus importantes parmi les associations formant la Fédération. L'Ordre s'est beaucoup développé ; il compte aujourd'hui plus de 500.000 membres, et il est dans une situation florissante.

L' « *Union Américaine des Chemins de fer* » est la dernière organisation dans laquelle les fondateurs aient cherché à grouper, dans une même association, un grand nombre d'ouvriers. Elle fut organisée à Chicago le 20 juin 1893 et compte maintenant, dit-on, environ 150.000 membres. Elle diffère essentiellement de l'Association des Chevaliers du Travail et de la Fédération Américaine du Travail, au moins dans ses éléments fondamentaux. Elle comprend tous les employés de chemins de fer nés de parents blancs ; dans sa déclaration de principes, elle prend pour devise « l'Union fait la force » et déclare que, par contre, sans union il n'y a que faiblesse. Elle s'est organisée en vue d'assurer la protection de ses membres dans toutes les questions relatives à leurs salaires et à leurs droits, et elle prétend, notamment, que les employés de chemins de fer ont le droit de faire entendre leur voix dans la fixation du taux des salaires et la détermination des conditions du travail. Dans son programme rentrent une foule de réformes de nature à assurer le bien-être de ses membres d'une manière pratique. Entre autres choses, elle se propose d'établir un service de placement avec un registre spécial sur lequel le nom de tous les employés sans travail devront être inscrits, puis une section d'éducation, dans laquelle seront données des leçons sur des sujets économiques comme la question des salaires, des frais d'entretien, des rapports du patron avec l'ouvrier, des grèves, de leur caractère moral et financier, etc. ; le programme comprend, en outre, l'établissement d'une section chargée de provoquer le vote de lois dans l'intérêt des travailleurs et la création d'un office d'assurances.

L'Union Américaine des Chemins de fer est composée

d'une Union générale, consistant en un conseil de directeurs, et d'unions locales placées sous la juridiction de l'Union générale. L'Ordre, tout en restant fidèle aux principes conservateurs, a entrepris de protéger les plus humbles de ses membres dans l'exercice de tous leurs droits ; mais s'il s'engage à respecter religieusement tous les droits de ses membres, il n'entend accueillir aucune demande extravagante, aucune proposition déraisonnable. Il part de cette idée que tous les différends peuvent être résolus d'une manière satisfaisante, et que de bonnes relations peuvent s'établir et se maintenir entre employeurs et employés ; que le service peut être considérablement amélioré, et que la nécessité de recourir aux grèves, aux lockouts, aux boycottages et à la mise en quarantaine, procédés que la déclaration considère comme désastreux pour le patron et pour l'ouvrier et comme une perpétuelle menace pour la paix publique, doit disparaître à tout jamais. Le Congrès général est composé de représentants des Unions locales, et il est dans la politique du Comité central de ne prendre l'initiative d'aucune grève, mais de s'en rapporter à cet égard aux décisions de la catégorie particulière d'employés qui prétend avoir à se plaindre. Ce qui caractérise l'association, c'est qu'elle groupe tous les employés sous une seule juridiction. C'est la première tentative de cette nature qui ait été jamais réalisée. Les Chevaliers du Travail admettent bien, dans leur société, toutes les catégories de salariés, mais on ne peut, en aucun sens, considérer qu'une association quelconque d'employés de chemins de fer, ni même qu'une forte proportion de ces employés ait jamais été affiliée avec eux. Sans doute, la Fédération Américaine du Travail et les Chevaliers du Travail comptent, parmi leurs membres, beaucoup d'employés de chemins de fer, mais ce sont là des adhésions individuelles, et aucune de ces associations n'a jamais essayé de grouper ainsi, en un seul faisceau bien compact, toutes les catégories d'employés du pays. On a bien tenté parfois aussi de fédérer certaines organisations d'employés de chemins de fer, mais jamais les fédérations projetées ou réalisées n'ont étendu leur action au delà des employés affectés au service des trains.

Malheureusement, dans les statuts de toutes les organisations que nous avons examinées, on constate une grande lacune, c'est que, si elles n'encouragent pas absolument les séditions, les violences, les intimidations, elles ne font rien non plus pour punir ceux de leurs membres qui se rendent coupables de tels actes.

On peut, en terminant, se demander dans quelle mesure les travailleurs de notre pays sont organisés. Il est facile de répondre à cette question. Les Chevaliers du Travail, avec leurs 150.000 membres en chiffres ronds, la Fédération Américaine du Travail, représentant 500.000 individus, et l'Union Américaine du Travail, qui compte 150.000 travailleurs, forment un total de 800.000 associés. D'après les évaluations les plus autorisées, il y aurait en outre, 600.000 ouvriers environ affiliés aux différentes organisations locales qui n'ont point adhéré à la Fédération américaine du Travail ni à aucun des ordres qui en dépendent, pas plus qu'aux Chevaliers du Travail ni à l'Union américaine des Chemins de fer. Cela fait un total de 1.400.000 membres pour toutes les associations ouvrières du pays, dont la plupart se recrutent dans les industries manufacturières et mécaniques. Or, dans ces industries, on comptait 4.712.622 personnes employées en 1890 ; le nombre des ouvriers faisant partie des associations ouvrières du pays formait donc 29,71 0/0 du total de la population ouvrière de ces industries. Ces chiffres, il est vrai, ne doivent pas être considérés comme tout à fait exacts, car il existe beaucoup de sociétés d'ouvriers et d'ouvrières qui ne sont pas de véritables Trades-Unions, sociétés dont l'objet principal est de procurer des secours matériels à leurs membres ou organisées dans un but purement économique ou d'éducation, sans prendre aucune part au mouvement ouvrier général. Ce sont là, sans doute, dans un certain sens, des associations ouvrières, mais qui ne cherchent pas à avoir de l'influence sur la législation, sur la fixation du salaire ou sur les conditions du travail.

Les grandes organisations ouvrières, au contraire, ont eu une action prépondérante sur le développement de l'industrie, sur la législation ouvrière et sur l'établissement de quelques-unes des réformes les plus essentielles affectant non seulement le travail, mais même le bien public général. Une courte esquisse de la législation ouvrière doit donc suivre tout naturellement l'histoire de ces associations.

CHAPITRE XXI

COMMENT S'EST FORMÉE LA LÉGISLATION OUVRIÈRE

L'histoire de la législation ouvrière aux Etats-Unis ne peut être exposée sous la forme d'un tableau d'ensemble. Quelques Etats possèdent des Codes industriels complètement achevés ; d'autres les ont imités sur certains points, en négligeant complètement certains autres, tandis qu'enfin quelques-uns, qui ne possèdent encore qu'un petit nombre d'industries, n'ont point senti la nécessité d'intercaler dans leurs Codes des lois destinées à réglementer ou à protéger le travail.

Pendant la période de colonisation, le prix de la main-d'œuvre lui-même fut réglementé, et les efforts constants qu'on fit alors pour fixer le prix des diverses marchandises furent la conséquence du système général de législation des colons, qui suivirent en cela l'exemple de la métropole. L'industrie fut alors soumise aux règlements les plus sévères. Depuis cette époque, la tendance générale a été de faire disparaître les restrictions apportées à l'échange des marchandises ; mais cependant il est assez curieux de constater qu'on a vu appliquer en même temps beaucoup de règlements administratifs sur les matières les plus diverses. Il semble qu'il y ait contradiction entre ces deux faits, qui pourtant sont vrais l'un et l'autre. C'est que l'établissement d'industries nouvelles, la spécialisation de plus en plus étendue, la concentration des travailleurs dans les centres industriels, tout cela a rendu nécessaire l'intervention du législateur dans les actes des individus comme des associations, en même temps qu'une connaissance plus approfondie des principes économiques a convaincu les gouvernements de l'impossibilité et de l'inutilité de fixer les prix par voie législative. Aussi la contradiction apparente que nous avons relevée existe-t-elle bien en fait. Dès qu'une catégorie de restrictions a disparu, que l'échange des marchandises est devenu plus libre, d'autres restrictions ont été imposées au travail et aux conditions dont il est entouré. Il est vrai que les réglementations de la période coloniale ne peuvent, au sens moderne du mot, être considérées comme formant une législation ouvrière et ne doivent même pas, en fait, être classées parmi les lois ouvrières considérées en général. Sans doute, dès ce temps-là, les lois sur l'apprentissage et quelques autres étaient déjà, au sens strict, des lois ouvrières, et quelques règlements anglais furent même appliqués dans les colonies; mais la législation qui, seule, appartient en propre à l'histoire du développement de l'industrie est celle qui est en rapport avec les besoins de notre époque.

Pour donner une idée exacte du développement de ce qui mérite vraiment le nom de législation ouvrière, de ses différents progrès et de ses résultats, il nous suffira d'examiner ici ce qui s'est fait dans un Etat particulier; c'est le meilleur moyen pour que le lecteur se rende compte de l'évolution de cette législation spéciale; les lois du Massachusetts, notamment, offrent un excellent exemple de ce qui a été réalisé à cet égard.

L'établissement du régime de la grande industrie, dont nous avons fait l'histoire dans d'autres chapitres, amena nécessairement avec lui quelques-unes des conséquences économiques qui apparurent jadis en Angleterre, lorsque la grande industrie s'y fixa définitivement et qu'on inaugura un ensemble de lois qui eurent ensuite une influence considérable sur la législation de tous les pays où le même régime fut introduit. Tout d'abord, la grande usine anglaise attira à elle un grand nombre d'ouvriers de l'agriculture, et elle employa aussi beaucoup de femmes et d'enfants. Tous ces travailleurs étaient, pour la plupart, ignorants, mais jusque-là leur ignorance n'avait point attiré l'attention, précisément parce qu'elle était chose très commune. Mais la concentration de cette classe d'individus arriérés dans les centres industriels amena quelques hommes d'Etat importants de l'Angleterre à se préoccuper de cette situation qui excita leur intérêt et leur sympathie ; parmi ceux-là, il faut citer surtout sir Robert Peel, membre du Parlement, en même temps que grand industriel. Grâce à ses efforts, une législation ouvrière fut votée en 1802, législation encore imparfaite sans doute, mais dont les principes n'en ont pas moins tenu en éveil et préoccupé constamment le pouvoir législatif en Angleterre depuis sa promulgation jusqu'à nos jours, c'est-à-dire jusqu'à ce que des réglementations et des restrictions générales aient été imposées à toutes les industries du royaume.

Lorsqu'on eut entrevu les conséquences de l'application du régime de la grande industrie, travaillant sous l'influence des seules forces naturelles, sans être soumise à aucune mesure de restriction de la part des lois positives, de grandes questions commencèrent à se poser. L'Etat avait-il le droit d'intervenir dans ce domaine ? La société souffrirait-elle que quelques individus puissent seuls tirer profit du régime nouveau ? La génération actuelle et celles qui la suivraient seraient-elles affaiblies moralement et intellectuellement par le développement progressif d'un pareil système ?

Sir Robert Peel fut le premier à soumettre ces problèmes à l'examen du Parlement. Mais ses efforts aboutirent uniquement à la réglementation du travail des apprentis. Grâce à lui, le patron fut contraint d'habiller l'apprenti, dont le travail fut, en outre, limité à 12 heures par jour. Le travail de nuit fut expressément interdit et tout apprenti dut recevoir une instruction journalière pendant les quatre premières années de son apprentissage ; le temps qu'il passait à l'école devait compter dans le temps de son travail. Beaucoup d'autres règlements étaient relatifs à l'instruction qui devait être donnée le dimanche, et des dispositions sanitaires très utiles étaient également contenues dans la loi. Celle-ci, sans doute, fut en grande partie inefficace, mais du moins le principe de l'intervention législative était établi. Cependant, les arguments opposés jadis contre le vote du bill de sir Robert Peel ont été repris en Angleterre, lors de la discussion de toutes les lois qui suivirent, et on les a même entendus dans les débats de toutes les sessions du Parlement des Etats-Unis, chaque fois qu'une proposition de loi quelconque, ayant pour but la protection des travailleurs, a été déposée.

Il n'a jamais été nécessaire de faire passer dans nos lois le Code industriel de l'Angleterre tel qu'il existe aujourd'hui, parce que les conditions de la grande industrie chez nous ne furent jamais celles que l'Angleterre a connues ; toutefois, la longue durée du travail dans la première période de l'industrie textile de la Nouvelle-Angleterre en vint à être considérée comme un fardeau par les ouvriers, et tout naturellement ce fut du côté de la limitation de la durée du travail que se rencontrèrent chez nous les premiers essais de réglementation législative.

Une étude attentive du mouvement législatif en cette matière ne fait découvrir aucun essai particulier antérieur à 1861. Cette année-là, une commission nommée par le gouverneur Lincoln, du Massachusetts, fit un rapport sur certaines lacunes de la législation en matière de faillite, en demandant l'abolition de l'emprisonnement pour dettes, et en 1834 une loi fut votée qui réalisait cette réforme. En 1836, le Massachusetts réglementait d'une manière spéciale l'instruction des enfants employés dans les manufactures ; et en réalité, depuis cette date jusqu'en 1863, les seules questions sur lesquelles on ait légiféré furent relatives à l'éducation des enfants employés dans les usines, à l'emprisonnement pour dettes, au droit de rétention, à l'incorporation des différentes sociétés ouvrières, etc. En 1832, la question de la réglementation des heures de travail fut fréquemment agitée et fit l'objet de nombreux rapports, rédigés par différentes commissions législatives ; mais,chose étrange, aucune solution précise n'intervint sur ce point avant 1874, époque à laquelle fut votée la loi bien connue sous le nom de loi des dix heures. Cette loi fixait la durée du travail pour les femmes et les enfants au-dessous de 18 ans à 60 heures par semaine. Déjà le travail des enfants au-dessous de 12 ans avait été limité à 10 heures par jour dès 1842, et l'honorable Horace Mann, dans son rapport sur l'éducation, pour l'année 1840, avait insisté très fortement sur la nécessité de limiter d'une manière quelconque le droit pour les patrons et les parents dénaturés de faire travailler les enfants dans les industries textiles ; il est même très probable que ce furent les efforts de M. Mann qui amenèrent le vote de cette loi de 1842, limitant les heures de travail des enfants au-dessous de 12 ans.

L'agitation en faveur de la limitation des heures de

travail détermina aussi l'adoption volontaire du régime de 10 heures dans la plupart des ateliers de constructions navales de l'Etat, car ce régime y était en vigueur en 1844 et, d'un autre côté, dès 1833, on ne travaillait que 10 heures dans beaucoup d'autres chantiers. Du reste, comme nous l'avons dit dans un chapitre précédent sur le mouvement ouvrier, ce fut le 10 avril 1840 que le président Van Buren rendit son ordonnance bien connue, aux termes de laquelle « tous les établissements publics devaient à l'avenir être soumis, quant à la durée du travail, au régime des 10 heures ». Cependant, on ne peut dire que le mouvement en faveur de la réduction des heures de travail ait pris, dès cette époque, un développement quelque peu constant. Mais il ne fit que se fortifier d'année en année, quelque vague qu'il fût encore ; il est donc indispensable d'en retracer les différentes phases si l'on veut faire une histoire de la législation ouvrière tout à fait complète.

On peut dire que l'agitation active à cet égard a commencé en 1845, époque à laquelle des pétitions furent adressées au Parlement (il s'agit là, bien entendu, du Massachusetts) demandant la réduction de la durée du travail à 11 heures, pour cette année du moins ; mais la commission législative, à laquelle les pétitions furent soumises, conclut à leur rejet. On donnait pour raison de ce refus, qu'il serait injuste de régler la durée du travail pour chaque corps de métier, alors que les particuliers resteraient libres de se soustraire aux prescriptions de la loi. En même temps, la Commission déclarait que, suivant elle, le régime de la grande industrie et le travail en commun dans les usines n'étaient pas plus préjudiciables aux ouvriers que tout autre système, que les salaires devraient nécessairement être réduits si une loi comme celle qu'on proposait venait à être votée, et qu'enfin, si on l'adoptait, d'autres États viendraient bientôt à surpasser le Massachusetts sur les marchés du monde. Pour employer les termes mêmes dont se servait la Commission, une telle loi « fermerait les portes de toutes les usines de l'État ». La question des heures de travail resta donc endormie, au moins au point de vue législatif, jusqu'en 1850, époque à laquelle une commission nommée pour l'examiner de nouveau vint affirmer que certaines usines de Lowell marchaient douze heures par jour, soit quatorze heures de plus par semaine que les usines anglaises; et, bien que la majorité de cette commission considérât qu'une législation spéciale était inopportune, la minorité proposa un bill fixant à onze heures la journée légale à partir du 1er septembre 1850, à dix heures à partir du 1er juillet 1851; mais ce bill fut encore rejeté. Deux ans s'écoulèrent avant que la question ne fût remise en discussion; en 1852, une nouvelle tentative fut faite pour obtenir la journée légale de dix heures, en l'absence de toute convention particulière, et pour que les enfants au-dessous de 15 ans ne pûssent jamais travailler plus de dix heures. Mais le bill qui proposait cette mesure ne fut pas adopté.

Rien d'important ne fut tenté relativement à la législation ouvrière jusqu'en 1865, date à laquelle une commission composée de cinq membres fut nommée pour procéder à une enquête, et pour dresser des statistiques sur les heures de travail, ainsi que sur la situation et les revendications de la classe ouvrière. Ce fut, dans le monde entier, la première étape vers l'établissement d'un Bureau de la statistique du travail. Le gouverneur Bullock, dans son adresse pour l'année 1866, appela l'attention du Parlement sur le Rapport de cette commission : il montra que la question des heures de travail n'était point seulement une simple question d'hygiène, mais qu'elle touchait à la condition économique de l'Etat tout entier. Il dit que, pour lui, il n'hésitait point à reconnaître l'autorité légale du Parlement en cette matière, et qu'il croyait qu'en faisant une concession aux désirs de ceux qui avaient cherché à faire une enquête impartiale, on aboutirait à une meilleure compréhension, à une intelligence plus complète, non seulement de la question en elle-même, mais encore des conditions dans lesquelles des relations de confiance et d'aide mutuelle devaient s'établir entre toutes les classes. En réponse à cette communication, le Parlement vota, en 1866, un Act relatif au travail des enfants dans les manufactures, qui est digne de retenir notre attention, il est ainsi conçu :

Act concernant le travail des enfants dans les manufactures.

Section I. — Aucun enfant au-dessous de 10 ans ne pourra être employé dans aucune manufacture de cet Etat ; est interdit également l'emploi dans un établissement de cette nature d'aucun enfant de 10 à 14 ans, à moins qu'il n'ait suivi une école publique ou privée, sous la direction de maîtres approuvés par le Comité des écoles du lieu dans lequel celle-ci est située, au moins pendant les six derniers mois de l'année qui aura précédé sa mise en apprentissage ; dans tous les cas, l'apprentissage ne pourra être continué que si l'enfant suit l'école pendant six mois au moins chaque année.

Section II. — Le propriétaire, le gérant ou le directeur d'une manufacture qui aura employé sciemment un enfant, contrairement aux dispositions de la Section précédente, sera puni d'une amende n'excédant pas 50 dollars pour chaque contravention.

Section III. — Aucun enfant de moins de 14 ans ne pourra être employé dans une manufacture de cet Etat plus de huit heures par jour.

SECTION IV. — Tout parent ou gardien qui aura permis ou consenti à l'emploi d'un enfant contrairement aux dispositions de la première section sera puni d'une amende ne dépassant pas 50 dollars, par chaque contravention.

SECTION V. — Le gouverneur, avec l'avis et l'autorisation de son Conseil peut, à sa volonté, donner l'ordre à tous les représentants du ministère public de cet Etat, d'appliquer les mesures du chapitre XLII du Statut Général et toutes les autres lois réglementant le travail des enfants dans les manufactures et d'en poursuivre toutes les violations.

La même législature, celle de 1866, autorisa la constitution d'une commission de trois membres chargée de faire une enquête sur « la question des heures de travail dans ses rapports avec la condition sociale, intellectuelle et sanitaire des classes laborieures. » Ces expressions sont très significatives. On les rencontre dans presque tous les *Acts* portant création d'un Bureau de la statistique du travail aux Etats-Unis.

L'année suivante, en 1867, le Parlement réglementa à nouveau la scolarité et la durée du travail des enfants employés dans les établissements manufacturiers et mécaniques ; cet Act est considéré comme absolument fondamental, et il appartient bien à l'histoire de l'industrie ; voici ce qu'il contient :

SECTION I. — Aucun enfant au-dessous de 10 ans ne pourra être employé dans aucune manufacture, ni dans aucun établissement travaillant à la machine dans les limites de cet Etat ; aucun enfant entre 10 et 15 ans n'y pourra être employé s'il n'a suivi au moins pendant les trois derniers mois de l'année qui précède une école publique ou privée, sous la direction de maîtres approuvés par le Comité scolaire du lieu dans lequel cette école est située, pourvu d'ailleurs qu'il ait vécu dans l'Etat pendant les six mois précédents; encore n'y pourra-t-il être employé qu'à la condition de suivre l'école au moins pendant trois mois chaque année; trois heures de présence par jour dans une école publique ou privée, approuvée par le Comité scolaire local, pendant un délai de six mois au moins, pourront toutefois être considérés comme l'équivalent de trois mois de présence dans une école ouverte dans les conditions ordinaires de scolarité, au point de vue des heures de présence; mais aucun temps de présence inférieur à soixante jours ou à cent vingt demi-journées de scolarité, telle qu'elle existe actuellement, ne sera compté comme équivalent de trois mois.

Section II. — Aucun enfant au-dessous de 15 ans ne pourra être employé dans une manufacture ou une industrie mécanique plus de soixante heures par semaine.

Section III. — Tout propriétaire, gérant, directeur ou contremaître d'une manufacture ou d'une industrie mécanique qui aura sciemment employé ou permis d'employer un enfant contrairement aux dispositions des sections précédentes, et tout parent ou gardien qui aura permis ou consenti à cet emploi sera puni d'une amende de 50 dollars.

Section IV. — Il appartient au *Constable* de l'Etat de désigner spécialement l'un de ses substituts pour rechercher si les mesures prescrites par le présent *Act* et par toutes les autres lois relatives à l'emploi des enfants mineurs dans les manufactures et les industries mécaniques sont appliquées, et pour relever toutes les contraventions qui pourraient être commises; il fera chaque année un rapport au Gouverneur sur l'application du présent *Act*, et rien dans les termes de cette section ne pourra être interprété comme s'opposant à ce qu'une personne quelconque ne puisse poursuivre les contraventions qui seraient relevées.

Section V. — Le chapitre CCLXXIII des *Acts* de l'année 1866 est expressément abrogé; par suite, cet Act ne s'appliquera à aucune des procédures actuellement pendantes.

Section VI. — Le présent *Act* sera mis en vigueur soixante jours après sa promulgation.

Ainsi l'Act de 1866 fut expressément abrogé par cette dernière loi, qui établit, sur une base plus large, les principes énoncés l'année précédente. En 1867, un *Constable* spécial fut même nommé pour veiller à l'application de la loi scolaire que nous venons de rapporter.

CHAPITRE XXII

LA LÉGISLATION OUVRIÈRE

La commission chargée d'étudier la question des heures de travail, qui avait été établie en 1866 et 1867, fit un rapport que signèrent les cinq commissaires, concluant, après avoir présenté quelques statistiques sur la durée du travail, que le système des dix heures était généralement adopté dans les industries mécaniques, tandis que onze heures étaient la règle générale dans les filatures de coton. Après avoir exposé différents arguments pour et contre la réduction des heures de travail, et touché, en passant, à différentes questions telles que celles du domaine de la loi, des lois sur l'usure, du surtravail, des repas trop courts, des machines, de l'élévation du prix de la main-d'œuvre, etc., ils arrivaient à cette conclusion, relativement à la loi des huit heures, qu'elle ne devait pas être adoptée et cela par cette raison que, suivant eux, il était mauvais, en principe, de fixer une durée uniforme pour toutes les espèces de travaux; que, du reste, si elle était adoptée comme loi générale, elle serait rendue inutile par les conventions particulières; qu'un très grand nombre d'industries ne l'observeraient pas, et qu'enfin, si on en restreignait l'application aux seuls ouvriers du Massachusetts, elle serait par là même partiale et par conséquent injuste ; et la Commission ajoutait en terminant que la réforme désirée pourrait être mieux réalisée par les ouvriers eux-mêmes, en dehors du Parlement, que par les législateurs. Elle recommandait, toutefois, qu'un changement fût apporté aux règlements relatifs aux obligations scolaires et au travail des enfants dans les districts manufacturiers, de manière à leur procurer deux fois plus de temps de présence à l'école qu'il n'en était alors exigé ; cette réforme, pensait-on, pouvait être réalisée par l'adoption pure et simple de ce qu'on appelle « le système du demi-temps ». La Commission recommandait qu'un ou plusieurs inspecteurs fûssent nommés pour veiller à l'application des lois existantes, qui auraient pour fonctions de constater si les enfants mis en apprentissage ou engagés dans un emploi quelconque dans l'Etat, étaient bien soignés et traités conformément aux conditions de leur engagement ; enfin, elle fit cette dernière recommandation que des mesures spéciales fûssent prises pour assurer l'établissement annuel de statistiques dignes de confiance sur la situation, les vœux et les besoins des classes laborieuses.

La seconde commission présenta également un rapport et constata que l'act de 1866, dont nous avons parlé, et qui décidait qu'aucun enfant au-dessous de 10 ans ne pourrait être employé dans aucune manufacture du Massachusetts, restait généralement inappliqué. Les commissaires trouvèrent aussi que la journée de onze heures était la règle dans les usines, et constatèrent qu'un travail quotidien aussi long, répété pendant 6 jours chaque semaine, était au-dessus de ce qu'on pouvait demander aux femmes et aux enfants : ils demandèrent donc que les lois existantes fûssent amendées, de manière à assurer la complète exécution des mesures interdisant l'emploi des enfants de 10 à 14 ans et que le travail de toutes les personnes âgées de moins de 18 ans dans les usines, pendant plus de dix heures par jour ou de soixante heures par semaine, fût interdit; qu'enfin un bureau de statistique fût établi dans le but de rassembler et d'utiliser tous les faits relatifs aux intérêts industriels et économiques de l'Etat.

Quant à la question générale de la réduction des heures de travail, cependant, les commissaires ne croyaient pas à l'utilité de faire une loi spéciale. Ils pensaient que l'opinion publique suffirait à amener les patrons à réduire les heures de travail dans certains métiers, surtout pendant l'hiver. Mais ils insistaient fortement sur l'utilité qu'il y aurait à se servir de l'heure comme unité de temps en matière de travail, et émettaient l'avis qu'on pourrait très bien décider qu'aucun contrat de travail ne serait reconnu par la loi s'il n'était fait en prenant l'heure comme point de départ. La commission concluait qu'elle ne croyait pas devoir recommander le vote d'aucune loi limitant la durée du travail pour la population adulte de l'Etat.

En 1869, se conformant aux recommandations des commissions, le Gouvernement du Massachusetts établit le Bureau du Travail. Entre 1866 et 1869, en effet, on ne se préoccupa nullement d'aucune des réformes ouvrières, au point de vue législatif tout au moins. Mais l'établissement du Bureau de la Statistique du Travail, en 1869, marqua le début d'un mouvement nouveau dans notre pays. Ce Bureau fut autorisé à recueillir, à classer, à systématiser et à présenter dans des Rapports annuels au Parlement tous les détails statistiques relatifs aux différentes industries, spécialement en ce qui concerne la situation commerciale, industrielle, sociale, intellectuelle et sanitaire des classes laborieuses et la prospérité permanente des industries de production de l'Etat tout entier. C'est en somme l'expérience tentée dans le Massachusetts qui a conduit à l'organisation d'offices semblables dans 31 autres Etats, et à la création du Ministère du Travail aux Etats-Unis. Tous ces bureaux et le ministère lui-même ont exercé une influence considérable, qui s'est étendue sur le monde entier, si bien que l'essai fait dans notre pays, pour recueillir et publier les renseignements relatifs aux choses de l'industrie, a été renouvelé en Angleterre, en France, en Allemagne, en Belgique, en Italie, en Russie, en Autriche, dans d'autres Etats du continent européen, en Nouvelle-Zélande et au Canada.

Les faits que les bureaux américains ont pu mettre sous les yeux du public ont contribué, d'une part, à l'amélioration de la législation, et ont empêché, par contre, le vote de lois qui auraient pu être nuisibles.

Les efforts faits en vue d'améliorer la législation relative à la durée du travail furent repris en 1870 avec une grande ardeur, et chaque année qui suivit vit se renouveler les tentatives en vue d'obtenir le vote d'une loi de dix heures ; mais ces tentatives restèrent infructueuses jusqu'en 1874, date à laquelle fut voté l'Act fixant la durée du travail à soixante heures par semaine pour les femmes et les enfants au-dessous de 18 ans. Cette loi dispose qu'aucun mineur au-dessous de 18 ans et qu'aucune femme quel que soit son âge ne pourra être employé par aucune personne, aucune association, aucune corporation, dans une manufacture quelconque, plus de dix heures par jour, sauf dans le cas où il serait nécessaire de faire des réparations, pour empêcher l'arrêt ou l'interruption du fonctionnement ordinaire des machines ; elle établit, en outre, des pénalités en cas de contravention.

D'un autre côté, en 1872, le Parlement du Massachusetts vota une loi pour assurer l'établissement de trains du matin et du soir à bon marché sur les chemins de fer, à l'usage des ouvriers. Aucun autre Etat de l'Union, semble-t-il, n'a jamais fait un essai de ce genre, du moins n'a jamais réussi à faire voter une loi semblable. Les chemins de fer qui font le service de Boston aux localités voisines se soumirent les premiers aux prescriptions de la loi, et, depuis lors, on a mis en marche des trains ouvriers sur toutes les lignes pour lesquelles cette organisation a été sollicitée. En Angleterre, on les appelle « trains parlementaires ».

La loi de 1874, établissant le système des dix heures pour les femmes et les enfants au-dessous de 18 ans, ne mit pas complètement fin à l'agitation, et dans la suite, d'autres dispositions furent votées qui réduisirent la durée du travail au-dessous de 60 heures par semaine. Quant à la loi de 1876, elle remania les lois relatives au travail des enfants et les règlements qui les complétaient, mais elle maintint tous les principes contenus dans la législation primitive.

En 1877, conformément aux dispositions générales des lois industrielles anglaises, le Parlement vota une loi relative à l'inspection des usines et des établissements publics, d'après laquelle toutes les machines dangereuses telles que les courroies, les arbres de couche, les engrenages, les cylindres, etc., devaient être protégées avec précaution ; en outre, cette loi disposait qu'aucune machine autre que les machines à vapeur ne devrait être nettoyée étant en marche. La ventilation et la propreté des usines étaient également assurées. Des grues, des monte-charges, des soupiraux, des ouvertures devraient, d'après la loi, être installés et protégés par de bonnes trappes solidement établies, et toutes les usines de trois étages ou plus devraient être pourvues d'échelles de sûreté construites d'une façon convenable. Il était ordonné, de plus, que toutes les portes soit intérieures, soit extérieures des manufactures pûssent s'ouvrir de dedans en dehors partout où les inspecteurs le jugeraient nécessaire, et que des appareils d'extinction d'incendie fûssent placés dans toutes les usines. La loi ne se contente pas, d'ailleurs, de réglementer ce qui concerne les manufactures, elle dispose en outre que toutes les églises, écoles, halls, théâtres et toutes les constructions usitées pour les assemblées publiques devront être munies de tous les moyens d'évacuation que tous les inspecteurs de fabriques auront approuvés, et que toutes les portes d'entrée dans les édifices devront s'ouvrir aussi du dedans au dehors. Les sièges portatifs sont interdits dans les halls et dans les passages entre les rangs, dans tous ces édifices, pendant les représentations et les services.

Toutes ces mesures ont été maintenues depuis lors dans les lois du Massachusetts et sont même passées dans la législation de beaucoup d'autres Etats. C'est ainsi que des inspecteurs de fabriques ont été créés dans beaucoup de grands Etats manufacturiers ; ils tiennent chaque année un congrès, dans lequel ils recherchent les moyens d'assurer la sécurité des ouvriers, des mineurs et en général de tous les individus employés dans les diverses industries manufacturières et dans les mines. D'excellentes mesures sont sorties de leurs délibérations. L'Etat du Massachusetts, notamment, a constamment amendé et perfectionné les lois dont nous avons parlé, étendant leur champ d'application ou le restreignant lorsque leurs dispositions paraissaient inefficaces. Mais, dans la plupart des autres Etats, l'histoire de la législation industrielle ne diffère point de celle que nous venons de retracer si brièvement pour le Massachusetts (1).

Que si maintenant nous élargissons notre horizon, nous trouvons que certains changements ont été également apportés au droit commun, changements que les conditions nouvelles de l'industrie moderne ont rendus nécessaires et qui se sont traduits par une législation positive nouvelle, modifiant singulièrement les vieilles règles du droit primitif.

Il en a été ainsi surtout à l'égard de la responsabilité des patrons en matière d'accidents survenus à leurs ouvriers. D'après le droit commun, tel qu'il existe en Angleterre, en Amérique, et dans la plupart des nations européennes où le droit romain sert encore de fondement à la loi, il est de règle que le maître soit responsable des actes de l'agent tout comme s'il faisait les actes lui-même. Bien entendu, cette règle s'atténue dans certaines circonstances spéciales, mais le principe général est ainsi posé. Il est curieux, cependant, de noter qu'il ne s'applique point, du moins en général et pour parler dans un sens large, toutes les fois que l'individu blessé par l'agent ou l'employé d'une autre personne est lui-même agent ou employé du même patron ; c'est-à-dire, pour parler plus simplement, que si A est propriétaire d'une usine, d'une fabrique, d'un chemin de fer, B et C étant employés de A, et que si B est blessé par la faute ou la négligence de C, il ne peut avoir recours contre le propriétaire A, parce que B et C sont considérés par le droit commun comme des co-employés, et que les tribunaux devant lesquels l'affaire serait portée n'admettraient pas que A puisse être responsable vis-à-vis de B d'aucuns dommages-intérêts à raison des blessures reçues par la faute et la

(1) Voir les rapports du Bureau de la Statistique du Travail du Massachusetts, 1876 et années suivantes.

négligence de C. Cette doctrine, sans doute, est sujette à des modifications et à des restrictions, mais c'est là le principe général. Naturellement, s'il était prouvé par B, blessé par la faute et la négligence de C, que cette faute et cette négligence sont en réalité celles du propriétaire A lui-même, alors B aurait un recours contre A, mais il ne l'aurait que dans ce cas seulement.

On dit généralement, sous l'empire du droit commun, que l'ouvrier loue ses services à une compagnie ou à un patron avec une pleine connaissance de tous les risques, de tous les dangers et de toutes les responsabilités qui résultent du travail particulier qui lui est confié et que, par suite, il prend sur lui-même la responsabilité de tous ces risques et de tous ces dangers; mais il ne faut pas oublier que les risques qu'il prend ainsi à sa charge sont seulement les risques ordinaires. La règle ne s'applique plus lorsque le risque n'est point d'une nature telle qu'il puisse être raisonnablement prévu et pris en charge, ni dans les cas où il est seulement connu du patron et non de l'ouvrier, et où l'accident résulte de l'inobservation du devoir strict qu'a le patron d'en informer l'ouvrier; enfin il ne s'applique pas non plus, nous l'avons remarqué déjà, lorsque l'accident est dû à la négligence du patron lui-même, à moins que, dans ce cas, l'ouvrier, de son côté, ne puisse y avoir contribué.

Toute cette question de la responsabilité des patrons à raison des accidents survenus à leurs ouvriers est extrêmement intéressante et offre beaucoup d'occasions d'établir de subtiles distinctions juridiques et de curieuses applications de ce qu'on peut appeler la philosophie du droit. Le lecteur doit bien penser que, si les principes du droit commun sont tels que nous l'avons longuement exposé, ils ne sont point sans avoir reçu des modifications et des restrictions. Le seul point, d'ailleurs, qu'il soit intéressant de noter à cet égard, c'est la règle d'après laquelle l'ouvrier ne peut avoir de recours contre le patron lorsque l'accident s'est produit par la faute ou la négligence d'un compagnon de travail. Cette restriction toutefois n'a été formulée que dans ces dernières années : elle est le résultat d'une jurisprudence admise peu à peu par certains tribunaux et non le résultat d'une loi positive. Elle n'a été, en effet, mise en relief que par des conditions nouvelles qui ne se rencontraient point lorsque le principe était admis dans toute sa rigueur. La règle ancienne, sans doute, se justifiait pleinement, sous certaines conditions déterminées, mais appliquée dans toute son étendue elle a paru à beaucoup si inconséquente et même si ridicule que les législateurs ont été amenés à restreindre peu à peu le domaine du droit commun par des lois positives.

Un exemple des inconvénients qui peuvent résulter de l'application stricte du principe absolu montrera mieux peut-être toute son absurdité. Sous le régime industriel primitif, avant que l'établissement de la grande industrie et de la concentration des travailleurs ne se fussent généralisés, — autrement dit avant le développement de l'industrie sous le régime actuel, — un homme travaillant à côté d'un autre et tous les ouvriers travaillant avec le patron lui-même ne pouvaient raisonnablement demander des dommages-intérêts pour une blessure reçue pendant le travail en commun. Or, comment appliquer cette règle à un garde-frein, qui, sur une ligne de chemin de fer, pouvant avoir 100 milles de long, reçoit une blessure grave par la négligence d'un aiguilleur qu'il n'a jamais vu, dont il ignorait le caractère quand il est entré au service, et à la négligence duquel il ne peut avoir contribué? N'apparaît-il pas immédiatement à l'esprit que, dans ce cas, l'application stricte du principe serait absurde? Sous l'empire de la règle primitive, en effet, le garde-frein ne pourra, étant données les circonstances que nous venons d'exposer, réclamer aucuns dommages-intérêts à la compagnie de chemins de fer, puisque l'aiguilleur et lui-même sont considérés comme co-ouvriers du même patron. De même, dans une usine, le surveillant d'un métier peut remplir tranquillement et avec zèle ses fonctions de tisserand et perdre un bras par la négligence, la faute ou l'état d'ivresse de celui qui surveille la machine dans une galerie située à mille pieds de là : dans ce cas, le tisserand n'aura pas de recours contre le propriétaire ou les directeurs de l'usine, si l'on s'en tient au droit strict.

Ces exemples montrent assez comment cette règle a pu paraître absurde à beaucoup et même à un grand nombre de très bons légistes et de juges excellents. Aussi, afin de remédier à ces inconvénients, on a eu recours au vote de lois nouvelles, abrogeant la règle ou du moins limitant son application. Le premier essai de limitation a été réalisé par le Parlement de la Grande-Bretagne. Après une longue agitation, des enquêtes par des commissions parlementaires, des discussions au Parlement, une loi abrogeant en grande partie le droit commun sur ce point fut promulguée en 1820, qui attira immédiatement l'attention des patrons et des ouvriers de tous les pays sur les inconséquences résultant de l'application du droit strict. Beaucoup de corporations se montrèrent opposées au vote d'une législation qui tendait, d'après elles, à augmenter singulièrement les frais d'exploitation des usines ou des chemins de fer, et l'on exprima la crainte que, si la loi était adoptée par le Parlement, elle ne produisît des résultats désastreux pour l'industrie et qu'elle ne privât de tout dividende les actionnaires de chemins de fer. Mais, l'expérience de la loi anglaise n'a pas justifié ces craintes,et au contraire l'un de ses plus heureux effets a été de forcer les compagnies à apporter plus de soin dans le choix de leurs agents. C'était peut-être là le plus grand avantage qui pût résulter d'une loi semblable, car l'administration attentive du service des chemins de fer est un des éléments les plus essentiels de la prospérité de cette industrie, au point de vue de la sécurité publique, et si la limitatiou légale du droit commun doit avoir pour conséquence une sélection intelligente des employés les plus habiles, cela suffit certainement à justifier la réforme. Il est vrai que, par contre, les désastres financiers que l'on avait prédits se sont aussi réalisés.

Toute l'agitation qui s'était produite en Angleterre à propos de cette question s'est manifestée également aux Etats-Unis. Les associations ouvrières réclamaient une réforme analogue dans leurs programmes et dans leurs déclarations de principes, de savants auteurs en faisaient ressortir la justice et des tribunaux la sanctionnaient par avance. La première loi, pourtant, qui se soit, dans une certaine mesure, inspirée de la législation anglaise, fut votée paisiblement par le Parlement de l'Alabama, le 12 février 1885. Le Parlement du Massachusetts, après plusieurs années de discussion, et une enquête très sérieuse sur la loi et sur les faits, par le Bureau de la Statistique du Travail, adopta un *Act* qui avait pour but d'étendre et de déterminer la responsabilité des patrons tenus de réparer les accidents survenus à leurs ouvriers au cours de leur travail. Cette loi fut promulguée en 1887. Mais ces deux Etats sont les seuls qui aient, en fait, adopté les principes de la législation anglaise de 1880. Beaucoup d'autres, toutefois, ont, de différentes manières et dans une mesure variable, atténué la rigueur du droit commun. Le Colorado, la Californie, le

Dakota, la Floride, la Géorgie, l'Iowa, le Kansas, le Minnesota, le Montana, le Wisconsin, le Wyoming, l'Illinois, l'Indiana, le Kentucky, le Texas, et peut-être d'autres ont ainsi limité, dans une certaine mesure, l'application des principes du droit primitif (1).

(1) Toute la question de la responsabilité des patrons a été très complètement étudiée dans le Rapport du Bureau de la statistique du Travail du Massachusetts de 1883, dans le onzième rapport annuel du Bureau de statistique du Travail et de l'Industrie du New-Jersey, de 1888, et dans le cinquième Rapport annuel du Commissaire du Travail des Etats-Unis de 1889.

CHAPITRE XXIII

LA LÉGISLATION OUVRIÈRE (*fin*)

Il s'est produit de grandes modifications dans les idées relatives au droit de coalition appliqué aux efforts des ouvriers pour obtenir une hausse des salaires ou pour s'opposer à leur réduction. Avant 1824, en Angleterre, les ouvriers se rendaient coupables du délit de coalition et de félonie toutes les fois qu'ils s'unissaient dans un but dont aujourd'hui on considère la réalisation comme désirable non-seulement pour la sûreté de l'Etat, mais encore pour la sûreté du capital et pour la protection des droits des ouvriers eux-mêmes.

Si les idées sur le droit de coalition, telles qu'elles résultaient des principes du droit commun anglais et qu'elles furent mises en pratique dans notre pays, n'ont peut-être pas subi de modifications essentielles, elles sont cependant, aujourd'hui, beaucoup plus libérales qu'autrefois. La tentative des ouvriers bottiers et cordonniers de Philadelphie, en 1826, nous en fournit un exemple frappant. A cette époque, le *recorder* affirmait nettement que « toute coalition de travailleurs en vue d'obtenir une hausse de leurs salaires peut être considérée à un double point de vue : elle est à la fois avantageuse pour eux et nuisible pour ceux qui n'y prennent point part ; or, la loi condamne l'une et l'autre conséquence ».

Une doctrine nouvelle se forma et reçut son application, au moins d'une manière isolée, dès 1821, époque à laquelle le juge Gibson, de Pensylvanie, exprima des idées plus conformes à la doctrine actuelle que celles de beaucoup de juges qui lui succédèrent. Le juge Savage, de New-York, par exemple, dans un jugement, citait des cas dans lesquels il prétendait établir qu'une coalition ou une entente mutuelle en vue d'obtenir une hausse des salaires constituait une violation incontestable de la loi.

Il est probable que si le droit de grève fut si rarement reconnu dans le passé, c'est qu'il fut mal compris et que beaucoup de magistrats ne surent point l'apprécier à sa juste valeur. Ainsi, dans les quelques cas qui précèdent, la décision intervenue dans chaque cas particulier dépendit en grande partie et peut-être même entièrement de l'enquête personnelle et du degré d'instruction du juge devant lequel l'affaire fut portée. Mais à mesure que les cas de même nature se multiplièrent dans notre pays, on acquit une connaissance plus complète de la matière. Toutefois, la question de savoir si les coalitions d'ouvriers ou de patrons peuvent ou non exister sans exposer ceux qui les font aux peines portées contre les conspirateurs est encore obscure, surtout dans les Etats où le droit commun reste encore en vigueur sans avoir été modifié par aucune loi positive. Heureusement, à défaut de modifications par la loi, les tribunaux ont, peu à peu, transformé la doctrine, et aujourd'hui une entente entre des ouvriers en vue d'une action commune, pour obtenir une augmentation de leurs salaires ou pour s'opposer à leur diminution, n'est plus considérée comme une coalition et ses auteurs ne sont plus punis comme conspirateurs.

On peut se faire une idée exacte de l'état actuel de la doctrine relativement au droit de coalition, tel qu'il est limité par la loi, en se reportant à la décision rendue par le juge Barret, de la Cour d'assises de la ville de New-York, le 29 septembre 1887 (1). Certains membres du comité exécutif de l'une des assemblées de district des Chevaliers du Travail étaient poursuivis à raison d'une intervention prétendue illégale en faveur des ouvriers d'un industriel de cette ville. Le juge Barret décida que la loi, telle qu'elle existe actuellement, tolère la coopération régulière et paisible, et pour rendre cette coopération efficace permet logiquement de recourir à tous les moyens légaux de contrainte. Il affirma qu'une entente paisible d'ouvriers, communément appelée grève, quelque étendue qu'elle soit, n'est qu'un de ces incidents ordinaires que la loi autorise. Naturellement, ni la violence ni la menace de violence ne rentrent dans ce cas, qu'elles soient directes ou qu'elles résultent de désordres ou de troubles. Et le juge Brady, en faisant connaître l'opinion de la Cour suprême, devant laquelle cette affaire avait été portée, ajoutait « qu'il n'est pas possible de mettre en doute l'existence du droit qui appartient aux ouvriers de chercher, par tous les moyens possibles, à obtenir une augmentation de salaires, que tous les meetings et les coalitions qui ont ce but pour objet, et qui, ne comportant ni violences, ni menaces, sont par là même légitimes, ne peuvent raisonnablement donner lieu à des poursuites et qu'on ne peut, en bonne justice, s'interposer dans leur fonctionnement ».

Ceci montre bien quelle est aujourd'hui l'attitude des tribunaux à l'égard des coalitions d'ouvriers formées dans un but légitime. C'est seulement dans ces dernières

(1) Jugement confirmé par la Cour d'appel.

années, pourtant, que la législation de notre pays s'est occupée des grèves, des boycottages et des coalitions en vue d'obtenir une élévation des salaires. Dans beaucoup d'Etats encore, où le droit commun de l'Angleterre est resté en vigueur, des ouvriers ont été poursuivis et souvent condamnés pour délit de conspiration pour avoir essayé de contraindre leurs patrons par des grèves et par tous les autres moyens de coercition, tels que le boycottage des ouvriers non associés et de ceux qui les emploient. Dans ces dernières années, nombre d'Etats et de territoires ont essayé de faire expliquer par la loi dans quelle mesure une coalition d'ouvriers en vue d'obtenir une augmentation de salaires ou d'en faire maintenir le taux ou dans d'autres buts analogues doit être protégée ; et, d'un autre côté, quels actes commis par ces coalitions ou par les individus qui les forment exposent ceux qui les font à des pénalités. Certains Etats, toutefois, n'ont rien fait de semblable, et dans quelques uns de ceux-là, tout au moins, il est vrai de dire que le droit commun relatif au droit de coalition paraît être encore en vigueur ; dans d'autres, au contraire, si le droit commun est encore appliqué, à défaut de lois spéciales sur la matière, cela s'explique par la rareté relative des grèves et des boycottages sérieux. Ceci est vrai surtout pour les contrées où l'agriculture est l'industrie principale des habitants, et où les industries mécaniques, les manufactures et les mines n'ont que peu ou point d'importance ; car, dans ces régions, les grèves, les boycottages, les coalitions relatives aux salaires sont pour ainsi dire inconnus.

L'intimidation, la violence, les menaces et autres choses semblables doivent accompagner aujourd'hui les grèves, dans la plupart des Etats, pour constituer une coalition tombant sous l'application de la loi. Une entente paisible, dans un but raisonnable et licite, n'est plus considérée comme telle : c'est donc une preuve de sagesse que tant d'Etats aient pris la peine de faire définir par la loi ce qu'il faut entendre par coalition.

Dès les premières années du développement des industries mécaniques, le *truck-system* fut introduit dans différentes contrées, à l'est et à l'ouest de notre pays. Il n'a jamais existé dans le sud que depuis la guerre. Par *truck-system*, il faut entendre le paiement des salaires en marchandises. De grands établissements manufacturiers, quelquefois éloignés des centres commerciaux, établirent des magasins dans lesquels les employés pouvaient se procurer les denrées nécessaires à la vie. Le but primitif de ces magasins fut, sans doute, de rendre service aux ouvriers, puisque les denrées leur étaient apportées directement dans la localité même et qu'ils pouvaient se les procurer facilement ainsi, en évitant de longs déplacements. Mais l'habitude vint bientôt de permettre aux ouvriers de se faire ouvrir un compte dans ces magasins, et la conséquence fut que, le jour du paiement, beaucoup d'entre eux constataient que leur salaire avait été employé à solder leur compte et qu'il ne leur restait que peu de chose ou même plus rien à toucher. Il y avait à cela un double inconvénient : d'abord les ouvriers imprévoyants achetaient beaucoup de choses qu'ils n'auraient pas achetées s'ils avaient été obligés de les payer comptant, et ils épuisaient par avance leur salaire mensuel. En second lieu, le patron était tenté d'élever ses prix d'une manière exorbitante et de se procurer par là un double profit, d'abord par le travail de ses ouvriers, puis par leurs achats : bientôt cette pratique prit des proportions alarmantes, et les magasins ne tardèrent pas à être connus sous le nom de *Pluck-me stores*, parce que les ouvriers se trouvaient en quelque sorte « plumés » en s'y approvisionnant.

Pour éviter les inconvénients résultant de ce *truck-system*, beaucoup d'États ont promulgué des lois déclarant illégal le fait par un patron de payer les salaires en marchandises. Cette législation n'a pas réussi partout, mais elle n'en n'a pas moins produit de grands bienfaits (1). Le système existe encore dans les régions minières, éloignées de tous magasins ouverts au public. Il serait à souhaiter que de grandes sociétés pùssent établir partout d'importants dépôts dans l'intérêt des acheteurs, comme cela s'est fait souvent, car il en résulterait de grands avantages. Dans une ville manufacturière du Connecticut, une grande association a ainsi établi un magasin général pour les besoins de ses membres. Elle a un règlement très sévère, fixant le prix de tous les objets mis en vente, à raison d'une simple augmentation de 6 0/0 sur le prix coûtant. L'association a l'avantage d'être en mesure d'acheter de première main et au comptant et, par là même, au meilleur marché possible. Elle vend invariablement les marchandises 6 0/0 de plus que le prix coûtant, ce qui lui permet de payer tous ses frais généraux. Elle est allée plus loin, car elle a décidé que tous les profits réalisés après le paiement des frais, grâce à ce prélèvement de 6 0/0, seraient employés à l'établissement et à l'entretien d'une bibliothèque exclusivement à l'usage des ouvriers. Naturellement, le *truck-system* ainsi compris serait avantageux ; mais les difficultés, les obstacles, voire même les tentations inhérents au système en lui même le rendent toujours dangereux pour les ouvriers, et le législateur s'est mis en devoir d'obvier à ses inconvénients.

Une autre partie très importante de la législation ou-

(1) Dans l'Illinois elle a été déclarée inconstitutionnelle.

vrière, dont beaucoup d'Etats se sont préoccupés, est celle qui concerne l'arbitrage industriel. Pour éviter les conflits qui s'élèvent à l'occasion du travail, tels que les grèves, les *lock-outs*, les boycottages, beaucoup de remèdes ont été suggérés, mais aucun ne s'est montré vraiment efficace. Il est probablement impossible d'adopter une mesure qui puisse prévenir les grèves d'une manière absolue, et peut-être n'est-il pas à souhaiter, pour le progrès de la civilisation, qu'on puisse les empêcher complètement ; mais toute mesure qui réussirait à réduire le nombre des conflits et leur gravité doit se recommander d'elle-même à l'esprit de tous ceux qui ont confiance dans la loi, dans l'ordre et dans les droits de l'homme.

On entend par conciliation industrielle, les tentatives faites par une autorité régulièrement constituée, tenant ses pouvoirs du libre choix des parties intéressées ou de la loi, pour aplanir les difficultés entre les deux parties, patrons et ouvriers, et prévenir ainsi une rupture ou une déclaration ouverte de guerre industrielle. La conciliation est établie, conformément à la méthode préconisée par l'apôtre Paul pour la solution des difficultés survenues entre deux membres d'une même église. Elle est donc fondée sur des principes très élevés de religion et de morale, et partout où l'on en fait l'essai, elle réussit dans une large mesure. L'arbitrage ne peut intervenir que lorsque la lutte est déjà commencée entre le patron et l'ouvrier, c'est-à-dire lorsque la difficulté existe en fait. La conciliation cherche à empêcher une guerre ouverte ; l'arbitrage a pour but de résoudre des difficultés après que la guerre est déclarée.

En France, les conseils de prudhommes, qui existent depuis de longues années, s'efforcent de mettre d'accord les patrons et les ouvriers toutes les fois que des difficultés s'élèvent entre eux, et leur œuvre a été souvent très bienfaisante. D'autre part, en Angleterre, il existe des conseils libres de conciliation et d'arbitrage, établis par le consentement mutuel des parties, et dans toutes les industries où ces conseils ont été institués et où l'on a fait des efforts sérieux pour mettre à profit leur action, des résultats très satisfaisants ont été obtenus.

Chez nous, la conciliation n'a guère été en vogue jusqu'à ces dernières années; mais les Parlements ont compris la nécessité de créer des conseils d'arbitrage officiels qui puissent être prêts à tout moment soit à offrir leurs services, soit à les accorder sur demande. Quinze Etats de l'Union ont voté des lois sur l'arbitrage en cas de difficultés dans le monde du travail. Ce n'est, toutefois, que dans trois ou quatre de ces Etats, particulièrement dans le New-Jersey, le New-York et le Massachusetts, que les conseils d'arbitrage ont rendu de grands services.

Le gouvernement des Etats-Unis, par un act approuvé par le Président le 1er octobre 1888, s'est soumis au principe de l'arbitrage industriel, sur les chemins de fer circulant entre les différents Etats, c'est-à-dire sur les lignes allant d'un Etat à un autre, et dont le trafic est appelé par la loi *Interstate commerce*. Naturellement, le gouvernement fédéral n'a pas le droit de légiférer relativement aux affaires d'un Etat en cette matière ; mais, d'après la Constitution, il a le droit de réglementer le trafic entre les différents Etats et, par suite, de faire tous ses efforts pour arrêter les conflits s'élevant à l'occasion de ces relations d'échange qui, dans une certaine mesure, intéressent la paix et la prospérité des habitants des différents Etats.

L'arbitrage a, par sa nature même, un caractère moral, bien que ses résultats soient, en grande partie, d'ordre économique. Il a un caractère moral, parce qu'il affecte les relations des hommes entre eux et avec la société. Il y a deux sortes d'arbitrage, l'arbitrage volontaire et l'arbitrage obligatoire. L'arbitrage volontaire intervient lorsque le patron et l'ouvrier consentent, de leur propre mouvement, à abandonner la solution de leurs difficultés à un conseil régulièrement constitué, lequel peut être choisi par eux ou établi par la loi. Pour produire tous ses avantages, l'arbitrage volontaire exige un idéal moral très élevé, parce qu'il implique nécessairement de la part de ceux qui y recourent la reconnaissance morale des droits d'autrui. Beaucoup de difficultés ont été ainsi aplanies chez nous et à l'étranger par l'arbitrage volontaire.

La question apparaît sous un tout autre aspect si l'on considère la mesure prise par la loi, dans certains Etats, en vue d'imposer les services du conseil d'arbitrage aux parties adverses. Ces services peuvent être acceptés ou non, mais, dans la plupart des cas, s'ils sont refusés, le conseil a encore le droit de rechercher toutes les causes du conflit et d'examiner toutes les circonstances qui ont accompagné la rupture. De cette manière, le public est mis au courant de tout ce qui a amené le désaccord et de tous les faits survenus à son occasion. Il en résulte beaucoup de bien, parce que si le public peut être rapidement informé des causes d'un conflit grave et connaître exactement, d'après des documents officiels, à qui incombe la responsabilité d'avoir troublé la paix publique en soulevant une grève ou un *lock-out* important, sa sympathie va droit à celui qui la mérite, et l'opinion, qui est un juge tout-puissant, tranche elle-même la question.

D'un autre côté, l'arbitrage obligatoire, qui paraît être une contradiction dans les termes, implique l'obligation pour les parties de soumettre leurs difficultés à une Cour d'arbitrage. Pour être efficace, un tribunal ainsi composé doit avoir tous les droits, tous les pouvoirs et tous les privilèges d'une Cour d'équité ou d'un tribunal ordinaire ; c'est-à-dire que, sur la demande ou la plainte de l'une des parties, à propos d'un conflit ouvrier, la Cour doit avoir le droit d'instruire la cause en sommant l'autre partie d'avoir à lui faire connaître les motifs de rejet de l'action introduite par le demandeur ou le plaignant. Bien plus, la Cour doit avoir le droit, sous un régime d'arbitrage obligatoire, d'examiner toutes les questions se rapportant au conflit, pour en tirer des conclusions et pour rendre son jugement ; et lorsque sa décision est prise, elle doit pouvoir la rendre exécutoire tout comme une Cour quelconque a le droit de faire exécuter ses arrêts. Mais les difficultés, les complications, les ennuis qui résulteraient d'une procédure ainsi organisée causeraient plus de dommages à la société que le développement d'un conflit que l'une des parties chercherait à résoudre d'une manière arbitraire. On pourrait peut-être modifier l'idée de l'arbitrage obligatoire dans son application aux grandes sociétés qui ont une fonction quasi-publique, comme les compagnies de chemins de fer ; mais, jusqu'ici, on ne voit pas très clairement de quelle manière le principe pourrait être appliqué avantageusement.

Le temps viendra bientôt où la nation fera valoir ses droits à la paix perpétuelle et fera ainsi peser sur toutes les parties engagées dans l'industrie une sérieuse influence morale qui leur assurera tous les avantages de l'arbitrage volontaire et rendra inutiles toutes les mesures de contrainte quelles qu'elles soient. Mais cela n'arrivera que lorsque la puissance des forces morales sera reconnue comme ayant une influence fondamentale dans le développement et l'évolution des forces économiques.

La législation est intervenue dans beaucoup d'autres directions pour contribuer à améliorer la situation des salariés ; mais les exemples que nous avons donnés suffisent à montrer nettement l'importance et la signification de toutes ces réformes, et la tendance des Parlements à adopter des lois restrictives sous le régime moderne de l'industrie, alors que pourtant les mesures de restriction de la période coloniale ont entièrement ou à peu près disparu.

Si maintenant nous considérons, dans son ensemble, la législation ouvrière de notre pays, nous pouvons facilement analyser ses caractères généraux. Elle a fixé les heures de travail des femmes et de certains mineurs dans les manufactures ; elle a fixé les règles du contrat de travail ; elle a protégé les ouvriers en prescrivant que toutes les machines dangereuses, les engrenages, etc., soient entourés d'appareils protecteurs, et que des échelles de sauvetage soient établies dans les usines et les établissements publics ; elle a interdit les ascenseurs dangereux, elle a créé des inspecteurs de fabriques dont les pouvoirs et les fonctions ont contribué à assurer la santé et la sécurité des ouvriers ; elle a, dans beaucoup de cas, pris des mesures pour assurer le paiement des salaires hebdomadaires, non seulement par les municipalités, mais encore par les corporations ; elle a préservé la santé des femmes employées dans les manufactures, les industries mécaniques et les maisons de commerce, en exigeant que des sièges soient mis à leur disposition ; elle a réglé les conditions du travail des prisonniers, protégé le travail des enfants, déclaré insaisissables les salaires des femmes et des enfants mineurs, établi des Bureaux de statistique du travail, assuré la ventilation des usines et des ateliers, organisé des écoles industrielles et des cours du soir, assuré le transport spécial des ouvriers par le chemin de fer, modifié les règles du droit commun relativement à la responsabilité des patrons à raison des accidents survenus aux ouvriers, fixé l'indemnité dûe par les compagnies de chemins de fer pour la négligence ayant causé la mort de leurs employés, et assuré leur protection en cas d'accidents et de mort. Désormais, les portes des usines ne devront pas être fermées pendant les heures de travail ; d'un autre côté, des conseils d'arbitrage ont été institués, l'habitude pernicieuse des *truck-stores* a été combattue avec plus ou moins de succès, et le travail des femmes et des mineurs dans les manufactures entre dix heures du soir et six heures du matin a été complètement interdit. Sans doute, toutes ces mesures ne se rencontrent pas dans les législations de tous les Etats indistinctement, mais elles sont assez généralement adoptées pour mériter d'être considérées comme constituant, dans l'ensemble, un code de législation industrielle (1).

(1) Cf. Les lois ouvrières du Massachusetts, 21e rapport annuel du Bureau de la statistique du travail du Massachusetts.

CHAPITRE XXIV

LES CONFLITS OUVRIERS

Il y a grève lorsque les personnes employées dans un établissement quelconque refusent de travailler jusqu'à ce que la direction ait accédé à quelques-unes de leurs demandes. Il y a *lock-out* lorsque la direction d'un établissement refuse de permettre aux ouvriers de travailler autrement que sous certaines conditions imposées par elles et auxquelles les ouvriers refusent de se soumettre. En fait, les grèves et les *lockouts* sont en réalité la même chose, étant les unes et les autres la cause de conflits entre patrons et ouvriers qui changent seulement de nom suivant les cas.

La grève n'est point un mode d'action spécial au régime moderne de l'industrie, car on en rencontre des traces à différentes époques de l'histoire du monde, partout où existent des relations entre patrons et ouvriers. Dans l'antiquité, la grève était habituellement une insurrection ou une rébellion durant laquelle des vies nombreuses étaient perdues et parfois des gouvernements renversés (1). Parfois aussi, au cours des siècles,

(1) Pour l'histoire de ces insurrections voir : *The ancient Lowly*, par C. Osborne Ward, Washington, 1891.

il est fait mention, dans les chroniques, de conflits et de révoltes dans le monde du travail. Mais, en tant que méthode générale pour appuyer les réclamations des ouvriers et pour obtenir le redressement de leurs griefs réels ou imaginaires, ce n'est qu'à une époque relativement récente que la grève a pris une grande importance, et, pour notre pays en particulier, on ne mentionne guère que quelques cas isolés avant le commencement du XIXe siècle. Ce fut en 1741 qu'on eut recours à la grève pour la première fois chez nous ; à cette date eut lieu une grève de tous les ouvriers boulangers de la ville de New-York. Des poursuites furent exercées alors contre les grévistes, coupables de s'être concertés pour ne pas fabriquer de pain jusqu'à ce que leurs salaires aient été élevés. Ils furent jugés et déclarés coupables pour ce fait ; mais, autant qu'on peut le savoir, il ne paraît pas qu'aucune condamnation ait jamais été prononcée contre eux. Il est possible que cette grève ait eu lieu en 1740 ; toutefois, les documents qui s'y réfèrent donnent l'année 1741 comme étant celle où l'instruction judiciaire fut ouverte contre les grévistes (1).

Il existait une association d'ouvriers cordonniers à Philadelphie dès 1792 ; or, en mai 1796, une grève ou *turnout* fut ordonnée par cette association, dans le but d'obtenir une augmentation de salaires, dans laquelle les grévistes triomphèrent. Une autre grève fut organisée par les cordonniers de Philadelphie en 1798, également en vue d'une augmentation de salaires et réussit encore. L'année suivante (1799), les mêmes ouvriers se mirent en grève pour résister à une tentative des patrons qui auraient voulu abaisser les salaires : cette fois, la

(1) Cf. *Trial of Journeymen Cordwainers of the City of New-York*, New-York, 1810.

lutte dura dix semaines environ et ne réussit qu'en partie.

Ces quatre grèves sont les seules dont on puisse trouver mention dans notre pays, avant le XIXe siècle. C'est qu'en effet, la situation de l'industrie en général, pendant la période de colonisation, n'était pas favorable aux conflits de cette nature. Le régime de la grande industrie n'avait pas encore jeté de profondes racines, les patrons et les ouvriers travaillaient ensemble et, par suite, il n'y avait pas place pour une action combinée. Là où deux ou trois, ou peut-être une demi-douzaine d'hommes étaient employés dans un atelier, ils vivaient dans des relations si étroites avec leur patron, ils étaient avec lui en termes de si bon voisinage, que les différends, quand il s'en présentait, étaient résolus par des concessions mutuelles, après un simple échange de vues ; il n'y avait donc pas place à la naissance et au développement des grèves.

La première grève importante du XIXe siècle eut lieu en novembre 1803, dans la ville de New-York ; elle est connue ordinairement sous le nom de *Sailors' Strike* (grève des matelots). On la considère même généralement comme la première qui ait eu lieu aux Etats-Unis. Toutefois, des recherches récentes ont démontré l'antériorité de celles dont nous avons précédemment parlé. Les matelots de New-York, à la date précitée (novembre 1803) gagnaient 10 dollars par mois. Ils demandèrent une augmentation, désirant que leurs salaires fussent portés à 14 dollars. Pour appuyer leurs prétentions, ils se formèrent en corps, traversèrent la ville en cortège et forcèrent tous les autres gens de mer, travaillant au taux des anciens salaires, à quitter leurs navires et à se joindre à la grève. Mais ces grévistes furent poursuivis et dispersés par les *Constables* qui arrêtèrent les meneurs et les mirent en prison ; la grève finit ainsi sans donner de résultat (1).

En 1805, l'association des ouvriers cordonniers de Philadelphie se mit de nouveau en grève pour obtenir une augmentation de salaires variant de 25 à 75 cents par paire de chaussures. Cette grève dura six ou sept semaines et ne réussit point. Les grévistes furent poursuivis pour s'être rendus coupables de coalition, et les résultats du procès furent publiés dans un pamphlet paru en 1806 (2).

En 1809, une grève éclata parmi les cordonniers de la ville de New-York. Les patrons atteints portèrent tranquillement l'ouvrage à d'autres ateliers et, par ce stratagème, triomphèrent des grévistes. Mais le mouvement se continua et bientôt une grève générale fut ordonnée par l'association des ouvriers cordonniers contre tous les patrons sans distinction, à laquelle prirent part plus de 200 ouvriers. Ceci se passait en novembre 1809. A cette époque, lorsque le travail était suspendu dans un atelier par les ouvriers eux-mêmes, on disait qu'il y avait *strike* ; et si la suspension de travail était générale dans tous les ateliers d'une même industrie, on disait qu'il y avait *general turnout*. Tout membre d'une association ouvrière qui ne remplissait pas ses engagements vis-à-vis de l'association était appelé *scab* (misérable) (3).

(1) Rapport du Bureau de Statistique du New-Jersey, 1885. Voir aussi J. B. MAC MASTER, *History of the People of the United States*, tome II. M. Mac Master affirme que la grève eut lieu en octobre 1802. Nous croyons, toutefois, que la date que nous avons donnée au texte est la seule exacte.

(2) Voir Loyd : *Trial of the Boot and Schoemakers of Philadelphia.* Le compte rendu de ce procès célèbre se trouve à la bibliothèque de la Cour suprême des Etats Unis.

(3) *The People vs. Melvin and Others*, dans les *Criminal Cases* de Wheeler, t. II.

En 1815, quelques ouvriers cordonniers de Pittsburg, en Pensylvanie, furent poursuivis pour délit de coalition à raison de leur participation à une grève et furent condamnés. En 1817, un conflit industriel d'un caractère particulier s'éleva à Medford, dans le Massachusetts. Un certain Thacher Magoun, constructeur de navires de cette ville, résolut de supprimer le « droit au grog » en usage à cette époque. M. Magoun annonça donc à ses ouvriers qu'aucun alcool ne serait admis désormais dans son chantier de construction, et les mots *no rum*, *no rum*, furent écrits sur les toits des ateliers et sur les bois de construction dans le chantier. Quelques-uns des ouvriers de M. Magoun refusèrent alors de travailler ; mais ils finirent par céder et un navire fut construit sans qu'aucun alcool ait été distribué sous aucune forme (1).

Dans la période comprise entre 1821 et 1834, il se produisit quelques grèves, mais rarement plus d'une ou deux par an. Ces grèves éclatèrent parmi les typographes, les charpentiers de navire et les calfats, les ouvriers tailleurs, les ouvriers employés sur le *Chesapeake and Ohio Canal*, les ouvriers du bâtiment, les cordonniers, les ouvriers des tissages et des filatures et beaucoup d'autres. L'une des plus remarquables, à cause de l'influence qu'elle eut sur les mouvements ouvriers qui se produisirent dans la suite, eut lieu en 1834, dans la ville de Lynn, Massachusetts. Dans les derniers mois de l'année précédente, les piqueuses employées dans les manufactures de chaussures de cette ville, commencèrent à soulever la question d'une augmentation de salaire. Généralement, les femmes employées à cet ouvrage emportaient leur travail chez elles. Tout d'abord, les patrons ne consentirent pas à élever les prix accordés

(1) Mac Neill, *The Labor Movement.*

jusque-là ; alors un meeting de protestation fut tenu par plus d'un millier d'ouvrières, le 1er janvier 1834. On résolut de ne pas reprendre le travail tant que l'augmentation n'aurait pas été accordée. Mais, malgré cela, les patrons refusèrent énergiquement d'accéder à cette demande, et comme ils n'éprouvaient aucune difficulté à faire exécuter leur travail dans les villes voisines aux prix qu'ils consentaient à payer, la grève, au bout de trois ou quatre semaines, se termina sans résultat.

En février de la même année, un conflit de courte durée s'éleva à Lowell, dans le Massachusetts, parmi les ouvrières des filatures et des tissages, pour s'opposer à une réduction des salaires.

En 1835, il y eut un grand nombre de grèves à travers tout le pays, tant parmi les hommes que parmi les femmes. Le nombre des conflits suscités par des ouvriers, pour demander quelques concessions relativement aux salaires ou pour se plaindre à quelque autre titre des conditions sous lesquelles ils étaient contraints de travailler, fut alors si élevé qu'il suscita des critiques et des remontrances de la part de la presse : ainsi le *New-York Daily Advertiser*, du 6 juin 1833, déclare que « les grèves sont à la mode » et plus loin que « c'est un très bon moment pour les ouvriers pour venir de la campagne à la ville ». D'autre part, de 1835 à nos jours, les grèves ont été fréquentes, souvent coûteuses et parfois ont occasionné d'irrémédiables ruines.

Une histoire détaillée de tous ces conflits n'est point indispensable pour montrer quelle a été leur tendance générale. Le plus souvent, les grèves ont eu pour but d'obtenir une augmentation ou de s'opposer à une réduction des salaires. Un relevé fait par le Département du Travail des Etats-Unis de tous les conflits survenus dans le pays de 1881 à 1886 inclusivement (six années) montre que, durant cette période, il y en a eu 3.902, affectant 22.304 établissements différents et englobant un chiffre total de 1.323.203 ouvriers. En 1880, comme l'a montré M. Joseph D. Weeks, dans son excellent Rapport sur le *Census* des Etats-Unis pour cette même année, il y eut 610 grèves, portant sur 3.477 établissements environ. En 1887, l'année qui suivit l'enquête faite par le Département du Travail, d'après les chiffres recueillis dans les journaux et autres documents, il y en eut 853, affectant un total de 4.862 usines ou ateliers.

Si nous réunissons les chiffres connus de 1880 à 1887, nous trouvons que, dans la première de ces années, 3.477 établissements furent atteints par des grèves et que ce nombre s'abaissa à 2.928 en 1881 et même au-dessous en 1882, date à laquelle il n'y eut que 2.105 usines atteintes. En 1883, le total s'éleva de nouveau, atteignant presque celui de 1881, soit 2.759. En 1884, nouvelle baisse à 2,367, et en 1885 à 2.284, chiffre le plus bas qui ait jamais été atteint pendant cette période, sauf en 1882. Par contre, 1886 fut une année féconde en grèves et 9.861 établissements eurent alors à en souffrir. L'année suivante, ce nombre s'abaissa à 5.000 environ. Les documents les plus dignes de foi montrent, d'ailleurs, que cette année 1886 a été le moment le plus critique de toute la période. Nous n'avons pas les chiffres sous les yeux, mais les meilleurs calculs et les estimations les plus exactes, faites à l'aide des différents rapports, montrent que le nombre des établissements affectés par les grèves a constamment diminué jusqu'à ces deux dernières années pendant lesquelles, au contraire, il a rapidement augmenté. Des enquêtes officielles actuellement ouvertes détermineront ce point avec exactitude.

Pendant la période de 1881 à 1886, ce fut dans les Etats de New-York, de Pensylvanie, du Massachusetts, de l'Ohio et de l'Illinois que le nombre des établissements atteints soit par des grèves soit par des *lockouts* fut le plus élevé, ces cinq Etats donnant ensemble 75 0/0 du chiffre total, pour l'ensemble du pays, pour les grèves, et près de 89,5 0/0 pour les *lockouts*. Il est vrai que ces cinq Etats, dans la période précitée, contenaient 50 0/0 de toutes les manufactures du pays, et employaient 58 0/0 de tout le capital placé dans les industries mécaniques aux Etats-Unis.

Quelques-unes des grèves les plus célèbres de notre pays ont eu une influence considérable sur la situation économique, en suscitant l'organisation des ouvriers, en appelant l'attention sur les rapports entre employeurs et employés, et à divers autres points de vue. De 1881 à 1886, nous l'avons montré, 1.322.203 ouvriers participèrent à ce mouvement. Sur ce nombre on comptait 88,42 0/0 d'hommes et 11,58 0/0 de femmes. Pendant cette même période, 46,52 0/0 des grèves réussirent, 39,95 0/0 restèrent sans résultats, 13,47 0/0 ne réussirent qu'en partie. Un grand nombre de grèves et de *lockouts* survenus pendant cette série d'années furent suscités par les syndicats, dans la proportion de 82,24 0/0. Le plus souvent elles eurent pour but d'obtenir une augmentation ou d'empêcher une réduction des salaires, 77 0/0 d'entre elles étant occasionnées par l'une des quatre causes principales suivantes : augmentation des salaires, réduction de la durée du travail, réduction des salaires, augmentation des salaires et réduction des heures de travail tout ensemble.

Les pertes occasionnées par les grèves sont considérables, comme le montrent les documents auxquels nous nous sommes reportés, puisque les grévistes à eux seuls ont perdu 51.814.723 dollars. La perte éprouvée par les ouvriers par suite de *lockouts*, pendant la même période, a été de 8.157.717 dollars, ce qui donne une perte totale de près de 60 millions de dollars ; quant aux pertes subies par les patrons à raison de ces grèves et de ces *lockouts*, elle a dépassé 33 millions de dollars, de sorte que l'ensemble de ces conflits représente une perte totale de plus de 94 millions de dollars dans le court intervalle de six années seulement. Rien ne saurait mieux que ces chiffres montrer toute l'étendue des dommages causés par ces luttes entre patrons et ouvriers. Et encore aucun fait précis ne peut-il être affirmé, aucune évaluation ne peut-elle être faite relativement aux pertes subies par les particuliers en relations plus ou moins directes avec les établissements dans lesquels les grèves ou les *lockouts* ont eu lieu, et l'on ne peut mentionner qu'en termes généraux les effets indirects qu'ils ont pu avoir sur les intérêts économiques les plus considérables du pays.

CHAPITRE XXV

LES GRÈVES HISTORIQUES

Depuis 1877, plusieurs grèves historiques ont eu lieu dont l'influence s'est fait sentir dans différentes directions et bien au-delà des limites de l'intérêt des parties engagées dans les différends particuliers.

Le premier de ces grands conflits eut lieu en 1877, bien que, toutefois, beaucoup d'autres, également très sérieux, se soient produits antérieurement à cette date. La fameuse grève des chemins de fer de 1877 prit naissance sur le *Baltimore and Ohio Railroad* à Martinsburgh, dans la Virginie occidentale : elle eut pour cause première et immédiate une réduction de 10 0/0 sur les salaires de tous les employés. Toutefois, ce n'était là qu'un des nombreux griefs invoqués contre la Compagnie. Les salaires, déjà très bas, étaient rendus plus faibles encore par ce fait que beaucoup d'employés n'étaient point assez régulièrement occupés. Des hommes chargés de famille n'étaient autorisés à travailler que trois ou quatre jours par semaine, et les deux ou trois autres jours ils étaient contraints de vivre à leurs frais loin de chez eux, étant souvent réduits à payer un dollar par jour pour leur pension à l'hôtel de la Compagnie, ce qui ne leur laissait que très peu d'argent pour leurs besoins domestiques. En outre, les salaires, payables par mois, étaient souvent retenus deux, trois ou même quatre mois de suite. Enfin, le tonnage des trains ayant été augmenté, les hommes ne furent payés que tant par mille de parcours, sans qu'on eût égard au temps passé en route. Dans la plupart des villes, la grève affecta seulement le service des trains de marchandises ; il y eut des émeutes, des pillages, des meurtres à Martinsburgh, à Baltimore et en différentes villes de Pensylvanie. La milice d'Etat, à Martinsburgh et à Pittsburg, fraternisant avec les grévistes, se joignit à eux et refusa de tirer. Bientôt, les troupes fédérales reçurent l'ordre de quitter promptement leurs garnisons de l'est, et à leur arrivée les attroupements se dispersèrent. Toutefois, à Cincinnati, à Toledo et à Saint-Louis, des ramassis de rôdeurs et de vagabonds se rassemblèrent et réussirent à faire fermer la plupart des boutiques, des usines et des manufactures de ces villes. A Chicago, les communistes firent des démonstrations grandioses. Mais dans toutes ces villes, de même qu'à Syracuse, à Buffalo, à West Albany et à Hornellsville (New-York), les attroupements furent dispersés par la milice d'Etat, sans violence et sans pillage.

La *Pensylvania Railroad Company* eut également à subir une grève mémorable, accompagnée d'émeutes, de violences et de pillages. Quelque temps après la crise de 1873, cette société dut réduire de 10 0/0 le salaire de ses employés, et, par suite de la dépression générale des affaires, elle leur imposa une réduction nouvelle, également de 10 0/0, en juin 1877. Les employés des différentes lignes aboutissant à Pittsburg commencèrent à soulever la question de la grève, en raison de ces réductions, et cette agitation aboutit à la formation d'une *Trainmen's Union*. Sur l'initiative de cette association, une grève générale fut décidée, qui devait éclater à midi le 27 juin 1877, sur le *Pensylvania Railroad*, le *Pittsburg, Fort Wayne and Chicago Railroad*, l'*Allegheny Valley Railroad*, le *Pan Handle Railroad* et sur leurs embranchements. Le mouvement de direction de cette grève générale devait partir d'*Allegheny City*.

Le 24 juin, environ quarante membres de l'Union reçurent mission d'aller notifier aux autres employés sur les différentes lignes la date à laquelle la grève devait éclater. Mais, le 25 juin au soir, dans un meeting des membres de l'Union de la section du *Pan Handle*, on s'aperçut qu'un certain nombre de ces derniers voyaient d'un mauvais œil la grève proposée et que même un ou plusieurs membres avait déjà divulgué les projets de l'union aux autorités directrices des Compagnies intéressées. En présence de ces faits, des mesures furent prises immédiatement pour empêcher la naissance du conflit, et un mot d'ordre fut envoyé en ce sens dans toutes les directions et partout où il fut possible d'arriver dans le court espace de temps qui séparait encore de la date primitivement fixée.

Les membres de l'*Union* comprirent qu'ils avaient été battus et ils en éprouvèrent un très vif mécontentement. Quant à la grande grève du 18 juillet à Pittsburg, elle ne fut pas l'œuvre de la *Trainmens' Union* qui ne prit aucune part non plus, au moins en tant qu'association, à la grève du 16 juillet sur le *Baltimore and Ohio Railroad* à Martinsburg. Dans les premiers jours de juillet, le *Pensylvania Railroad* publia un ordre en vertu duquel tous les trains de marchandises allant de Pittsburg à Derry devaient, à partir du 19 de ce mois, être mis en marche en *double-headers*. Un *double-header* est un train de 24 wagons, traîné par deux locomotives, et cette mesure permettait à la Compagnie de dispenser de service la moitié des conducteurs et garde-freins dans la section de Pittsburg. Le matin du 19 juillet, plusieurs trains quittèrent cette ville étant ainsi composés ; mais lorsqu'arriva l'heure de départ du train de 8 h. 40, les employés, soit deux garde-freins et un conducteur, refusèrent de partir sur un *double-header*, et le train ne put quitter la gare. Le chef de gare forma alors deux équipes à l'aide d'employés du service intérieur de la gare, aucun des *trainmen* ordinaires ne voulant prendre ses fonctions ; mais les grévistes lancèrent des boulons et d'autres projectiles sur ces hommes, dès qu'ils essayèrent de monter dans le train, et les forcèrent ainsi à l'abandonner. Il y avait seulement alors vingt ou vingt-cinq grévistes ; mais ceux-ci s'emparèrent des aiguilles sur lesquelles les trains devaient passer et refusèrent d'en laisser passer un seul. Leur nombre s'accrut graduellement, et les hommes qui arrivèrent sur les trains de marchandises et sur les autres furent, au fur et à mesure, contraints de se joindre à eux : dans la nuit du 19, le nombre des grévistes et de ceux qui fraternisaient avec eux s'élevait déjà à plusieurs centaines.

L'histoire de cette grande grève est longue à raconter. Le schériff du comté ne put amener la foule des grévistes à se disperser et le gouverneur de l'Etat de Pensylvanie dut faire appel aux troupes : les autorités militaires envoyèrent à Pittsburg trois régiments d'infanterie et une batterie d'artillerie. Malgré cela, le nombre des grévistes augmenta, des rassemblements se formèrent, et on estime que, dès le 20 juillet, il y avait de quatre à cinq mille hommes réunis dans le voisinage de la gare. Il y avait là tous les éléments voulus pour faire une expérience désastreuse. Le 21, l'émeute commença et pendant que les troupes prenaient leurs positions de combat un grand nombre de fusils de la milice furent pris et beaucoup de baïonnettes furent tordues. La présence des troupes ne fit aucune impression sur la foule. Les attroupements n'en devinrent que plus tumultueux, plus provoquants et plus violents, et bientôt des pierres et d'autres projectiles furent lancés sur les soldats. Des coups de pistolet furent même tirés par la foule, et les troupes se virent contraintes de faire feu. Plusieurs personnes furent tuées et blessées ; on en compta vingt-deux en tout, dont la plupart furent tuées par les soldats dans la 28e rue. Heureusement, le tir, dès qu'il devint régulier, dispersa la foule qui s'enfuit dans toute les directions et laissa la troupe maîtresse du terrain. Mais quelques heures après, toutes les tentatives faites pour mettre les trains en marche étant abandonnées, et les troupes ayant besoin de repos et de nourriture, la foule revint à la charge et, s'étant procuré des armes en pillant deux ou trois boutiques d'armuriers, commença, à la tombée de la nuit, à faire feu sur le poste de police, sur ' atelier des machines et sur toutes les fenêtres près desquelles pouvaient se trouver des soldats ; un peu plus tard, on mit le feu aux wagons placés sur les voies adjacentes, la foule entraînant les wagons en feu le plus près possible du poste de police pour tâcher de l'incendier également.

Le matin du 22, les grévistes s'emparèrent d'un canon de campagne et s'apprêtaient à tirer sur le poste de police lorsque les officiers leur notifièrent que, si l'on tentait de décharger la pièce, ils se verraient obligés de commander le feu à leur tour. Les grévistes ne firent aucune attention à cet avertissement, et lorsque l'un d'eux fut aperçu la mèche allumée en main, prêt à mettre le feu au canon, les troupes de leur côté ouvrirent le feu, et plusieurs grévistes furent tués, les autres se dispersèrent. Plus tard, des canons Gatling furent mis en batterie, et leur vue suffit à disperser la foule. Toutes ces attaques et ces contre-attaques, ces rassemblements suivis de mises en déroute, ces incendies de train durèrent jusqu'au lundi 22, jour où deux régiments traversèrent les principales rues de la ville de Pittsburg dans le but d'intimider toutes les tentatives d'émeute qui pourraient encore se produire. Un comité de citoyens avait d'ailleurs été organisé la veille, Dimanche, qui exerça une influence considérable sur la répression des troubles. Néanmoins, des wagons furent encore incendiés, et l'on tenta de mettre le feu à la gare elle-même ; mais les membres du comité civil de sûreté intervinrent et mirent un frein au pillage. Ce fut là le dernier essai de violence qui fut tenté à Pittsburg, bien que, d'ailleurs, l'ordre eût été complètement rétabli quelques jours auparavant.

Dès le début de la grève, les grévistes eurent toutes les sympathies d'une grande partie de la population. Environ 1.600 wagons, tant de marchandises que de voyageurs (la plupart de marchandises, cependant) avec tout ce qu'ils contenaient et à l'exception de ce que les voleurs purent emporter, 126 locomotives, tous les matériaux et les bâtiments d'exploitation de la Compagnie, à l'exception de quelques-uns peu importants, depuis la 28e rue jusqu'à la gare, furent incendiés dans la nuit du samedi et le dimanche. Les voies partant de la gare centrale, au-delà même de la 28e rue, furent presque toutes détruites par le feu, les rails étant tordus et les traverses brûlées. Des personnes compétentes estiment que le dommage infligé par la grève à Pittsburg s'éleva à cinq millions de dollars, y compris le pillage des propriétés et les pertes résultant de l'interruption des services de la Compagnie. La perte réelle de la Compagnie, non compris les marchandises qu'elle avait à transporter, fut évaluée à elle seule à deux millions de dollars. Il est impossible de fixer le nombre d'hommes mis hors d'emploi, dans l'ensemble, par suite de cette grève, ni la valeur totale des propriétés détruites par l'émeute ; mais le chef du Bureau de la statistique industrielle de Pensylvanie, dans son rapport pour l'année 1880-1881, donne l'évaluation suivante de ce que coûtèrent les émeutes de Pittsburg : total des indemnités réclamées au comté d'Alleghany, les tribunaux ayant décidé que le comté devait être tenu pour responsable de toutes les pertes causées par les troubles, 3.592.789 dollars 33 cents ; total des sommes effectivement payées à la suite de transactions ou de jugements rendus à la date de la rédaction du rapport précité : 2.765.891 dol., 89 cents.

Le pays tout entier fut considérablement agité pendant et après cette grève. On se demandait de tous côtés comment il serait possible d'éviter de pareils conflits ou d'écarter les causes qui les amènent : malheureusement, la question est encore restée sans réponse.

La grande grève qui suivit fut celle des télégraphistes qui eut lieu en 1883. La majorité des employés des sociétés commerciales de télégraphe de tout le pays y adhéra. En outre, elle s'étendit non seulement aux télégraphistes de ces sociétés mais aussi à quelques employés des lignes télégraphiques des Compagnies de chemins de fer ; toutefois, les renseignements que nous possédons à cet égard sont assez peu importants. Cette grève fut faite en vue d'obtenir l'abolition du travail du Dimanche imposé sans rémunération supplémentaire, la réduction de la journée de travail à huit heures et l'égalisation des salaires des employés de sexe différent pour un même travail. Les grévistes demandaient en outre une hausse générale des salaires. La grève commença le 19 juillet et finit le 23 août 1883. Elle demeura sans résultats, causant aux employés une perte de 250.000 dollars, en même temps qu'elle leur imposait une dépense de 62.000 dollars pour secours aux employés destitués. Quant aux Compagnies, elles y perdirent près d'un million de dollars. Le nombre total des personnes impliquées dans la grève fut de 6.270. L'une des sociétés intéressées conclut un compromis provisoire avec l'Union fraternelle des Télégraphistes et reprit en conséquence ses opérations. Et comme les autres Compagnies résistaient aux grévistes, celle qui avait conclu ce pacte réalisa un bénéfice considérable par suite de l'augmentation du chiffre des affaires qui lui furent confiées.

On peut encore compter parmi les grèves que nous appelons historiques celles qui éclatèrent en 1885-1886, sur le *South Western* ou *Gould System of Railways*. La première eut lieu en mars 1885. A cette époque et durant les mois précédents, les ouvriers employés dans les magasins de la Compagnie du *Missouri Pacific Railroad*, dans le Missouri, le Kansas et le Texas, se montrèrent très mécontents des salaires qu'ils recevaient et, vers le 9 mars, près de quatre mille d'entre eux demandèrent le retour aux salaires payés au mois de septembre précédent, qui avaient été successivement réduits depuis cette époque de 10 à 15 0/0. La grève commença à Sedalia, le 7 mars 1885, et en deux jours devint générale dans toute la Compagnie, interrompant virtuellement, tant qu'elle dura, tout le trafic des marchandises. Elle prit fin, cependant, le 16 du même mois, à 10 heures du soir, et le lendemain 17, le travail fut repris partout. Ce résultat fut dû, en grande partie, aux efforts des gouverneurs du Missouri et du Kansas et des autres fonctionnaires d'Etat, qui rétablirent la paix sur les bases suivantes : « La Compagnie consentirait à payer aux employés grévistes les mêmes salaires que ceux qui étaient payés en septembre 1884, y compris une prime pour tout travail supplémentaire, et à rétablir tous les employés dans leurs fonctions sans qu'aucun dommage pût leur être causé, à raison de la grève ». La Compagnie, de son côté, s'engageait aussi de son plein gré « à ce que le taux des salaires ne pût être modifié que moyennant un avertissement donné trente jours à l'avance, par les voies et moyens ordinaires. » Les grévistes, dans cette affaire, jouirent, en général, des sympathies et de l'appui moral de la population, et il fut généralement reconnu, de tous côtés, à quelques rares exceptions près, qu'ils avaient la justice et le bon droit pour eux. Cela tenait à ce fait que la réduction de salaires leur avait été imposée à une époque où il n'y avait aucune diminution correspondante dans le chiffre des affaires ou des bénéfices de la Compagnie.

La seconde grève survenue sur le *Gould System* eut lieu en mars 1886, juste un an après la première. Les troubles commencèrent à Marshall (Texas), sur le *Texas and Pacific Railroad*, et furent occasionnés par le renvoi d'un contre-maître à raison d'une prétendue incapacité. Ce contre-maître avait un grade élevé dans l'assemblée locale des Chevaliers du Travail qui, par suite, décréta immédiatement la grève en prenant son renvoi pour prétexte. On prétendit que le congé donné à cet employé, dans les conditions où il était intervenu, constituait une violation de la convention de mars 1885, qui avait mis fin à la grève précédente grâce à l'influence des gouverneurs du Missouri et du Kansas, dont nous venons de parler. D'autres faits étaient également reprochés à la Compagnie. Pendant tout le mois de mars, tout le trafic des marchandises fut virtuellement suspendu sur les lignes de la Compagnie, et environ dix mille ouvriers restèrent sans travail, presque tous prenant part à la grève. Le 28 mars, les grévistes renoncèrent à la lutte, et on entrevit l'espoir que des négociations pourraient s'ouvrir entre les administrateurs de la Compagnie et les représentants des employés. Mais les premiers refusèrent de traiter avec leurs hommes, si ce n'est à titre individuel, et le 5 avril l'avis ordonnant la cessation de la grève fut rapporté. Toutefois, à partir de ce moment, la grève perdit toute sa force, et le trafic fut repris sous la protection de la police pendant un certain temps. Beaucoup d'hommes avaient, en effet, repris le travail et de nouveaux employés en nombre suffisant pour assurer le service avaient pris la place de ceux qui étaient restés en dehors. Tandis que la grève de mars 1885 fut, en général, nous l'avons montré, considérée comme juste, celle de mars 1886, au contraire, fut regardée comme mal fondée, n'étant en rien justifiée. Les résultats désastreux et l'absence de sympathies de la part du public à l'égard des grévistes établissent même entre ces deux conflits un contraste frappant.

A Homestead (Pensylvanie), en juillet 1892, il s'éleva un différend très sérieux entre la *Carnegie Steel Company* et ses employés, dans les usines connues sous le nom de *Homestead Works*. Les causes en furent des dissentiments survenus, le mois précédent, relativement au taux des salaires. Les parties ne purent se mettre d'accord pour conclure un arrangement satisfaisant pour l'une et l'autre, et la Compagnie dut fermer son usine le 30 juin et renvoyer ses ouvriers. Un très petit nombre d'hommes seulement consentirent à la fixation des salaires telle qu'elle était proposée. La plus grande partie d'entre eux, qui étaient membres de l'Association des travailleurs réunis du fer et de l'acier, n'étaient point du tout atteints par elle ; mais ceux qui ne faisaient pas partie de l'Association, c'est-à-dire environ 3.000, n'étaient point les plus forts. La Compagnie refusa de reconnaître l'*Amalgamated Association of Iron and Steel Workers*, en tant qu'association, et d'entrer en pourparlers avec ses représentants. N'ayant pu arriver à résoudre à l'amiable la difficulté relative aux salaires, la Compagnie voulut faire fonctionner les usines en recourant uniquement à des ouvriers non syndiqués. Mais les hommes, de leur côté, ne pouvant faire reconnaître leur association, refusèrent d'accepter la réduction de salaire imposée et résolurent de résister à la Compagnie et de l'empêcher d'embaucher des ouvriers non syndiqués.

L'histoire des événements de Homestead montre que les loges qui composaient l'*Amalgamated Association* réussirent à organiser ce qu'on appelait un « comité de surveillance », chargé de prendre en mains la cause des grévistes. Tous les employés de la Compagnie furent invités à rompre leurs engagements et à refuser de travailler jusqu'à ce que l'*Amalgamated Association* ait été reconnue et ses statuts approuvés. Les usines furent fermées deux jours avant la date fixée par le contrat en vertu duquel les hommes travaillaient, et cela sous le prétexte que les ouvriers avaient jugé bon de pendre en effigie le président de la Compagnie. Le 5 juillet, les directeurs de la Compagnie demandèrent au schériff du comté de désigner des représentants pour protéger les usines pendant qu'ils mettraient à exécution leur intention de faire des réparations. Les ouvriers, de leur côté, s'organisèrent pour défendre les usines contre ce qu'ils appelaient des empiètements et contre les demandes d'embauchage ; en fait, ils prirent possession des aciéries de Homestead. Aussi, lorsque les envoyés du schériff arrivèrent, les ouvriers qui étaient déjà réunis en force les sommèrent de quitter la place, affirmant qu'ils n'avaient nullement l'intention de faire du désordre et qu'ils ne permettraient même pas que le moindre dommage puisse être fait aux immeubles de la Compagnie.

Ils offrirent même d'agir comme représentants du schériff, ce qui ne fut pas accepté. Le comité de surveillance qui, jusque-là, avait pu maintenir la tranquillité, résolut de se dissoudre après le rejet de cette proposition, et fit disparaître tous ses registres.

La cause immédiate du conflit qui éclata un peu plus tard à Homestead fut l'arrivée d'un corps de détectives de Pinkerton, amenés dans deux chaloupes, sur l'Ohio River, à quelques milles en aval des usines. A leur approche, les ouvriers envahirent l'usine, renversant les clôtures ; puis, se retranchant derrière des billes d'acier,ils prirent toutes les mesures pour s'opposer au débarquement ; une bataille en règle s'ensuivit accompagnée d'une violente fusillade de la part des grévistes. Les Pinkertons étaient armés de winchesters ; mais ils étaient obligés de débarquer sur la digne l'un après l'autre, si bien qu'ils furent bientôt contraints de remonter dans leurs barques, ayant beaucoup souffert du feu des grévistes. Plusieurs tentatives de débarquement furent ainsi faites ; mais la position des hommes qu'ils attaquaient derrière des rempart de rails et de billes d'acier était extrêmement forte, et de cette barricade derrière laquelle on était en sûreté partait un feu nourri contre les détectives. Cette bataille rangée commença le 5 juillet, vers quatre heures du matin, et continua toute la journée sans interruption. Elle recommença même le lendemain. Les grévistes s'étaient procuré un canon de dix livres et l'avaient mis en batterie de manière à commander toutes les barques amarrées sur les bords du fleuve. Une autre troupe, forte de 1,000 hommes, avait pris position sur la rive opposée où un rempart fait de traverses de chemin de fer protégeait les soldats ainsi que le canon qu'ils possédaient. Un peu avant 9 heures, le bombardement commença, le canon étant braqué sur les barques, et le feu dura plusieurs heures. Les barques étaient protégées sur le côté par d'épaisses plaques d'acier ; aussi essaya-t-on de les incendier. A l'aide d'un tuyau, on lança de l'huile sur le pont et sur les côtés et en même temps de nombreux barils d'huile furent jetés dans le fleuve, en amont du mouillage, dans le but d'y mettre le feu et de les lancer à la dérive contre les bateaux.

Devant ces mouvements combinés, les Pinkertons furent obligés de faire flotter un drapeau de parlementaires; mais les grévistes n'y prêtèrent pas attention. Les directeurs de l'*Amalgamated Association*, cependant, s'interposèrent et la reddition des détectives fut décidée. Il fut convenu que leur sûreté serait assurée s'ils consentaient à abandonner leurs armes et leurs munitions, et comme ils n'avaient point d'autre alternative, ils furent contraints de se soumettre à cette condition. Sept d'entre eux avaient été tués et 20 ou 30 blessés.

Le 10 juillet, après avoir correspondu pendant plusieurs jours avec les autorités de l'Etat, le Gouverneur envoya à Homestead la milice de l'Etat tout entière. Le 12, les troupes arrivèrent, la ville fut mise en état de siège et l'ordre fut rétabli. Il y avait eu beaucoup de pillages, d'attroupements et d'échauffourées, et chaque fois que les détectives, après leur reddition, paraissaient dans les rues ils étaient très mal traités. Onze ouvriers ou spectateurs furent tués dans les différents combats.

Le Congrès fit une enquête sur cette grève, mais aucune mesure législative n'intervint. Quelques instructions et quelques poursuites furent seulement ouvertes. Peu à peu les usines se remplirent d'ouvriers nouveaux, mais en réalité la grève ne prit fin que le 21 novembre 1892 (1).

(1) Un court mais excellent compte rendu de cette grève se

La grève de Homestead doit être considérée comme la lutte la plus violente survenue dans le monde du travail aux Etats-Unis avant celle qui éclata à Chicago deux ans plus tard, en 1894.

trouve dans l'*Annual Cyclopedia*, d'Appleton (1892) ;un autre plus étendu figure dans le rapport du Bureau de la statistique industrielle de Pensylvanie, pour la même année.

CHAPITRE XXVI

LA GRÈVE DE CHICAGO, 1894. — LES BOYCOTTAGES

La grève de Chicago, survenue en juin et en juillet 1894, a été probablement le plus important et le plus grave des conflits ouvriers pouvant être classés parmi les grèves historiques de notre temps. Elle commença par une grève particulière dans les usines de la *Pullman's Palace Car Company*, à Pullman, faubourg de Chicago, et finit par se transformer en un soulèvement général de tous les ouvriers employés sur les principales lignes de chemins de fer partant de Chicago, et sur quelques embranchements voisins, paralysant le commerce à l'intérieur, mettant le public dans le plus grand embarras, retardant l'expédition des courriers, et, d'une manière générale, paralysant toutes les affaires. Son influence se fit sentir sur tout le pays, en plus ou en moins, suivant l'importance du trafic et la marche générale des affaires dans la contrée. Le conflit, du reste, ne se restreignit point aux parties entre lesquelles il s'était élevé, car bientôt il s'étendit à deux autres facteurs.

A l'origine, la grève prit naissance à l'occasion d'une demande formulée par certains employés de la *Pullman's Company*, en mai 1894, tendant au rétablissement des salaires payés l'année précédente. La Compagnie prétendait que la réduction du chiffre des affaires, dûe à la crise qui sévissait alors, ne lui permettait pas d'en revenir à ce taux. En raison de l'augmentation de la production du matériel, occasionnée par l'augmentation de trafic due à l'Exposition universelle de 1893, la *Pullman's Company*, dont la principale industrie consistait dans la construction de voitures pour toutes les Compagnies de chemins de fer en général, ne pouvait alors facilement obtenir de nouvelles commandes. Cet état de choses amena une suspension partielle de la production un peu partout dans le pays, dont la *Pullman's Company* souffrit comme tous les autres producteurs. La demande des ouvriers dut donc être rejetée, et le 11 mai 1894 la grève fut ordonnée. Quelques griefs de moindre importance furent également invoqués à l'appui de la conduite des grévistes, lesquels, d'ailleurs, s'étaient affiliés à l'*American Railway Union*, association d'employés de chemins de fer qui, quelques semaines auparavant, avait remporté un succès partiel dans un conflit avec le *Great Northern Railroad*. La *Railway Union* épousa la cause des ouvriers de la *Pullman's Company*, sous le prétexte qu'ils étaient membres de l'association, laquelle comptait, affirmait-on, 150.000 membres environ. Elle entreprit de contraindre la Compagnie à donner satisfaction aux demandes de ses employés en boycottant ses wagons ; en d'autres termes, ses chefs déclarèrent qu'ils se refusaient à conduire les wagons de la *Pullman's Company* sur toutes les lignes de chemins de fer où ils étaient en usage tant qu'elle n'aurait point accédé aux demandes qui lui étaient faites. Le véritable adversaire de la *Pullman's Company* dans ce grave conflit fut donc l'*American Railway Union*.

Un autre parti vint bientôt se joindre à la grève qui, tout naturellement, se déclara l'allié de la Compagnie.

Ce fut la *General Manager's Association*, composée des principaux représentants de toutes les Compagnies de chemins de fer ayant leur siège à Chicago, qui, sentant la nécessité de protéger le trafic des différentes lignes, n'hésitèrent pas à entrer en conflit avec l'*American Railway Union.* Les Compagnies représentées dans cette association possédaient un capital global de plus de deux milliards de dollars, et employaient plus du quart de tous les employés de chemins de fer des Etats-Unis. En sorte que trois grands partis se trouvèrent engagés dans cette lutte pour la suprématie, et cela seul, indépendamment des conditions et des circonstances qui précédèrent ou accompagnèrent la grève, suffirait bien à la faire classer parmi les grèves historiques du XIXe siècle (1).

D'après le témoignage des administrateurs des Compagnies de chemins de fer impliquées dans le conflit, celles-ci perdirent, tant par les destructions d'immeubles qu'en paiement de salaires supplémentaires et autres dépenses accessoires, au moins 685.608 dollars. La perte de bénéfice des Compagnies, pendant la même période, est évaluée à près de 5 millions de dollars. D'autre part, environ 3.100 ouvriers ne perdirent pas moins de 350.000 dollars de salaires, rien qu'à Pullman. Cent mille autres employés, sur les vingt-quatre lignes de chemins de fer partant de Chicago, dont la majeure partie était plus ou moins engagée dans la grève, perdirent près de 1.400.000 dollars de salaires. En outre de ces sommes, de très grosses pertes, réparties sur un grand nombre d'intéressés, furent subies indirectement par le

(1) Pour une histoire détaillée de cette grève, voir le rapport de la Commission des grèves des Etats-Unis (Senate Ex. Doc., n° 7, 53e Congrès, 3e session).

pays tout entier. La suspension des transports à Chicago paralysa les affaires dans ce centre si important et fut une cause de dommages et même de ruine pour un grand nombre de gens dont l'industrie, le commerce, les fonctions, les voyages et les approvisionnements indispensables dépendent d'un service régulier des transports à l'arrivée, au départ, ou dans la traversée de Chicago. Au total, les pertes subies par le pays sont évaluées, en bloc, par Bradstreets, approximativement à 80 millions de dollars.

Quelles qu'elles soient, inférieures ou supérieures à ce chiffre, elles sont une leçon qui doit nous faire comprendre la nécessité de prévenir, s'il se peut, de pareils désastres, et la grève qui les a occasionnées nous montre bien comment un petit conflit purement local, né des plaintes de quelques hommes, peut aboutir à englober toute une partie d'un grand peuple. Lorsque l'*American Railway Union* prit fait et cause pour les grévistes de Pullman, et décreta le boycottage des wagons de la Compagnie, lorsque la *General Manager's Association* prit toutes les mesures nécessaires pour assurer la protection de ses intérêts et empêcher l'interruption des services des transports, le pays tout entier manifesta sa sympathie ou son hostilité. On tenta même d'amener les ouvriers de toutes les branches d'industries de Chicago à s'unir dans une immense grève et à sympathiser avec les grévistes, mais cette tentative n'aboutit pas.

Tout ce qui accompagne inévitablement une grève aussi importante fut mis en jeu à Chicago : émeutes, menaces, violences, meurtres, incendies, vols, crimes de toutes sortes furent commis. Dans cette grève, comme dans quelques-unes des autres grèves historiques, l'armée dut intervenir. La police municipale, les shériffs du comté, la milice d'Etat, les commissaires fédéraux et l'armée régulière des Etats-Unis elle-même furent tous mis à contribution. L'armée fédérale fut envoyée à Chicago pour protéger les propriétés fédérales et pour prévenir l'obstruction dans le transport des courriers, pour empêcher l'interruption du commerce entre les différents Etats, et pour assurer l'exécution des ordonnances et des mandats des tribunaux fédéraux. Les troupes, d'ailleurs, ne firent aucune tentative pour entraver la grève et elles ne le pouvaient point puisque ce soin regardait exclusivement les autorités de la ville et de l'Etat. Quant à la police municipale, elle fut employée à réprimer les émeutes et à protéger les propriétés des citoyens ; il en fut de même de la milice d'Etat. Le total des forces réquisitionnées pendant la durée de la grève fut de 14.186 soldats.

Beaucoup de poursuites furent exercées à la suite du conflit survenu à Chicago, et les tribunaux furent appelés à se prononcer sur beaucoup de cas. Mais l'examen des faits conduit à cette conclusion qu'une part de responsabilité dans l'extension de la grève revient, en plus ou en moins, à chacun des partis engagés dans le conflit. Il en est résulté beaucoup d'inimitiés, inimitiés si vives qu'aucun des partis n'était prêt à tenir compte des droits de son adversaire. Ceux qui attaquèrent prétendaient que leurs griefs les autorisaient à prendre toutes les mesures en leur pouvoir pour contraindre leurs adversaires à faire des concessions. C'est, d'ailleurs, ce qui arrive dans toutes les grèves. D'un autre côté, le parti adverse soutenait qu'il était autorisé à adopter tous les moyens en son pouvoir pour résister aux demandes de ceux qui l'attaquaient. Ce qui est probable, c'est que ni l'un ni l'autre ne tenait compte des droits du public, au point de se refuser à lui causer ces ennuis et ces troubles. Ce fut, en somme, la grève la plus suggestive qui ait jamais eu lieu dans notre pays, et si elle a seulement servi, par une leçon suffisamment sévère, à faire connaître au public ses droits en pareille matière, et à lui apprendre à adopter les mesures nécessaires pour les faire respecter, elle n'aura pas encore coûté trop cher. C'est peut-être là, du reste, la leçon qui se dégage de toutes les grèves qui ont été appelées historiques ; mais ce n'est point ici le lieu de discuter les mérites de l'une d'elles ou des prétentions de l'un ou l'autre des partis qui s'y trouvèrent engagés.

D'autres grèves importantes ont eu lieu qui, comparées avec celle que nous venons de raconter, font de 1894 l'année par excellence des conflits ouvriers. La grève du *Lehigh Valley Railroad*, survenue en décembre 1893, celle de l'*American Railway Union* sur le *Great Northern Railroad*, qui eut lieu en avril 1894, la grande grève du charbon qui éclata le même mois, et la grève de Chicago dê juin et juillet de la même année, toutes survenues dans l'espace de sept mois, suffisent à rendre cette courte période mémorable, et à appeler l'attention d'une manière toute particulière sur la nécessité d'adopter quelques moyens préventifs pour empêcher de semblables conflits, ou tout au moins pour en diminuer le nombre et la gravité. La leçon a été rude, les pertes considérables, la démoralisation incontestable, l'hostilité entre les classes rendue plus intense ; mais, en outre de tout cela, il s'est dégagé une grande leçon morale, à savoir qu'il faut trouver un moyen de terminer de semblables conflits, sans recourir à la présence du shériff et de tous ceux qui le représentent. Mais, ici, nous faisons de l'histoire, et non de la philosophie ; nous étudions la naissance et le développement des industries et les conditions économiques au milieu desquelles cette évolution a eu lieu, sans nous préoccuper de l'économie politique, ni des remèdes à apporter aux maux dont souffre la société ; aussi devons-nous éviter d'aborder la discussion de cet important problème.

Les grèves et les *lockouts*, nous l'avons montré, présentent des caractères identiques. Mais il est un autre moyen de défense employé dans les conflits ouvriers qui est connu sous le nom de boycottage. Le mot est venu du nom d'un certain capitaine Boycott, intendant des propriétés de Lord Erne, en Irlande, qui, en 1880, fit évincer un grand nombre de tenanciers du domaine de Lough Mask. Ceux-ci, comme leurs voisins, cessèrent alors toute relation avec le capitaine Boycott et sa famille ; ils refusèrent de travailler pour lui, de lui vendre leurs produits, et ne permirent à qui que ce fut de rester en rapport avec lui (1). Aujourd'hui, lorsqu'il se forme une coalition en vue de contraindre une personne à céder à une demande quelconque, en s'abstenant ou en s'engageant à amener d'autres personnes à s'abstenir d'avoir des relations sociales ou de commerce avec cette personne, ou encore partout où l'on exerce une pression quelconque sur une personne ou sur une association, comme moyen de contrainte, d'intimidation ou de représailles, toutes les fois, enfin, qu'il y a refus d'agir de telle ou telle manière, dans tous ces cas, il y a ce qu'on appelle un boycottage, ce qui veut dire que la personne ou la société contre laquelle l'un quelconque des actes que nous venons d'énumérer est dirigé, est mise dans la situation dans laquelle le capitaine Boycott se trouva lui-même.

C'est seulement le mot employé avec cette signification particulière qui est nouveau. Le procédé lui-même est très vieux, car toutes les fois que, dans un but quelconque, un certain nombre de personnes s'en-

(1) *Universal Cyclopedia* de Johnson.

tendent pour en isoler une autre, de manière à l'amener à accepter certaines conditions, cette personne est en réalité boycottée ; mais cette méthode a souvent été considérée comme la manifestation du plus pur patriotisme. Tout dépend du motif qui en détermine l'adoption et des sympathies dont ce motif jouit dans le public. L'épisode du thé, à Boston Harbor, et les efforts faits par les colons pour empêcher l'importation des produits étrangers, et par là même pour contraindre les habitants à ne consommer que des produits indigènes, sont des exemples de boycottage. Comme le remarque le docteur Ely, dans son ouvrage intitulé *The Labor movement in America* : « Le boycottage a été employé de temps immémorial contre les individus dont on avait à se plaindre. Ainsi, en 1327, les citoyens de Canterbury (Angleterre) boycottèrent les moines de *Christ's Church* ; ils se rassemblèrent en plein champ, et prirent, entre autre chose, les résolutions suivantes : « Personne, sous peine d'encourir les pénalités établies par la cité, ne pourra habiter les maisons du prieur; personne ne pourra acheter, vendre, ou échanger des boissons ou des vivres avec le monastère, sous les mêmes pénalités ».

D'autre part, les partisans de l'abolition de l'esclavage boycottèrent les produits fabriqués par les esclaves ; les amis de la tempérance ont employé la même méthode pour la répression de l'alcoolisme; les prédicateurs eux-mêmes ont fait les plus grands efforts pour boycotter les journaux du dimanche, et tout récemment il a été fondé dans la ville de New-York une association composée de femmes occupant un rang social très élevé qui se sont engagées à ne rien acheter dans les maisons qui ne fournissent pas à leurs employées toutes les commodités qui leurs sont nécessaires. Les Compagnies de chemins de fer, elles aussi, ont de temps en temps boycotté leurs hommes ; mais les ouvriers de leur côté ont boycotté les Compagnies de chemins de fer, les négociants, les industriels ; certaines Compagnies de chemins de fer se sont même concertées entre elles pour en boycotter d'autres ; en sorte que cette méthode est devenue familière à toutes les classes et a été employée dans les buts les plus divers. Lorsque, d'ailleurs, le boycottage est poussé à un certain degré, ou que l'association qui essaie de le faire triompher devient une sorte de coalition en vue d'entraver ou de gêner illégalement l'action d'une autre personne ou même de commettre un acte illégal, il devient alors une action criminelle et peut être puni. Beaucoup d'Etats ont légiféré sur cette matière ; mais, en fait, ces lois, dans leurs termes mêmes, reconnaissent la légitimité du recours au boycottage. La loi sur le boycottage de l'Etat de l'Illinois, par exemple, contient la disposition suivante :

« Si deux ou plusieurs personnes s'entendènt ou font entre elles une convention, si les directeurs ou le conseil d'administration d'une société, d'une corporation ou d'un syndicat rédigent ou publient une circulaire ou un avis relativement à la conduite à tenir par les associés ou pour leur instruction, ou pour amener d'autres personnes, d'autres sociétés, d'autres syndicats ou d'autres corporations à faire ce qu'on appelle un boycottage, s'ils envoient par la poste ou s'ils distribuent, en quelque lieu que ce soit, un avis manuscrit ou imprimé avec l'intention frauduleuse ou mauvaise de faire du tort et de causer un dommage au caractère, aux affaires, à la fonction ou aux biens d'une autre personne ou d'une autre association, ils seront poursuivis pour crime de coalition ; et toute personne coupable de ce délit, qu'il s'agisse de simples particuliers ou des directeurs d'une société, d'un syndicat, ou d'une corporation, comme toute personne coupable du délit de coalition dans les termes du droit commun sera condamnée à la prison dans un pénitencier pour un temps n'excédant pas cinq années, ou à une amende ne dépassant pas 2.000 dollars, ou aux deux peines à la fois. »

Il faut remarquer, toutefois, avec quelle précaution les législateurs ont employé, dans toutes les lois analogues, les mots frauduleux, malveillants, injustes, méchants, etc. ; et, en effet, si un certain nombre de personnes se concertent pour acheter les marchandises d'un négociant en particulier, ou conviennent de ne point employer certaines voitures ou de ne point acheter certains papiers, elles ne sauraient être poursuivies s'il n'est point démontré qu'elles ont agi par malveillance. C'est que le boycottage doit être considéré aujourd'hui comme l'un des accompagnements nécessaires de l'expansion de l'industrie et de tout ce qui en résulte. Mais si les grèves viennent à disparaître, soit qu'on trouve moyen d'y mettre obstacle, soit que les ouvriers comprennent mieux leurs véritables intérêts, le boycottage, lui aussi, perdra de sa force et ne pourra plus causer aucune terreur aux industriels, à quelque titre qu'il intervienne.

QUATRIÈME PARTIE

L'influence du machinisme sur le travail.

CHAPITRE XXVII

L'INFLUENCE DES MACHINES SUR LE TRAVAIL. — LA CONTRACTION DE LA MAIN-D'ŒUVRE

Comme nous l'avons montré dans le chapitre relatif à l'organisation du régime de la grande industrie, la naissance du machinisme a été contemporaine du développement du tissage et du filage, et de même que ces deux industries sont étroitement liées à la formation des arts industriels chez les anciens, de même elles sont intimement unies à l'établissement du régime moderne de l'industrie. Jusqu'à la période comprise entre 1760 et 1770, les machines en usage pour le tissage et le filage restèrent presque aussi simples que celles dont se servaient les anciens, et il n'y avait encore en activité aucune machine de quelque importance, du moins aucune, très certainement, qui fût mise en mouvement par une force autre que celle de la main ou du pied. Naturellement, les principes d'après lesquels furent créés les procédés de fabrication les plus simples et les plus primitifs sont encore en vigueur aujourd'hui ; mais c'est seulement depuis que l'esprit d'invention a transformé les méthodes de production qu'ils ont exercé une influence prépondérante sur le travail de l'homme, tant au point de vue économique qu'au point de vue moral. Nous nous proposons d'étudier ici l'influence du machinisme sous ce double aspect économique et moral, en commençant par son influence économique.

Cette influence s'est fait sentir de deux manières différentes, diamétralement opposées l'une à l'autre. D'un côté elle a produit, comme on dit vulgairement, un déplacement de la main-d'œuvre, d'autre part, au contraire, elle a déterminé une extension des débouchés offerts au travail. Par déplacement de la main-d'œuvre il faut entendre ce qui pourrait être plus exactement exprimé par le mot « contraction de la main-d'œuvre », c'est-à-dire ce qui se produit partout où une machine est inventée, grâce à laquelle un homme peut faire seul le travail de plusieurs ouvriers travaillant sans elle; au contraire, par développement ou extension de la main-d'œuvre, il faut entendre ce qui arrive lorsque, grâce à une invention nouvelle, un emploi plus rémunérateur s'offre à un nombre d'hommes plus considérable que si cette invention n'avait pas été faite. Quiconque veut considérer uniquement ces influences économiques du machinisme, doit se représenter le travail en soi et d'une manière abstraite; mais, lorsqu'au contraire, on veut parler de l'influence éthique qu'il a exercée, on ne peut plus considérer le travail uniquement au point de vue abstrait, mais en tenant compte de ses rapports avec l'homme envisagé comme facteur politique et social. A vrai dire, au sens le plus élevé du mot, l'influence éthique du machinisme est le point le plus important dans une étude des rapports du machinisme avec le travail; mais, naturellement, les perturbations économiques qui ont été la conséquence de l'introduction des machines les plus perfectionnées doivent tout d'abord retenir notre attention.

Personne ne saurait prétendre que les machines qui,

comme on le dit ordinairement, épargnent la main-d'œuvre, mais qui pourraient, avec plus d'exactitude, être considérées comme faisant elle-même du travail ou comme étant au moins des auxiliaires du travail humain, n'ont point diminué les débouchés offerts à l'homme, en tant du moins qu'on envisage les ouvriers individuellement; mais il n'en est pas moins vrai que tous les esprits sensés constatent les effets excellents et durables de l'application des machines sur le développement industriel. Ces effets, d'ailleurs, n'empêchent point que la main-d'œuvre ait été passagèrement restreinte ce qui, dans un certain sens, contribue à paralyser le pouvoir de consommation de la collectivité dans laquelle le machinisme est introduit. Il est naturellement très difficile d'obtenir des renseignements précis de nature à mettre en relief un point si parfaitement évident; cependant, dans les quelques documents que nous possédons, on peut déjà puiser des données suffisantes pour montrer, d'une manière claire et positive, l'influence du machinisme sur ce que nous avons appelé « le déplacement de la main-d'œuvre » (1).

Prenons, par exemple, la fabrication des instruments agricoles ; là, les machines nouvelles ont, de l'avis de quelques-uns des plus gros constructeurs, remplacé au moins 50 0/0 du travail musculaire employé précédemment. Dans l'une des usines les plus importantes consacrées à cette fabrication, dans l'un des Etats de l'Ouest, on a constaté que 600 hommes employant des machines font

(1) Les faits cités dans ce chapitre sont empruntés au 1er rapport annuel du Commissaire du travail des Etats-Unis, et à l'ouvrage intitulé : *Recent Economic Changes*, par David A. Wells.

Voir aussi le discours de l'auteur du présent livre, lors de la célébration de l'ouverture du second siècle de l'*American Patent System*, à Washington, en avril 1891.

aujourd'hui l'ouvrage qui jadis, sans les machines, exigeait, pour être exécuté, le travail de 2.145 ouvriers : autrement dit, il y a eu, dans ce seul établissement, perte de travail pour 1.545 individus, soit 3,57 ouvriers inoccupés pour 1 employé.

Dans la fabrication des petites armes, où jadis un seul ouvrier pouvait, en travaillant à la main, tourner et ajuster une monture de fusil dans une journée de dix heures, 3 hommes aujourd'hui, grâce à la division du travail et à l'emploi des machines, peuvent tourner et ajuster de 125 à 150 fûts dans le même espace de temps. Par ces chiffres, on peut voir qu'un seul homme pris à part tourne et ajuste l'équivalent de 42 à 50 fûts en dix heures, au lieu d'un qu'il pouvait faire autrefois dans le même laps de temps. Il y a donc, dans ce cas particulier, une mise à pied de 44 à 49 ouvriers pour une seule opération.

Si nous passons à une industrie plus grossière, celle de la fabrication des briques, nous voyons que des inventions perfectionnés ont diminué la main-d'œuvre de 10 0/0 ; et même, dans la fabrication des briques réfractaires, c'est 40 0/0 des ouvriers précédemment employés qui ont été mis à pied ; pourtant, dans beaucoup de fabriques, aucune réduction quelconque de main-d'œuvre ne s'est produite.

La fabrication des chaussures offre sous ce rapport de très curieux exemples. Dans une manufacture importante et depuis longtemps en activité de l'un des Etats de l'Est, les propriétaires affirment qu'il faudrait 500 personnes travaillant à la main comme autrefois dans les échoppes pour faire autant de chaussures de femmes que cent personnes en font actuellement avec les machines et en travaillant en commun, ce qui donne, dans ce cas particulier, une réduction de 80 0/0. Dans une autre branche de la même industrie, le nombre d'hommes nécessaires pour fabriquer une quantité déterminée de chaussures a été réduit de moitié ; enfin, dans une autre localité, et pour une autre nature de chaussures exclusivement à l'usage des femmes, où précédemment un ouvrier qualifié pouvait fabriquer 6 paires par semaine, il en fabriquera aujourd'hui 18 paires. Un fabricant bien connu de l'Ouest déclare qu'il lui faudrait 120 personnes travaillant à la main pour produire la somme de travail actuellement exécutée dans son usine par 60 ouvriers, et que, de plus, le travail à la main est inférieur de 50 0/0 comme fini et comme aspect. De même, grâce à l'emploi des machines à coudre de Goodyear dans la fabrication des souliers sur forme, un seul ouvrier peut coudre 250 paires par jour. Or, il faudrait 8 hommes, travaillant à la main, pour obtenir le même résultat dans le même temps. De même encore, en employant une machine à fabriquer les talons, un seul homme peut ajuster 300 paires de souliers par jour, tandis que précédemment il aurait fallu 3 ouvriers pour faire le même ouvrage ; et avec la machine de Mackay, un seul ouvrier peut clouer 300 paires de souliers par jour, tandis que, sans sa machine, il n'en pourrait clouer que 5 paires. Enfin, pour mettre des clous au talon, un homme avec une machine peut achever 300 paires de souliers par jour, tandis que 5 hommes auraient dû jadis travailler toute une journée pour faire cet ouvrage à la main.

Une importante maison de Philadelphie, qui ne fait que des chaussures d'enfants, nous apprend que l'introduction des nouvelles machines, dans ces 30 dernières années, a réduit le nombre des ouvriers dans la proportion de six contre un et diminué de moitié les frais de production.

La fabrication des plumeaux, qui, pourtant, ne semble pas devoir offrir un large champ au déplacement de la main-d'œuvre, a elle aussi subi l'influence de l'invention des machines, car les machines à coudre de Brown facilitent le travail à un tel point que chaque machine remplace 3 hommes. Ainsi, une grande fabrique qui, il y a quelques années, employait 17 ouvriers qualifiés pour fabriquer 500 douzaines de plumeaux par semaine, peut actuellement, avec 9 hommes, travaillant à la machine, en produire 1.200 douzaines ; en sorte que, dans ce cas, bien que la force employée à la production ait été réduite de près de moitié, la quantité produite a été plus que doublée.

En regardant une voiture ou un wagon, on ne pourrait supposer que, dans sa construction, les machines puissent remplir même une fonction quelconque ; cependant, un chef d'atelier, après 50 ans d'expérience, a établi que jadis un nombre déterminé de bons ouvriers, travaillant entièrement à la main, mettaient à fabriquer une voiture d'un certain type et d'une qualité donnée un temps égal à 35 jours de travail, tandis qu'aujourd'hui les voitures de même modèle sont fabriquées en 12 jours. Des machines, en effet, sont employées à fabriquer les pièces les plus essentielles, indispensables à la construction des voitures ou des wagons ; par là même, elles simplifient le travail et réduisent le temps nécessaire à la fabrication du produit tout entier.

Dans la fabrication des tapis, en prenant toutes les opérations dans leur ensemble, il y a eu une réduction de main-d'œuvre de 10 à 20 fois égale au nombre des ouvriers actuellement employés. Dans le filage de la laine des tapis pris à part, il faudrait, avec les anciens procédés, de 75 à cent fois autant d'ouvriers qu'il en faut actuellement pour produire la même somme de travail, tandis que, dans le tissage, il en faudrait au moins 10 fois autant qu'aujourd'hui. Ainsi, on a inventé une machine à mesurer les tapis qui les brosse et les mesure en même temps, et grâce à elle un seul ouvrier fait le travail qui jadis exigeait 15 hommes.

On dit souvent que dans la confection des vêtements il ne s'est produit aucun perfectionnement, si ce n'est que l'emploi des machines à coudre a beaucoup facilité la production ; cependant dans cette industrie, où, jadis, les vêtements étaient tous coupés à la main, beaucoup sont aujourd'hui faits à l'emporte-pièce, plusieurs morceaux de même dimension et de même forme étant coupés dans une seule opération. De même, en coupant des chapeaux avec des instruments perfectionnés, un ouvrier peut tailler plusieurs morceaux en même temps, et il fait 6 fois autant de travail avec ce procédé qu'un ouvrier pouvait en faire jadis avec les anciennes méthodes.

Si l'âge du machinisme a commencé avec le perfectionnement des procédés de fabrication des tissus, il faut reconnaître aussi que c'est cette industrie qui, notamment dans la fabrication des étoffes de coton, nous offre l'un des plus frappants exemples de la réduction de la main-d'œuvre. Avec un métier à la main, en effet, un tisseur donnait de 60 à 80 *picks* (1) par minute pour tisser une étoffe de bonne qualité. Avec un métier mécanique, il donne aujourd'hui 180 coups à la minute, pour une étoffe de même qualité. Même avec une machine à vapeur un tisserand, jadis, ne pouvait diriger qu'un seul métier. Aujourd'hui il en dirige de deux à dix, suivant la nature des étoffes. Dans une usine du New-Hamp-

(1) *Pick*. — On nomme ainsi, en langage de tisserand, le coup qui lance la navette. Il est frappé sur le bout de la navette à l'aide d'une pointe placée à l'extrémité d'un bâton. La vitesse d'un métier est calculée à tant de *picks* par minute.

shire, des machines perfectionnées ont, rien qu'en dix ans, réduit le travail musculaire de 50 0/0 dans la fabrication des articles de même qualité. Le même fait s'est produit dans d'autres centres producteurs de tissus de coton.

Dans une autre branche de la même industrie, la main-d'œuvre a été réduite dans une proportion telle qu'un tiers seulement des ouvriers précédemment employés est nécessaire aujourd'hui. A l'époque où l'on se servait de rouets à la main, un fileur, travaillant 56 heures sans interruption, pouvait filer 5 *hanks* (1) de 32 tours. Aujourd'hui, avec deux métiers à filer automatiques, comprenant 2.124 broches, un fileur, assisté seulement de deux petits garçons, peut produire 55.098 *hanks* de 32 tours dans le même temps. On reconnaît généralement que, si l'on prend en considération l'ensemble des opérations des fabriques d'articles de coton, le nombre des ouvriers employés a été réduit de 3 à 1. Le nombre moyen des broches par ouvrier, dans les filatures de notre pays, en 1831, était de 25,2 ; il dépasse actuellement 64,82, soit une augmentation de près de 57 0/0 ; et en outre de cette augmentation du nombre des broches par ouvrier, il y a eu également une augmentation de la production supérieure à 145 0/0. Quant au tissage, tel qu'il était jadis pratiqué chez nous, un métier à la main permettait à un tisserand adulte de tisser de 42 à 48 yards de shirting ordinaire par semaine. Aujourd'hui, un ouvrier conduisant six métiers mécaniques, dans une filature de coton, produira 1.500 yards et plus par semaine, et

(1) *Hank.* — Echeveau de fil, ou plutôt une certaine longueur de fil, de coton, ou de soie, enroulée en un ou plusieurs écheveaux. Un *hank* de fil de coton mesure 840 yards ; un *hank* de fil de lin en mesure 3.000.

même une invention toute récente lui permettra désormais d'en produire le double.

Quelque merveilleux que nous paraissent ces résultats, si nous examinons l'influence de l'invention des machines dans leur application à l'impression des journaux, nous apercevons mieux encore le pouvoir magique du génie de l'inventeur. L'une des dernières presses stéréotypiques perfectionnées fabriquées par R. Hoe et C° de New-York peut imprimer en tout 72.000 journaux de 8 pages par heure ; autrement dit, une de ces presses perfectionnées, conduite par un imprimeur et 4 manœuvres habiles, peut imprimer, couper, plier, coller et numéroter (avec un supplément si on le désire) 72.000 journaux de 8 pages en 1 heure. Pour imprimer seul ce nombre de journaux, il faudrait, avec l'ancienne planche à imprimer, 1 homme et 1 enfant travaillant 10 heures par jour pendant 100 jours. Un journal du matin, actuellement imprimé, plié, coupé et collé avant le déjeuner, deviendrait trimestriel si l'édition devait en être faite avec l'ancien système. Nous pourrions citer encore beaucoup d'autres exemples empruntés à un grand nombre d'autres industries (industries du meuble, du verre, du cuir, scieries mécaniques, construction de machines, fabrication des métaux et des articles métalliques de toute espèce, fabrication d'instruments de musique, industrie des mines, fabrication du papier, de la poterie, de fournitures pour les chemins de fer, manufactures de chaussures en caoutchouc, de soieries, de savons, de tabacs, de boissons, constructions navales, fabrication du vin, des lainages, etc.).

Il est d'ailleurs impossible de fixer avec quelque précision le nombre des personnes qui seraient nécessaires, avec les anciens procédés, pour produire les articles fabriqués de nos jours, sous le régime de l'industrie moderne, avec l'aide des machines à vapeur. Aucun calcul n'en donnerait une évaluation exacte. Tout au plus, dans quelques industries, une semblable évaluation indiquerait-elle seulement qu'un ouvrier d'aujourd'hui représente en moyenne 50 ouvriers d'autrefois. Mais dans beaucoup d'autres branches on constaterait qu'un ouvrier est employé aujourd'hui là où trois hommes trouvaient jadis de l'ouvrage. Et bien que nous examinions cette question sans vouloir la traiter avec une précision mathématique, il serait peut-être possible d'affirmer qu'il faudrait de 50 à 100 millions de personnes, travaillant dans notre pays sous l'ancien système, pour produire les articles fabriqués actuellement et pour faire le travail exécuté par les ouvriers d'aujourd'hui avec l'aide des machines. Ce calcul peut naturellement être très éloigné de la vérité, mais n'importe quel autre ne serait pas moins saisissant ; et si l'on considère que dans la filature seule 1.100 écheveaux sont facilement fabriqués aujourd'hui dans le temps où un seul était produit sous l'ancien système, il ne faut pas songer à discuter utilement aucune évaluation.

Tous ces chiffres et tous ces exemples montrent simplement qu'il y a eu, économiquement parlant, une réduction considérable de la main-d'œuvre par suite de l'emploi des machines ; celles-ci ont apporté une assistance en quelque sorte magique à la force des muscles et de l'esprit, et c'est précisément ce côté de la question qui habituellement cause des inquiétudes. L'expérience, sans doute, a bien fait connaître au salarié quelques-uns des avantages des machines considérées comme auxiliaires de son travail ; mais il ne comprend pas encore pleinement toute l'influence qu'elles peuvent avoir à d'autres égards. Il constate seulement qu'il y a eu réduction de la main-d'œuvre, et il voit qu'il lui est difficile désormais de changer de profession ou de trouver du travail dans le même métier. Car ce sont là les influences tangibles qui se présentent clairement d'elles-mêmes aux yeux des intéressés, et ceux-ci ne se laissent toucher par aucune considération, soit philosophique, soit économique, soit éthique. Mais il n'est pas possible de considérer l'action des machines sur la réduction de la main-d'œuvre comme l'unique influence exercée par elles au point de vue individuel. Nous devons ici envisager le travail uniquement d'une manière abstraite. C'est pourquoi, après avoir montré l'influence prépondérante de l'emploi des machines perfectionnées sur la réduction ou la contraction de la main-d'œuvre en soi, il convient de rechercher maintenant comment les inventions modernes ont influé, d'autre part, sur l'extension des débouchés offerts aux travailleurs, et créé des emplois nouveaux et des occasions nouvelles de travail qui n'existaient point avant la mise en pratique de ces perfectionnements. Un chapitre spécial va être consacré à ce côté de la question.

CHAPITRE XXVIII

L'INFLUENCE DES MACHINES SUR LE TRAVAIL : L'EXTENSION DE LA MAIN-D'ŒUVRE

Quelqu'incroyables que paraissent les chiffres rapportés dans le chapitre précédent pour qui ne les a point étudiés, il est néanmoins possible de faire la somme de ces cas particuliers, et de montrer assez exactement quelle a été l'influence du machinisme sur la réduction de la main-d'œuvre. Si, au contraire, nous examinons maintenant l'influence contraire exercée par les inventions nouvelles, c'est-à-dire l'extension de la main-d'œuvre ou la création d'emplois nouveaux, nous constatons un état de choses beaucoup plus encourageant, mais un état de choses dans lequel la statistique ne peut être que d'une très minime utilité. L'influence exercée par le machinisme sur l'extension de la main-d'œuvre présente, en effet, différents aspects. Le peuple en général, et plus spécialement les salariés, ont fait l'expérience de cette influence à beaucoup d'égards et ont pu constater, parallèlement à l'introduction et à l'application des inventions nouvelles, que celles-ci entraînaient, au point de vue économique, un accroissement des débouchés offerts au travail ; mais, en même temps, se manifestaient d'autres conséquences plus spécialement éthiques que nous étudierons sous le titre général de conséquences morales. La statistique toutefois aide, à certains égards, à étudier le pouvoir expansif des inventions, spécialement en ce qui concerne les articles essentiels employés comme matières premières dans l'industrie, et l'augmentation du nombre des ouvriers occupés par rapport au chiffre total de la population. Si, en effet, on constate une augmentation importante dans la consommation par tête des principales matières premières employées dans l'industrie, il faut bien qu'il y ait eu une augmentation correspondante de la main-d'œuvre indispensable à la production des divers produits envisagés.

Or, si nous considérons quelques-unes des matières premières principales, nous voyons que la consommation du coton par tête dans notre pays en 1830 était de 5,9 livres, en 1880 de 13,91, tandis qu'en 1890 elle s'élevait à près de 19 livres. Ces chiffres se rapportent uniquement au coton consommé dans le pays, et montrent, d'une manière claire et positive, que la main-d'œuvre nécessaire à cette consommation a dû être maintenue au niveau, sinon même portée au-dessus du niveau qu'elle occupait jadis, c'est-à-dire exiger le même nombre ou même un plus grand nombre d'ouvriers. Dans l'industrie du fer, l'augmentation a été proportionnellement aussi considérable. En 1870, la consommation du fer par tête d'habitant aux Etats-Unis était de 105,64 livres, en 1880 elle s'élevait à 204,99 livres, et en 1890 elle atteignait 283,38 livres. Bien que les procédés de fabrication du fer aient été sensiblement améliorés, et que, par suite, la main-d'œuvre ait été réduite dans une certaine proportion, cette augmentation considérable dans la consommation du fer n'en n'est pas moins un fait très encourageant et prouve qu'il y a eu une large compensation à cette réduction. La consommation de l'acier accuse les mêmes résultats. En 1880, elle était de 46 livres par tête, et en 1870, de 144 livres. Du reste, l'application du fer et de l'acier à toutes sortes de travaux, dans l'industrie du bâtiment aussi bien que dans les arts mécaniques, dans les grands travaux publics et dans une multitude d'autres industries, montre bien que la main-d'œuvre a dû être employée d'une manière plus active, sans quoi ces applications n'auraient pu avoir lieu.

Mais une compensation plus décisive à la réduction de la main-d'œuvre, considérée d'une manière abstraite, résulte de la statistique des personnes employées dans les différents travaux. De 1860 à 1890, c'est-à-dire pendant une période de 30 ans, qui fut la plus féconde en inventions dans notre pays, par conséquent dans la période où l'introduction des machines a fait sentir son influence avec le plus d'intensité dans toutes les directions, la population s'est accrue de 99,16 0/0, tandis que, durant la même période, le nombre des personnes employées aux différents travaux, industrie, agriculture, services domestiques, emplois de toute nature, a augmenté de 176,07 0/0. Dans les 20 années écoulées de 1870 à 1890, la population totale a augmenté de 62,41 0/0, tandis que le nombre des ouvriers et employés de toute sorte s'élevait de 80,81 0/0. Une étude analytique de ces chiffres nous montre, en outre, que l'augmentation du nombre des personnes employées dans les manufactures, les industries mécaniques et les mines, c'est-à-dire partout où l'influence des machines s'est fait le plus vivement sentir, a été de 192,27 0/0, pendant cette période, tandis que l'augmentation de la population totale a été seulement de 99,16 0/0.

Et si la statistique pouvait être aussi utilement employée pour montrer combien d'emplois nouveaux ont été créés par l'application des machines, il est à croire que le résultat serait encore plus marquant. Si, en effet, nous pouvions déterminer scientifiquement le nombre des nouveaux emplois créés, nous aurions, par là même, réfuté d'une manière décisive l'assertion d'après laquelle l'invention des machines n'a fait, en somme, que réduire la main-d'œuvre. En prenant seulement quelques-unes des grandes industries actuellement existantes et qui n'existaient pas avant l'application des inventions modernes, nous devons reconnaître toute la force de la réponse qu'on peut faire à cette objection. Dans les télégraphes, par exemple, des milliers et des milliers de gens sont employés aujourd'hui là où il ne s'est jamais produit aucune contraction de la main-d'œuvre. La construction des lignes, la fabrication des instruments et leur mise en marche, en un mot toutes les divisions et subdivisions d'une industrie très importante, ont procuré à des milliers d'hommes et de femmes intelligents un emploi rémunérateur, là où aucun autre n'avait jamais été employé auparavant. Le téléphone, lui aussi, a ajouté quelque chose à cette accumulation et à cette extension des fonctions, et le champ immense de l'électricité, en procurant du travail à un grand nombre d'ouvriers habiles, n'a nullement empiété sur les droits acquis. La galvanoplastie, une industrie toute moderne, n'a pas seulement allongé d'une manière étonnante, par son influence directe, la liste des individus employés, mais indirectement aussi, par l'introduction d'une catégorie nouvelle de produits que tout le monde peut se procurer. L'argenterie, désormais, n'est plus le luxe du riche ; grâce à l'invention de la galvanoplastie, on peut trouver dans presques toutes les maisons, en Amérique, d'excellente argenterie ornée des dessins les plus artistiques. De même, l'application de la galvanoplastie au nickel a donné naissance à une industrie connexe, et il y avait à peine cinq ou six ans que celle-ci avait été établie, que déjà plus de 30.000 personnes y étaient occupées, alors qu'auparavant aucun ouvrier n'aurait pu trouver d'emploi semblable.

Les chemins de fer offrent un autre exemple éclatant de l'extension de la main-d'œuvre. Ils emploient aujourd'hui plus de 750.000 personnes, ce qui représente une population de près de 4 millions, soit un seizième de la population totale du pays. La disparition des diligences et de leurs conducteurs n'est donc rien en comparaison de l'augmentation de main-d'œuvre que les chemins de fer ont occasionnée.

La construction des voies et du matériel implique constamment l'emploi d'un grand nombre et pour mieux dire d'armées de travailleurs, tandis que l'exploitation des lignes elles-mêmes procure du travail, nous venons de le voir, à plus de 750.000 individus. Sans doute, tout ce travail a mis à pied plus d'un conducteur de diligences, mais, d'un autre côté, il a créé des débouchés pour les conducteurs de chevaux et de wagons par le développement considérable de l'industrie des transports en voiture, des lignes de raccordement et d'autres occupations nouvelles qui ne pouvaient trouver place sous le régime primitif des voitures publiques.

Lorsque la machine à coudre fut inventée, on crut que c'était la fin du métier de la couturière à la journée. C'était vrai à certains égards. Et pourtant, l'ouvrière peut aujourd'hui gagner plus d'argent, avec moins d'épuisement physique, que sous l'ancien système, et si tristement improductifs que soient encore les résultats de ses efforts, ils sont cependant bien supérieurs à ce qu'ils l'auraient été sans cette invention. Par ailleurs, la machine à coudre nous fournit en même temps un exemple frappant du développement de la main-d'œuvre. Elle n'a, en effet, déplacé personne, elle a, au contraire, augmenté les débouchés en permettant de créer de grandes usines pour fabriquer les milliers de machines qui sont vendues à travers le monde.

De même, les inventions de Goodyear, grâce auxquelles le caoutchouc a pu être travaillé et servir à la fabrication de différents articles d'habillement, ont eu, elles aussi, pour conséquence l'établissement des grandes industries, qui sont autant de créations nouvelles. Nous n'avons pas besoin d'examiner ici les avantages qui résultent de l'emploi des vêtements imperméables : le simple fait que des industries importantes se sont élevées là où il n'en existait aucune auparavant suffit pour le but que nous nous proposons.

Il faudrait beaucoup de temps, d'ailleurs, pour montrer simplement par des exemples toute la force d'expansion des inventions relativement à la création de nouveaux débouchés et de nouveaux emplois rémunérateurs. Les faits que nous avons cités démontrent d'une manière décisive que la réduction de la main-d'œuvre a été plus que compensée par l'augmentation du nombre des emplois. Toutefois, si l'on nous demande si le salarié a reçu une part juste et équitable des avantages économiques résultant de l'introduction du machinisme, il nous faut bien répondre que non, si l'on entend par là, du moins, sa part relative, comparée à celle qui revient au capital. Dans la lutte pour la suprématie industrielle dont souffrent les grands pays engagés dans la production mécanique, il semble bien, en effet, que l'ouvrier n'ait pu prendre dans les bénéfices la part qui aurait dû lui revenir. Malgré cela, il a gagné beaucoup, tant par les changements survenus dans ses rapports avec la société et avec l'Etat que par l'amélioration de sa situation morale.

Il est certain, en tous cas, — et ceci est simplement le

corollaire évident de cette constatation, que l'augmentation de la main-d'œuvre, par l'effet des inventions, a été égale et même supérieure à la diminution de travail qui en a été la conséquence — que c'est dans les pays où s'est développé l'usage des machines qu'on trouve la plus forte proportion de travailleurs occupés et que, par contre, c'est dans les pays où le machinisme s'est le moins développé que la pauvreté règne, que l'ignorance domine et que par là même la civilisation est le plus arriérée. Quant à l'accroissement des richesses résultant de l'influence du machinisme, il n'a pas été moins merveilleux que toutes les autres conséquences dont nous avons précédemment parlé ; car le travailleur, rendu plus habile et puissamment aidé par les machines, a transformé de nos jours une foule de matières peu chères en produits de grande valeur. Cette vérité nous apparaît avec évidence, si nous prenons comme base le coton et le minerai de fer. Une livre de coton, en effet, qui, au moment où ce calcul a été fait, ne coûtait que 13 cents, a été transformée en mousseline qui se vend sur le marché 80 cents, et en perse vendue 4 dollars. De même, avec un bloc de fer ordinaire d'une valeur de 75 cents, on a pu produire un lingot valant 5 dollars, ou des fers à cheval d'une valeur de 10 dollars, ou des couteaux de table valant 180 dollars, des aiguilles fines du prix de 6.800 dollars, des boutons de chemise d'une valeur de 29.480 dollars, des ressorts de montre vendus 200.000 dollars, ou enfin pour 400.000 dollars d'épingles à cheveux ; et la même quantité de minerai ordinaire peut servir à fabriquer pour 2.500.000 dollars de châlits (1).

(1) Ce calcul a été fait par Georges Woods de Pittsburg (Pensylvanie) et donné par lui dans une communication sur l'Éducation technique en 1894.

Les exemples que nous avons donnés tant de l'augmentation du travail que de celle de la valeur produite sont suffisamment suggestifs et font bien ressortir les résultats d'une étude qui, continuée dans toutes les directions, nous prouverait que la machine est l'amie et non l'ennemie de l'homme, surtout si l'on considère l'homme en tant que membre de la société et non pas seulement en tant qu'individu.

CHAPITRE XXIX

L'INFLUENCE MORALE DU MACHINISME SUR LE TRAVAIL

Suivant M. Herbert Spencer, l'éthique nous enseigne la manière de bien vivre. Au-dessus des actes communément approuvés comme bons, ou blâmés comme mauvais, elle nous enseigne tout ce qui, directement ou indirectement, nous conduit au bonheur de nous-mêmes et des autres, ou nous en écarte. La justice, qui détermine la hiérarchie des règles de la conduite des hommes, et fixe les limites imposées à l'action de chacun, est la partie la plus importante de l'éthique ; c'est elle qui définit les rapports d'équité devant exister entre les individus, lesquels limitent eux-mêmes leur sphère d'action réciproque par la vie en société, et atteignent leur fin par la coopération ; enfin, au-dessus de cette justice entre les hommes, se placent les rapports d'équité à établir entre chaque homme et la société.

C'est là, sans doute, une définition très large de l'éthique, et les principes formulés par M. Spencer, pris en eux-mêmes, sont tels qu'aucun moraliste ne peut les rejeter, même pour un instant, et qu'en tout cas, ils ne devraient point être repoussés par les économistes ; car pour peu qu'on réfléchisse un instant à leur portée, on voit tout de suite avec certitude que la prospérité matérielle d'un pays est mieux assurée lorsqu'ils sont inscrits dans les lois de l'industrie, du commerce et de la production. Ainsi, le problème des rapports du salarié avec ses semblables et avec la société a un caractère purement éthique ; au contraire, c'est une question tout à la fois éthique et économique que celle de l'étude du rapport existant entre son salaire et son genre de vie, entre la durée de son travail et ce qu'il lui en coûte pour vivre ; quant à la question de son éducation et de ses intérêts religieux, littéraires, artistiques et autres, elle doit être envisagée surtout au point de vue moral. Et ceci devient encore plus nécessaire si l'on considère que les inventions modernes ont donné naissance à un nouveau système de morale.

En effet, ce sont les inventions qui caractérisent et qui représentent la civilisation de notre époque, parce qu'elles résument, tant au point de vue physique qu'au point de vue économique, la pensée maîtresse et en quelque sorte concentrée de notre siècle. Les livres, sans doute, peuvent bien représenter cette pensée ; mais les machines ou les inventions en sont, en quelque sorte, la personnification. Au point de vue purement intellectuel, il est donc parfaitement légitime de parler de l'influence morale des inventions, et une étude des rapports existant entre les machines et le travail, de même que l'histoire de l'évolution de l'industrie, seraient certainement incomplètes si elles ne faisaient ressortir, à un point de vue philosophique plus élevé, leur influence éthique sur les travailleurs considérés individuellement.

Nous vivons actuellement au commencement de l'âge de l'intelligence, ainsi que le prouvent les œuvres dues au génie des inventeurs. C'est l'âge de l'intelligence, du cerveau, car le cerveau est roi, et la machine est son premier ministre. La richesse intellectuelle et la richesse matérielle peuvent, sans doute, rivaliser pour la suprématie, mais d'ordinaire c'est la première qui l'emporte et qui donne la couronne aux Huxleys, aux Darwins, aux Tyndalls, aux Proctors, aux Woolseys et aux Drapers, plutôt qu'aux hommes qui accumulent d'immenses fortunes. Il est donc naturel et logique, qu'étant donnée cette souveraineté, les inventions n'aient point pour unique caractère de représenter les progrès de la race, mais qu'elles aient aussi une influence très marquée sur la situation morale du peuple, influence très variable du reste, puisque les hommes sont ce que nous appelons bons ou mauvais, mais dans laquelle le bien domine largement, en somme, dans l'ensemble.

Sous l'ancien régime du travail à la main, ou, pour employer des termes plus exacts, sous le régime de l'atelier domestique qui a disparu lorsque les machines ont été inventées et que la grande industrie a été établie, le peuple était soumis aux conditions économiques les plus démoralisantes. Ceux qui croient que l'ancien système était préférable au nouveau trouvent quelque chose de poétique dans la situation du tisserand de la vieille Angleterre, avant l'invention des machines, travaillant seul à son métier, dans son cottage, entouré de sa famille : en face de ce tableau, ils adoptent volontiers cette idée idyllique que le régime du travail à domicile était supérieur au régime actuel. Cette opinion a beaucoup contribué à faire naître une foule d'idées fausses relativement aux conséquences ou à l'influence du machinisme. Ce qui est vrai, c'est que l'*Auburn* de Goldsmith et le *Village* de Crabbe ne nous donnent pas le tableau exact du *home* de leur pays, sous le régime du travail à domicile ; car le *home* de l'ouvrier, loin d'être poétique, était alors très loin de ressembler à la peinture idyllique qui nous en a été donnée. Entassés pêle-mêle dans leur hutte, et non point dans leur cottage, les membres de la famille du tisserand vivaient et travaillaient sans confort, sans aise, respirant un air vicié, mal nourris, et sans beaucoup d'intelligence. L'ivresse et le vol faisaient de chaque maison un lieu de crime, de misère et de désordre. La superstition régnait, l'envie dévorait les travailleurs. Si les membres d'une famille, doués de plus de vertu et d'intelligence que le vulgaire, tentaient de se conduire de manière à s'assurer au moins le respect de soi-même, ils se voyaient insultés ou mis en quarantaine par leurs voisins. L'ignorance, sous l'ancien régime, s'ajoutait à la saleté des maisons, et si tout cela ne suffisait point à faire de ces habitations de véritables tanières, dans beaucoup de cas les porcs de la famille se chargeaient de ce soin. Les rapports des commissaires établis en Angleterre par la loi des pauvres sont des exposés plus fidèles que poétiques de cette situation, et montrent plus exactement que tout autre document l'influence démoralisante du paupérisme et de tous les autres maux qui régnaient et se développaient d'une manière si considérable sous le régime du travail à la main.

On passe ordinairement sous silence l'influence morale du machinisme, à l'époque particulière dont nous nous occupons dans l'histoire de l'humanité ; et il en est de même de ce fait que, s'il y a de notre temps quelque chose qui s'impose à l'individu, c'est bien le travail, dans un emploi quelconque, car c'est le travail qui procure à l'homme la condition morale la meilleure. L'ignorance la plus grossière, la plus pénible et la plus malfaisante qui puisse se rencontrer dans une société, c'est l'ignorance du travail, c'est-à-dire le manque de connaissances techniques mettant l'homme en mesure d'apprendre à vivre en dehors des institutions pénales, et puisque là morale et la religion pratique ont très certainement des rapports très étroits avec tout ce qui touche à la conduite de la vie, la science technique, qui rend un homme capable de remplir ses fonctions, est bien en relations avec la morale. La pauvreté et la vraie religion ne peuvent coexister chez un même peuple ; car la religion ne peut régner là où le peuple n'est point engagé dans les travaux qui tendent à élargir toutes ses facultés, à éveiller en lui non seulement le sentiment du devoir envers l'humanité, mais encore à développer en lui l'amour du beau, de l'art, et de tout ce qui orne et ennoblit la vie ; or, de tels travaux ne peuvent être exécutés sans l'intervention vivifiante des inventions, qui mettent en relief la persévérance, la réflexion et la perfection du génie humain.

Nous ne connaissons pas très bien l'influence du machinisme sur la morale du monde, influence qui s'exerce en silence et en secret ; mais il est certain, au point de vue particulier qui nous occupe, que la pauvreté et la religion ne sont plus aujourd'hui, comme autrefois, deux vertus jumelles. Il y aurait certes beaucoup de choses à dire pour appuyer cette thèse. Le communisme, par exemple, qui implique la destruction du travail, ne peut coexister avec les machines dont l'usage suppose une concurrence trop intense, tant au point de vue social qu'au point de vue industriel, pour permettre l'établissement d'un semblable régime. Aussi les nations consacrées aux industries qui exigent l'emploi des machines dans une large proportion, sont-elles à l'abri de l'invasion du communisme et du socialisme collectiviste ; car, sans les machines, le monde rétrograderait nécessairement vers la superstition et l'ignorance, et l'esprit d'invention de l'homme reprendrait la place qu'il occupait jadis parmi les facultés inemployées de l'intelligence.

Les effets moraux de la division du travail, qui ont été la conséquence de l'application des machines, sont également très marqués. Les corps de métiers sont presque inutiles aujourd'hui. De nos jours, tout apprenti, s'il est intelligent, peut apprendre son métier en beaucoup moins de temps que sous l'ancien régime du travail, sous lequel il ne pouvait devenir ouvrier qu'après avoir passé un certain temps en apprentissage. En outre, jadis, quand il le connaissait, ses salaires étaient rarement proportionnés à son habileté, il était obligé de donner plus qu'il ne recevait en réalité. Mais ce n'était pas là la conséquence la plus regrettable du régime de l'apprentissage. Comprenant qu'il était volé, il avait fini par se mettre à ne plus apprendre son métier que dans la mesure nécessaire pour que sa rémunération ne restât pas inférieure à son habileté, prenant ainsi des habitudes de prodigalité et de paresse qu'il conservait toute sa vie. Ces conséquences ont contribué à faire en réalité disparaître l'apprenti du monde industriel. Aujourd'hui, grâce à l'éducation manuelle et aux écoles professionnelles, un enfant peut employer utilement tout son temps, et dès qu'il est devenu un ouvrier accompli ou tout au moins au courant du métier qu'il a choisi, il peut fixer son salaire au taux qui lui est légitimement dû. Il reçoit une bonne éducation technique et il a l'avantage sur l'apprenti d'autrefois, tant parce qu'il épargne son temps que parce qu'il reçoit plus vite le salaire que comporte son habileté.

Mais l'influence morale du machinisme se manifeste à d'autres points de vue encore ; car, par la diversité des emplois qui a été la conséquence de son adoption, la durée du travail est devenue plus courte, et, par suite, l'ouvrier a vu augmenter les occasions de perfectionnement intellectuel et moral qui s'offrent à lui. Et tout en gagnant ainsi sur le temps, il a vu aussi s'élever considérablement le taux de son salaire, en même temps que le prix des principaux articles de consommation s'abaissait progressivement.

Pour ce qui est de la production, un seul exemple devra suffire que nous emprunterons à l'industrie du coton. Jadis un tisserand adulte pouvait, avec un métier à la main, tisser de 42 à 48 yards de shirting ordinaire par semaine; or, dans une usine moderne, un ouvrier conduisant 6 métiers mécaniques peut produire environ 1.500 yards par semaine. De même, avec un rouet à la main, un fileur pouvait autrefois filer 8 onces de fil n° 10 en dix heures, soit trois livres par semaine : aujourd'hui, l'ouvrier filant avec une *mule-jenny* peut produire plus de 3.000 livres dans le même temps. Or, bien entendu, tout ceci implique une diminution correspondante dans le prix des produits.

Quant à la durée du travail, elle a été réduite de 12 ou 13 heures à 9 heures et demie en Angleterre et à dix heures en général en Amérique, dans la même industrie du coton. Cependant, un examen des tableaux statistiques démontre que, pour la plupart des travaux dans l'industrie textile, les salaires ont presque doublé pendant les 60 ou 70 dernières années : et des constatations identiques peuvent être relevées pour beaucoup d'autres industries.

Cette conséquence morale inévitable de l'application du machinisme a mis l'ouvrier en mesure de gagner sa vie en moins de temps qu'autrefois, et ce serait déjà beaucoup si aucun autre avantage n'avait été obtenu ; car il faut bien considérer que, dès que le temps nécessaire pour gagner sa vie devient plus court, la civilisation progresse et que tout régime qui exige d'un homme tout son temps ou la plus grande partie de son temps pour arriver à gagner ce qui est nécessaire à sa subsistance est nécessairement démoralisant à tous égards. En outre, la condition morale de l'homme a été améliorée par l'amélioration même de sa santé physique. En permettant de fabriquer des vêtements chauds et confortables et des articles imperméables, en perfectionnant les procédés de chauffage et d'éclairage, et de mille autres manières, les inventions ont apporté avec elles des conditions de confortable et de bien-être inconnues auparavant, elles ont rendu les santés plus robustes et la vie plus longue, puisque la moyenne de la vie est aujourd'hui de 10 0/0 plus élevée qu'autrefois. Le travail inintelligent et grossier a de plus en plus fait place au travail intelligent et bien fait. L'homme qui, jadis, était accoutumé à faire les travaux les plus détestables, a été remplacé partout par des ouvriers pourvus d'une bonne éducation professionnelle et technique, préposés à tel ou tel mode de production que les inventions modernes ont mis en usage. D'un autre côté, le luxe est devenu de plus en plus nécessaire à la vie, et ceci marque encore un pas en avant de la civilisation. Ce qui jadis était un luxe pour une certaine classe d'hommes est aujourd'hui une nécessité pour une catégorie d'individus qui pourrait être considérée comme inférieure à la première. C'est ce qui ressort de ce fait qu'il fut un temps où un drap de toile de lin représentait 32 jours de travail ordinaire, et où un gril coûtait de 4 à 12 jours de travail.

Avant la génération qui a précédé la nôtre, les modes de locomotion les plus rapides étaient le pas de l'homme, le pas des chevaux et la navigation à voiles, que cependant la transmission accidentelle de la pensée par les signaux surpassait peut-être en vitesse. Le premier changement survenu dans la rapidité des transports ou de la transmission de la pensée se produisit à une époque qui est encore présente à la mémoire des hommes vivant actuellement. Ce sont, en effet, les locomotives, les chemins de fer et les tramways qui ont résolu la question de savoir comment soulager les villes trop peuplées et comment donner au salarié, auquel il importe d'épargner le temps passé entre sa maison et son travail, le bienfait du repos dans un milieu sain, à la campagne. Les transports devenus plus rapides, grâce à l'application de l'électricité aux tramways, ont, dans beaucoup de cas, augmenté d'une demi-heure ou de trois quarts d'heure le temps dont l'ouvrier peut disposer. Ceci encore est la conséquence des inventions et c'est une conséquence morale, car elle a amélioré la condition du travailleur, elle lui a permis d'atteindre une situation plus élevée, elle a facilité ses relations sociales et, de toute manière, elle lui a procuré de meilleures occasions de jouir de tout ce qui l'entoure.

D'ailleurs, toute invention de machine marque un progrès quelconque dans un art utile. Elle remplit toujours quelque fin avantageuse, qui n'était pas atteinte auparavant, ou bien elle fait mieux et à meilleur marché un travail déjà exécuté. Elle donne plus de valeur à la journée de travail d'un ouvrier, et elle ajoute quelque chose à la somme de tout ce qui rend sa vie agréable, pourvu qu'il soit économe et sage. Dans tous les cas, si l'on peut voir un résultat moral dans le fait d'apprendre ou de se familiariser avec les travaux d'un art quelconque, le machinisme a eu certainement une très grosse influence morale ; avec l'aide des machines, en effet, le travail des artisans rend rapidement artistique le goût du public, vu que l'habileté acquise et l'esprit d'invention, tels qu'ils se manifestent dans les machines, mettent de l'art dans le bois et dans le métal « et montrent ainsi le développement considérable des facultés intellectuelles et la tendance qui s'accuse à toutes les phases de ce développement de concentrer et de diriger leurs efforts vers un but nettement déterminé ». Mais le machinisme a fait plus ; il a procuré aux classes les moins élevées quelques-uns des avantages qui résultent du développement du talent artistique dans le monde et de ses productions les plus estimées. Les copies des tableaux célèbres, les œuvres des grands maîtres sont aujourd'hui familières au vulgaire. Jadis, un seul homme, à la fois, pouvait posséder un tableau célèbre, lui seul et ses amis pouvaient jouir du plaisir que procure la possession d'une œuvre d'art. Aujourd'hui, si ce favori de la fortune possède l'original, le peuple en possède la copie ; l'artiste, désormais, rend service à tout le monde, son influence s'étend sur tous, et il est à même d'ouvrir non seulement les trésors de l'art que le monde possède, mais encore les trésors de la science, grâce au bon marché des publications.

Il est un autre aspect de l'influence morale du machinisme qui mérite encore notre attention. On prétend souvent que l'emploi des machines crée dans le monde industriel une catégorie ou une classe de travailleurs ignorants et incapables ; mais cette affirmation est sans fondement. Il n'y a pas plus d'ignorance qu'autrefois par le fait des inventions ; mais ce qui est vrai, c'est que grâce à la perfection des machines un ouvrier ignorant peut faire très bien ce qu'un travailleur intelligent faisait jadis très mal, et qu'en même temps l'intelligence des ignorants se développe. De nos jours, l'ouvrier maladroit est, à tous égards, plus que l'égal du travailleur habile qui vécut il y a plusieurs générations ; et puisque, à mesure que la richesse d'un pays s'accroît, le nombre des hommes employés dans les différentes industries, nous l'avons montré au chapitre précédent, et celui des individus chargés de ce que M. David A. Wells appelle des fonctions immatérielles, — c'est-à-dire des artistes, des professeurs, et de tous ceux qui développent notre goût et nous procurent des jouissances spéciales par des moyens qui n'ont rien de matériel, — augmentent plus rapidement que le nombre des individus employés à la production des principales matières brutes, ce fait suffit à montrer la fausseté de cette idée que les inventions entretiennent l'ignorance dans la production. En réalité, les inventions ont accentué la concentration des travailleurs les moins habiles, et par suite ont paru donner naissance à l'ignorance dans le monde du travail. Mais ce qui est vrai, c'est que, dès que des ouvriers inhabiles se trouvent rassemblés, leur situation attire l'attention et l'on se met en devoir sur le champ de leur fournir le moyen de s'instruire. Les inventions ont donc, en somme, contribué à améliorer leur situation ; ce ne fut, par exemple, que lorsque la grande industrie se fut définitivement implantée en Angleterre que le Parlement se préoccupa de l'éducation professionnelle des enfants employés dans les manufactures. C'est, en réalité, au machinisme qu'il faut attribuer le développement considérable des facilités données à l'éducation des masses. Car les grands centres industriels sont en même temps des centres de pensée, de frottement intellectuel, d'intelligence et de progrès.

TABLEAU DES MONNAIES & DES MESURES AMÉRICAINES

1 dollar	= 100 cents	=	5fr,18
1 cent	= 0fr,0518		
1 mille.	= 1609 mètres 3		
1 yard.	= 0m,91cent,4		

TABLE DES MATIÈRES

Préface de M. E. Levasseur I
Avant-Propos. XXI
Introduction 1

PREMIÈRE PARTIE

L'évolution de l'industrie : La période de colonisation.

I. — Les constructions navales 15
II. — Les constructions navales (*fin*). 26
III. — Les industries textiles 36
IV. — Les industries textiles (*fin*) 47
V. — L'imprimerie et la librairie. 56
VI. — Les scieries mécaniques. — Les constructions et les matériaux de construction 66
VII. — L'industrie métallurgique 76
VIII. — L'industrie métallurgique (*fin*). 91
IX. — Main-d'œuvre et salaires. 105

DEUXIÈME PARTIE

L'évolution de l'industrie (1790-1890).

X. — Le développement de la grande industrie . . . 121
XI. — Le développement des industries, 1790-1860 . . 116
XII. — La guerre civile : Une révolution industrielle . 148
XIII. — Le développement des industries, 1860-1890 . . 163
XIV. — Le développement des industries, 1860-1890 (*fin*). 177
XV. — Nombre des personnes employées dans les différentes industries et total de leurs salaires. 193
XVI. — Les femmes et les enfants dans l'industrie . . 204
XVII. — La main-d'œuvre et le taux des salaires 1790-1890. 224

TROISIÈME PARTIE

Le mouvement ouvrier.

XVIII. — Les origines du mouvement ouvrier 241
XIX. — Les associations ouvrières. 253
XX. — Les associations ouvrières (*fin*) 269
XXI. — Les bases de la législation ouvrière 277
XXII. — La législation ouvrière 290
XXIII. — La législation ouvrière (*fin*) 302
XXIV. — Les conflits ouvriers. 314
XXV. — Les grèves historiques 322
XXVI. — La grève de Chicago, 1894.— Les Boycottages. 338

QUATRIÈME PARTIE

L'influence du machinisme sur le travail.

XXVII. — L'influence du machinisme sur le travail : — La contraction de la main-d'œuvre . . . 349
XXVIII. — L'influence du machinisme sur le travail : — L'extension de la main-d'œuvre 362
XXIX. — L'influence morale du machinisme sur le travail 368
Tableau des monnaies et des mesures américaines. . . 378
Table des matières 379
Cartes 381

FIN DE LA TABLE

Saint-Amand (Cher). — Imprimerie BUSSIÈRE

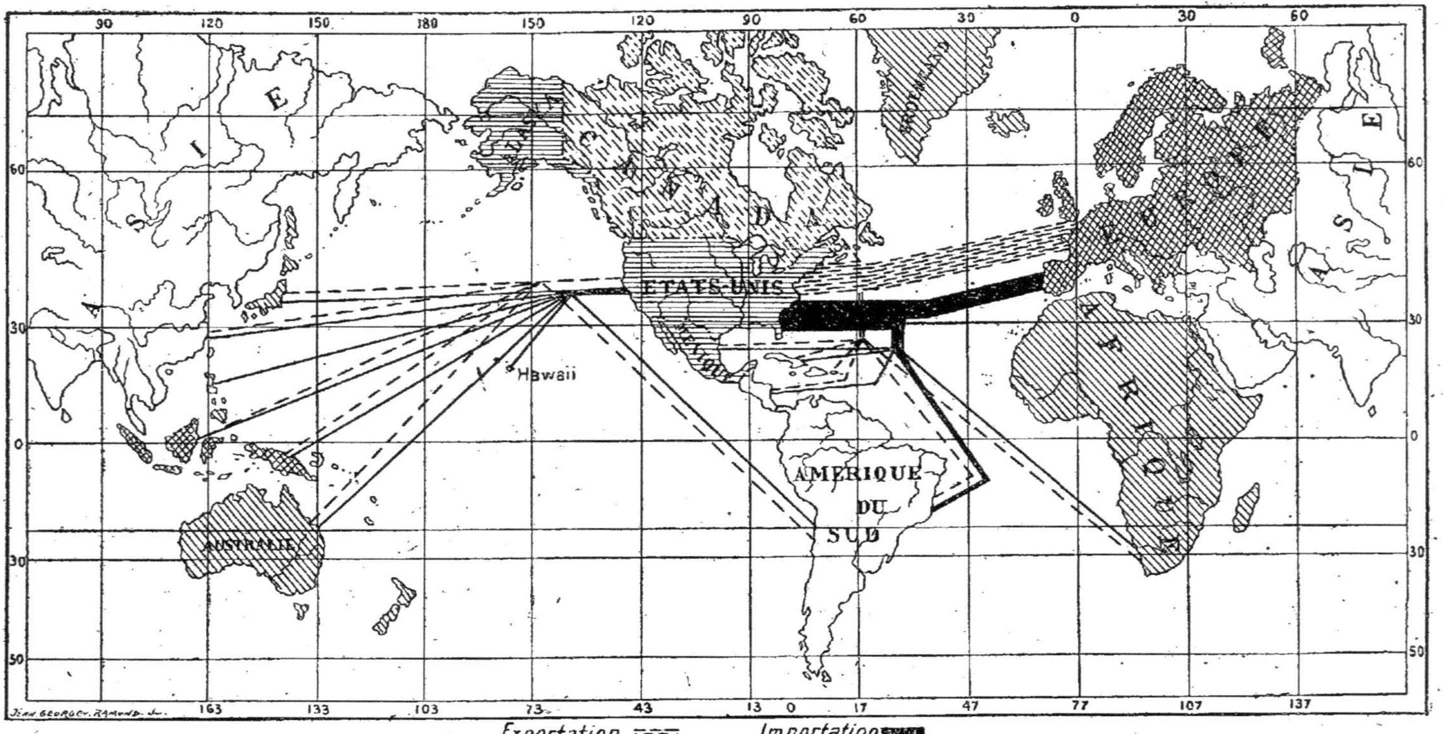

Mouvement des exportations et des importations.

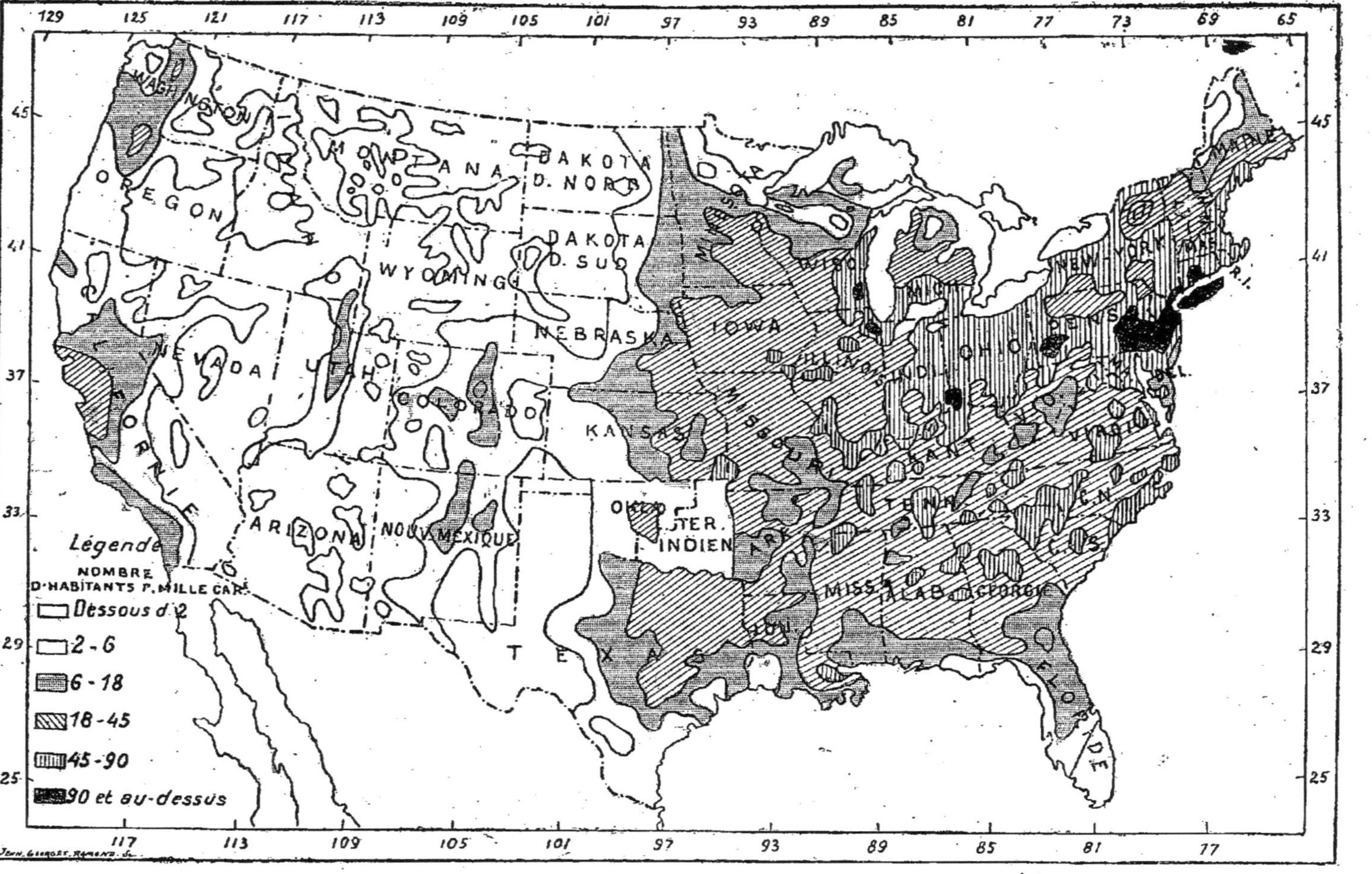

Nombre d'habitants par mille carré de superficie dans chaque Etat.

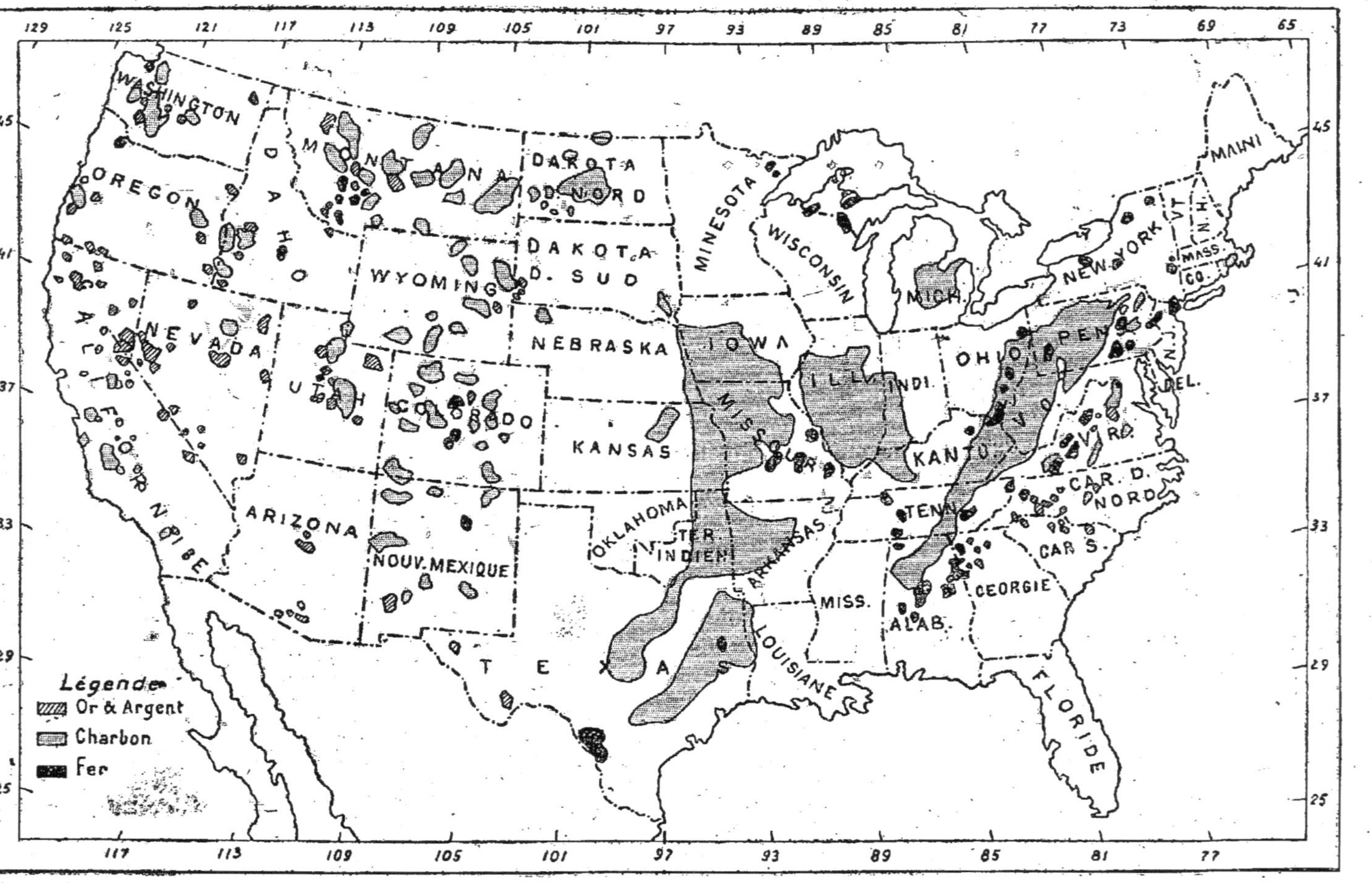

Catre montrant la répartition des gisements d'or, d'argent, de charbon et de fer.

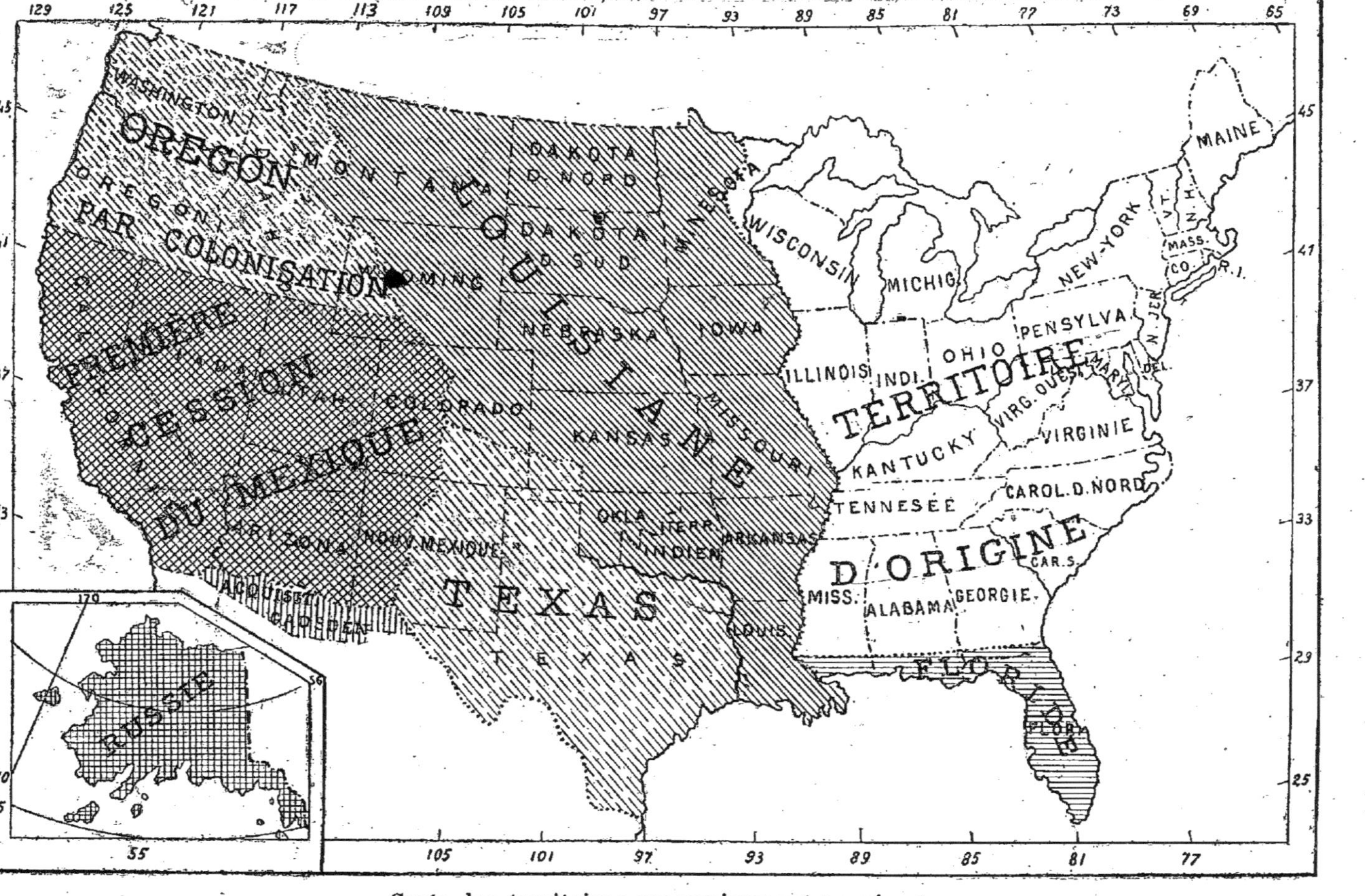

Carte des territoires successivement acquis.

www.ingramcontent.com/pod-product-compliance
Ingram Content Group UK Ltd.
Pitfield, Milton Keynes, MK11 3LW, UK
UKHW021843190726
13855UKWH00001B/123

9 782013 474849